高等职业教育新形态教材

高等职业教育本科精品教材

大学生职业发展与就业指导

主　编　李志刚　肖兴辉　刘　洁　吕倩娜　张萌萌　刘晓煜

中国人民大学出版社
·北京·

前言

Preface

在时代的浪潮中，大学生正面临着复杂多变的职业环境和多元化的就业选择。为了帮助学生更好地适应社会需求，实现个人的职业理想与价值，我们精心编写了本教材。

本教材的编写基于对当代大学生职业发展与就业现状的深入调研和分析。随着科技的迅猛发展，特别是人工智能等新兴技术的广泛应用，传统的就业模式和职业发展路径正在发生深刻变革。同时，国家对教育事业提出了新要求，强调立德树人，培养德智体美劳全面发展的社会主义建设者和接班人。在此背景下，我们深感编写一本符合时代需求、贴合学生实际的职业发展与就业指导教材的重要性与紧迫性。

本教材旨在引导学生树立正确的职业理想，培养浓厚的职业兴趣，深入了解职业环境和就业政策，准确把握自身职业性格和职业能力，科学制定职业目标和职业规划，熟练掌握择业与求职的方法技巧，增强就业权益与职业保障意识，促进职场适应与职业发展，为未来的职业人生奠定坚实基础。

本教材特色鲜明，具体有以下几个方面：

一、融入习近平新时代中国特色社会主义思想和党的二十大精神

本教材将习近平新时代中国特色社会主义思想贯穿全书，体现党的二十大对教育、就业等方面的重要部署，引导学生从国家发展战略高度认识职业发展与就业的重要意义，树立为实现中华民族伟大复兴的中国梦而努力奋斗的远大理想。

二、突出立德树人理念

本教材在各章节内容中有机融入价值引领元素，将职业道德、职业精神、社会责任感等与专业知识技能传授相结合，培养学生正确的价值观、职业观和人生观，实现知识传授与价值引领的有机统一，助力学生成长为有理想、有本领、有担当的高素质人才。

三、强化校企合作特色

本教材紧密结合行业企业实际需求，邀请企业专家参与教材编写与指导，引入真实的企业案例和项目，使教材内容更具实用性和针对性，帮助学生提前了解职场环境

和企业运作模式，提升学生的职业实践能力和就业竞争力，实现学校教育与企业需求的无缝对接。

四、紧跟科技发展新趋势

本教材关注人工智能等前沿科技对职业发展与就业的影响，专门设置相关内容介绍人工智能在各行业的应用现状与发展趋势，以及对职业结构、就业形态等方面带来的变化与挑战，比如利用 AI 技术生成职业画像、AI 模拟面试等，引导学生积极应对科技变革，培养学生的创新思维和适应能力，为学生在数字化时代的职业发展提供前瞻性指导。

五、配套丰富案例与数字资源

本教材选取大量贴近学生生活的实际案例，生动形象地展示各类职业场景和就业问题，并配套精美的动画演示，增强教材的趣味性和可读性，激发学生的学习兴趣和积极性，使学生更易于理解和掌握抽象的知识与技能，提高学习效果。

本教材编写团队成员都来自北京科技职业大学经济管理学院。编写团队由具有丰富教学经验、深厚专业素养和实践经验的教师组成，成员们分工明确、协作紧密。李志刚老师主要负责全书的统稿与审校工作。他精心梳理和整合了各章节内容，对全书的结构逻辑、知识准确性、文字表达及格式规范进行了严格的审查与完善，为提升教材的整体品质和阅读体验付出了巨大努力。刘洁老师负责模块一“职业理想与职业兴趣”和模块七“职场适应与职业发展”的编写工作，凭借其对职业发展理论的深入研究和对学生心理特点的精准把握，精心设计了内容丰富、富有启发性的单元内容，引导学生探索职业理想与兴趣，并助力学生实现职场角色转变与持续发展。吕倩娜老师承担模块二“职业环境与就业政策”的编写任务，凭借其对宏观经济环境和就业政策法规的深入理解，详细阐述了职业组织、行业产业动态以及就业政策等知识，为学生提供了全面而准确的职业环境认知基础。肖兴辉老师负责模块三“职业性格与职业能力”和模块四“职业目标与职业生涯”的编写，其在职业测评与职业规划领域的专业优势充分体现在教材中，通过科学的职业性格分析与职业能力匹配指导，帮助学生深入了解自身特质，制定切实可行的职业目标与职业规划。张萌萌老师编写了模块五“择业与求职”，依据其多年就业指导工作经验，系统介绍了务实的择业理念、多样化的求职方法以及求职面试技巧，为学生求职提供全方位的实用指导。刘晓煜老师负责模块六“就业权益与职业保障”的编写，凭借其扎实的法律专业知识和对劳动权益保护问题的深入研究，详细解读了学生在就业过程中应享有的合法权益以及遇到劳动争议时的解决途径，为学生的就业权益保驾护航。

本教材在编写过程中，得到中国人民大学出版社编辑的大力支持，在此深表谢意！

在编写过程中，我们力求做到内容科学严谨、结构合理、特色鲜明、实用有效，以满足大学生在职业发展与就业指导方面的需求。如有疏漏不周之处，还请广大读者朋友不吝指正。希望本教材能成为广大大学生职业生涯发展道路上的良师益友，助力他们在未来的职业征程中扬帆起航，成就精彩人生。

编者

目录

Contents

职业理想与职业兴趣　模块一

课前思考

我们在高中时期，或许无数次在脑海中勾勒过自己迈入大学后的模样。那时候，想象中的大学专业学习会是怎样一番景象？是充满挑战的深度钻研，还是与兴趣完美契合地畅游知识海洋？上大学前，你对自己所学专业有着怎样的憧憬和期待？

学习目标

知识目标

- 理解专业和职业的概念、特征，熟知两者的区别与联系。
- 掌握职业理想的内涵、影响因素，以及职业兴趣的探索方法。
- 了解实现职业理想的基本路径和方法。

能力目标

- 能够运用专业和职业信息收集的方法快速、准确地获取所需信息。
- 能够依据自身情况和外部条件，精准分析、匹配适合自己的职业方向。
- 能够制定具有可行性的实现职业理想的初步计划。
- 能够运用科学方法探索自身职业兴趣，确定与之相符的职业领域。

素养目标

- 树立积极进取的职业观，增强为实现职业理想而努力奋斗的意志品质。
- 面对职业理想与现实的落差时，能调整心态并灵活应对挑战。
- 树立持续提升职业竞争力的意识，主动适应职业环境的变化。

知识框架

- 职业理想与职业兴趣
  - 认识专业与职业
  - 实现职业理想
  - 职业兴趣探索

引例

从热爱到职业：逐梦之旅

张同学是一名大一学生，入学前，他对计算机科学与技术专业满怀憧憬，想象着自己能开发出超级强大的软件，改变人们的生活方式。入学后，他发现专业课程不仅有编程语言学习，还有复杂的理论知识，和自己之前的想象有些出入。

张同学一直对编程有着浓厚的兴趣，课余时间经常自学一些编程知识，还参加了学校的编程社团。在社团活动中，他接触到一个公益项目，为偏远山区的学校开发在线教学平台。张同学积极参与其中，负责部分功能的代码编写。虽然遇到了很多技术难题，但凭着对编程的热爱，他查阅资料、请教老师，最终成功完成任务，平台投入使用后获得广泛好评。

这个经历让张同学更加明确了自己的职业理想——成为一名优秀的软件工程师，专注于开发公益类软件，用技术为社会创造价值。但他也意识到，要实现这个目标，自己在专业知识和实践技能上还有很长的路要走。

简析

通过这个故事我们可以看出，对专业的认知、个人的职业兴趣以及职业理想之间有着紧密的联系。那么该如何更好地认识专业与职业，培养自己的职业兴趣，树立并实现职业理想呢？接下来，让我们一起深入学习。

知识导航

单元一　认识专业与职业

一、专业的概念及特点

（一）专业的概念

在大学生活中，专业是同学们开启知识大门、通向未来职业道路的重要起点。专业，指高等学校根据社会分工需要而划分的学业门类，它围绕特定的知识领域，构建起一套系统的课程体系。比如计算机科学与技术专业，聚焦计算机理论、编程技术、软件开发等知识板块，通过编程语言、数据结构、操作系统等课程，让学生掌握扎实的专业技能。这种专业化的教育模式，本质上是将庞杂的知识系统进行结构化重组，形成具有明确培养目标和清晰职业路径的教育方案。

（二）专业的特点

1. 具有鲜明的职业导向

对于高等职业教育，专业设置具有鲜明的职业导向特征，其本质是以产业链需求为原点构建人才培养坐标系。以装备制造大类中的“数控技术应用”专业为例，其设置直接对应制造业智能化转型背景下数控机床操作、编程与维护等岗位的人才缺口。该专业课程体系包含机械制图、数控编程、工业机器人应用等核心课程，配套建设“虚拟仿真＋实体操作”的智能制造实训中心，通过“企业导师驻校指导＋车间轮岗实践”的培养模式，使学生既能理解 G 代码编程原理，又能熟练操作西门子等主流数控系统。这种“岗位能力拆解→课程模块构建→实训体系配套”的专业建设逻辑，确保毕业生能够直接胜任智能制造企业的技术岗位，实现“毕业即上岗”的无缝衔接。

在专业分类体系方面，《职业教育专业目录（2022 年）》构建了立体化分类框架，形成“产业门类→职业集群→岗位序列”的三级映射体系。19 个专业大类中，农林牧渔大类对接乡村振兴战略，设置现代农业技术、智慧农业装备等新兴专业，培养学生掌握无人机植保、农业物联网等现代农业技术；医药卫生大类响应“健康中国”战略，除传统护理、临床医学专业外，新增康复辅助器具技术、老年保健与管理等专业，构建覆盖全生命周期的医疗健康人才培养体系；财经商贸大类紧跟数字经济发展，在传统会计、市场营销专业基础上，增设跨境电商运营、区块链金融应用等方向，培养懂数字技术的复合型财经人才。这种动态调整的分类机制，既保持教育体系的稳定性，又具备适应产业变革的灵活性，如在电子与信息大类中，2023 年新增“元宇宙内容创作”专业方向，及时响应虚拟现实产业发展需求。

2. 专业设置具有动态性

专业设置具有动态性，主要体现在“产业需求感知→专业标准更新→培养方案迭代”的闭环优化机制。以人工智能专业为例，其诞生轨迹完整呈现了专业设置的演进逻辑：2016 年 AlphaGo 引发 AI 热潮→2018 年国务院发布《新一代人工智能发展规划》→2020 年教育部增设人工智能技术服务专业→2023 年形成涵盖机器学习、计算机视觉、自然语言处理等方向的完整课程体系。这种演进不仅体现在新兴专业创设上，更表现为传统专业的智能升级，如建筑工程技术专业融入 BIM 建模、装配式建筑技术；汽车检测与维修专业增设新能源汽车三电系统、智能网联技术模块。教育部数据显示，2023 年全国职业院校新增专业中，数字经济相关专业占比达 37%，传统专业改造升级率达 62%，这些都充分体现了专业设置与产业变革的同频共振特征。

生涯故事

鲁班的“专业”进阶之路

春秋战国时期，社会处于大变革之中，生产力的发展促使各行各业对专业技能的需求日益增长。

鲁班，原名公输般，出身于工匠世家，从小便对各类工具和建筑营造展现出浓厚的兴趣。那时虽没有如今系统的专业分类，但鲁班所处的工匠领域，其实也有着一套独特的“知识体系”和技能传承。鲁班跟着家族长辈学习木工技艺，从最基础的木材识别、工具使用开始，逐渐深入到复杂的建筑结构设计和工艺制作。他每日与木材、刀具为伴，反复练习，不断提升自己的技艺，掌握了扎实的基本功，为日后的创新奠定了基础。

随着经验的积累，鲁班发现传统的工具和建造方法在效率和质量上存在诸多局限。他敏锐地感知到时代的需求，开始潜心研究和创新。他发明了锯子，传说他是受到野草叶子边缘细齿划破手指的启发，经过反复试验，将这种原理应用到木工工具上，极大地提高了木材加工的效率。这一创新过程正是对社会需求的积极回应。

鲁班的技艺和创新精神，在当时的工匠群体中产生了深远影响，吸引了众多年轻人前来拜师学艺。他通过言传身教，将自己的知识和技能传授给徒弟，形成了一套独特的人才培养模式。他培养出的徒弟遍布各地，成为推动当时建筑行业发展的重要力量。

扫码看视频

简析

鲁班的一生，始终紧跟时代需求，不断提升自己的专业技能，进行创新和传承。他从一个普通的工匠成长为一代大师，他的故事就像一部生动的职业发展史，展现了在时代变革中，专注专业、勇于创新的重要性，与当下学生顺应产业变革、在专业道路上追求卓越有着异曲同工之处。

二、职业概述

（一）职业的含义

职业作为社会分工的具体表现形式，其发展历程与人类文明进程紧密相连。原始社会早期仅存在基于生理差异的性别分工：男性从事渔猎活动，女性负责采集和根茎挖掘，此时尚不具备职业形态。至原始社会末期，区分农业、畜牧业与手工业后催生出真正意义上的职业划分。随着生产力提升与技术革新，社会分工日趋细化，职业类型也随之增多。在人类社会发展进程中，职业演变呈现阶段性特征：奴隶制时期职业类型初步扩展，封建社会职业发展趋于平缓，资本主义社会实现职业形态的跨越式增长。在社会主义制度下，新型生产关系推动生产要素向专业化纵深发展，通过系统化建构分工协作体系，使得职业分类既保持资本主义社会的精细化特征，又更具科学性和规范性。

职业的核心内涵包含三个维度：首先体现为具有明确社会功能的工作岗位，需要从业者掌握专业知识与专项技能；其次建立于社会经济关系基础上的价值交换系统，通过专业服务获取物质报酬；最后指向个体社会价值的实现路径。以法律职业为例，执业者需系统掌握法学理论及实务技能，通过代理诉讼案件、提供法律咨询、拟定法律文书等专业服务，在维护委托人合法权益的过程中实现经济效益与社会价值的双重目标。

（二）职业的功能

职业作为个人与社会互动的重要纽带，具有多维度的功能，涵盖个人发展、社会运行以及组织目标实现等多个层面。以下是职业的核心功能。

1. 对个人的功能

（1）经济保障。职业为个人提供稳定的收入来源，满足基本生活需求（如衣、食、住、行等），并为个人及家庭提供经济安全感。

（2）自我实现与成就感。通过职业活动，个人可以发挥自身才能，实现人生价值，并在工作中获得成就感和满足感。

（3）社会认同与地位。职业是社会身份的重要标志，不同职业赋予个人不同的社会角色和地位，增强社会归属感。

（4）技能提升与终身学习。职业促使个人不断学习新知识，掌握新技能，适应行业变化，实现能力迭代与职业成长。

2. 对社会的功能

（1）推动经济发展。职业活动是社会生产的基础，通过劳动力分工与协作，促进社会资源高效配置和经济增长。

(2) 维持社会秩序。职业分工有助于明确社会角色与责任，减少资源竞争冲突，保障社会运行的稳定性和协调性。

(3) 促进文化传承与创新。不同职业领域既是文化传统的传承载体（如教育、艺术），又是技术创新与知识传播的推动力量，共同促进社会进步。

(4) 解决就业问题。职业岗位的创造与分配有助于缓解社会就业压力，减少失业问题带来的社会不稳定因素。

3. 对组织的功能

(1) 实现组织目标。通过职业分工与岗位设置，组织能够高效完成生产、服务或管理任务，达成战略目标。

(2) 优化资源配置。职业体系帮助组织合理分配人力、物力和财力资源，提升运营效率与竞争力。

(3) 人才发展与激励。职业路径设计（如晋升机制、培训计划等）激发员工潜力，增强组织的人才储备与凝聚力。

(4) 塑造组织文化。不同职业角色的协作与互动，形成独特的组织文化，增强团队认同感和执行力。

4. 对个体与社会的桥梁功能

职业将个人能力与社会需求紧密联结，既满足个体生存与发展需求，又推动社会分工协作与整体进步。例如，个人价值社会化：通过职业贡献（如教师传道授业、医生救死扶伤），个人价值转化为社会价值；社会需求个性化：社会通过职业岗位向个体传递需求信号（如新兴行业岗位），引导个人职业选择与能力培养方向。

职业的功能具有多层次、多维度的特点，既是个人生存发展的基石，也是社会运转与组织存续的核心动力。

（三）专业和职业的关系

大学生通过专业的学习和系统的指导，一方面可以掌握专业理论和技能；另一方面可以认识自我、了解职业、准备职业、选择职业、获得职业。那么，如何理解专业和职业的关系呢？

生涯故事

从通信工程到北斗科研的逐梦之旅

徐颖，这位被誉为“北斗女神”的科研工作者，16 岁便考上北京信息工程学院，学习通信工程专业。大学期间，她如饥似渴地汲取专业知识，在通信原理、信号与系统、数字信号处理等课程上刻苦钻研，凭借优异的成绩和出色的学术表现，为自己的专业能力打下了坚实的基础，这是她掌握专业理论和技能的重要阶段。这段经历让她深刻认识到自己对通信领域的热爱与天赋，也逐渐明晰了未来的职业方向，那就是在通信与导航领域深耕，实现自己的人生价值。

大学毕业后，徐颖成功考上北京理工大学硕博连读。在攻读博士期间，她接触到北斗卫星导航系统项目，从此开启了与北斗的不解之缘。她积极参与项目的各项研究，跟随导师和团队成员深入研究卫星导航的原理、算法以及应用技术，不断提升自己在该领域的专项技能。通过系统的学术训练和实践锻炼，她逐渐成长为一名专业素养过硬的科研人才，这也为她日后在北斗项目中的卓越表现奠定了坚实的基础。

经过多年的努力与拼搏，她取得了一系列令人瞩目的科研成果，为北斗系统的建设和完善做出了重要贡献。不到 32 岁，徐颖就成为中国科学院光电研究院的研究员和最年轻的博士生导师，在北斗科研领域绽放出耀眼的光芒。

简析

徐颖从通信工程专业起步，通过不断学习与实践，在北斗科研领域实现了自己的职业理想。她的故事激励着广大学子，只要在大学期间扎实掌握专业知识和技能，明确职业方向并为之努力奋斗，就一定能在自己热爱的领域发光发热，实现个人价值与社会价值的统一。

专业与职业的关系是大学生成长过程中需要深刻理解的核心逻辑，二者既相互依托，又动态互动，共同构成职业发展的重要支撑。

1. 专业是职业的知识基底与能力孵化器

专业是系统性知识的“蓄水池”。大学专业通过课程体系（如计算机专业的编程语言、数据结构，医学专业的解剖学、病理学）构建起特定领域的知识框架，为职业所需的核心技能提供理论支撑。例如：会计学专业的“会计准则”“财务报表分析”直接对应审计、税务等职业的基础工作要求。

2. 职业是专业的实践延伸与价值验证

专业知识需通过职业场景转化为具体能力。例如：市场营销专业的“消费者行为学”理论，在职业场景中体现为“用户画像构建”“促销活动策划”；土木工程专业的“结构力学”知识，需在工程现场转化为“施工方案优化”“质量检测”等实操技能。

3. 职业是反哺专业学习的“校准器”

职业实践中的问题会促使专业知识更新，形成“学习—实践—再学习”的闭环。例如，电商运营中的流量转化低效问题迫使从业人员学习“用户增长模型”“数据分析工具”。又如，从事新媒体运营的外语专业毕业生，可能会主动学习“短视频脚本写作”“平台算法逻辑”等非专业课程。

4. 专业与职业对应关系的多样性

从教育经济学角度考量，学生专业选择应与目标职业的知识技能需求形成最优匹配。但专业与职业的对应关系具有多样性特征，主要表现为两种模式：首先是一对多关系，即单一专业对应多个职业方向，常见于基础学科领域如哲学、历史学、汉语言文学、经济学等知识面广延性较强的专业；其次为多对一关系，即不同专业背景均可通向特定职业领域，这类岗位通常对通用技能要求较高，更注重从业者在实践中的经验积累与能力提升。

目前，对于专业与职业的关系的认知存在两种误区：机械对应论与完全割裂论。实际情况中，二者呈现动态关联特征。例如，中文专业毕业生可胜任编辑、管理等多领域工作，新闻专业人才也可胜任教育或公共管理岗位。现代职场呈现明显的专业包容性趋势：单一专业可适配多元职业方向，特定岗位也可吸纳多专业人才。用人单位在选拔标准上，更注重综合素质而非单一专业背景。专业技能获取渠道也呈现多元化特征，除高校教育外，职业培训、资格认证、企业内训等均可构建专业能力体系。值得注意的是，具备“专业深度＋跨领域能力”的复合型人才，在就业市场中展现出显著竞争优势。这种人才结构既保证专业纵深的扎实度，又具备横向拓展的适应性，完美契合现代社会的职业发展需求。

总之，专业和职业既紧密相连，却又有所区别。专业为职业提供了知识和技能基础，不同专业对应着不同的职业方向。了解专业与职业的关系意义重大。对于大学生来说，清晰认知这一关系，能在入学伊始就明确学习目标和职业方向，合理规划大学时光，通过有针对性地学习专业知识、参加实践活动，提升自身职业竞争力。

知识拓展

把握当代职业的特性

在快速变迁的时代，青年学子对当代职业发展规律的科学认知和前瞻把握，既影响个人发展，也呼应着时代使命。在新职业形态不断涌现的背景下，职业活动主要呈现出以下鲜明特性。

◆专业性：知识壁垒与技能深化的双重维度

随着第四次工业革命的推进，职业的专业化程度大幅度提高。以医疗行业为例，现代医生不仅要完成5～8年的系统医学学习，还需持续参加专科医师规范化培训。信息技术领域的云计算架构师，需同时掌握分布式系统原理、容器化技术以及至少3种编程语言。2023年发布的《职业资格目录》显示，注册电气工程师需通过涵盖12门课程的基础考试和7个模块的专业考试，平均备考周期长达3.5年，体现出职业对专业知识和技能的高要求。

◆多样性：职业生态的丛林法则

全球职业分类标准数据库中收录超2.5万个细分职业。传统农耕领域衍生出智慧农业技术员、无人机植保师等新岗位；制造业分化出3D打印工程师、工业机器人运维技师等工种；现代服务业更是涌现出区块链合规顾问、元宇宙场景架构师等新兴职业。

◆动态性：职业形态的快速迭代

职业迭代速度打破“十年周期律”，呈现量子化演进。人工智能训练师、量子计算算法工程师等岗位，五年前还近乎是科幻概念。受移动支付冲击，银行柜员数量三年缩减38%，67%转型为数字金融顾问。短视频审核员岗位从爆发到部分被AI替代仅用了28个月。这要求从业者具备“技能组合拳”，如新媒体运营人员需掌握SEO优化、数据分析和基础编程等多项技能。

◆社会性：职业协作的网络特征

现代职业构成精密的社会协作网络。以智能手机生产链为例，需要材料科学家、射频工程师、工业设计师等300余个岗位协同工作。医疗体系中，从基因测序技术员到医疗大数据分析师、临床试验协调员，形成环环相扣的“生命守护链”，体现出职业间紧密的社会性协作。

◆经济性：职业价值的多元变现

职业的经济属性突破传统薪酬框架。在零工经济模式下，美国全栈开发者通过远程接单时薪可达120～250美元。知识付费领域，顶尖行业专家单场直播课程营收可破百万元。“职业资产化”趋势也日益明显，程序员的开源项目、网红博主的社交媒体账号等都可能实现价值变现。有研究显示，数字游民类职业的复合收益率是传统行业的2.3倍。

◆规范性：职业伦理的技术升级

职业规范从文字条款向智能监控转变。例如注册会计师遵循的审计准则已嵌入财务机器人系统，可自动识别异常交易。医疗领域引入AI伦理审查系统，实时监测临床试验的合规性。算法工程师的职业守则需纳入模型可解释性要求，需在神经网络设计中植入道德约束模块。职业监管从人工抽查转向全天候智能审计，违规行为发现效率提升17倍。

技能训练

请同学们搜索自己本专业所针对的行业的岗位要求，整理专业对口的职业列表。

单元二　实现职业理想

一、职业理想概述

（一）定义

职业理想是个人对未来职业方向及价值实现的系统化愿景，本质体现人生目标与职业发展的深度关联，其核心包含价值观导向（职业对社会的贡献）、兴趣驱动（个人热爱领域）、能力适配（专业技能匹配性）三要素。家庭背景、教育经历、社会环境与时代需求共同塑造职业理想的形成与演变，其现实意义在于指导职业选择方向、提供持续奋斗动力、促进个人潜能与社会价值的双向实现。

同时，需注意区分职业理想与短期目标，避免将物质回报等同于核心内涵，同时应认知其动态特征：随着年龄增长、认知提升和外部环境变化，职业理想可能经历迭代与重构。实践层面需通过职业规划、技能储备、行业调研等方式将职业理想转化为可落地的职业发展方案，而健康的职业理想体系不仅有助于推动个人成长，更有助于优化社会人力资源配置，促进行业创新与文明进步。

（二）影响因素

1. 个人兴趣

个人兴趣对职业选择有着重要影响。当我们对某个领域充满热情与好奇时，往往会主动投入其中。例如，痴迷计算机编程的少年可能通过开发游戏模组积累经验，最终成长为软件工程师；热衷视觉表达的设计爱好者会通过临摹大师作品、参加创意市集等方式，不断验证自己与职业的契合度。神经科学研究表明，与自己兴趣相契合的职业探索会刺激多巴胺分泌。它可以促使建筑系学生熬夜制作模型、医学专业学生主动参与解剖实践，这种内在满足感往往比外部激励更能持久地推动我们前进。

2. 家庭背景因素

家庭背景也在职业选择中扮演着重要角色。父母职业、价值观及家庭经济条件，会在成长过程中潜移默化地影响着我们的职业认知。相关数据显示，医生子女从医概率是普通家庭的 2.3 倍，这不仅源于医疗资源的代际传递，更在于家庭氛围中传递的职业理念。

3. 教育经历

教育经历对职业能力的塑造至关重要。专业课程学习、技能培训以及导师的指导，都会构建起我们的职业能力框架。例如，某校机械工程专业的课程设置中，30%的智能制造模块直接对标工业 4.0 人才需求。许多学生受此影响，将职业理想投向 5G 技术研发、人工智能算法优化等领域，期望能在新兴科技产业中发挥专长。

4. 社会需求

社会需求同样会推动职业方向的调整。行业发展趋势和就业市场的变化是重要的风向标。人社部 2023 年报告显示，人工智能训练师、碳排放管理员等 18 个新职业的用人需求年均增长 67%。在全球化背景下，掌握 RCEP 成员国语言的跨境电商运营人才薪酬高出平均水平 40%，这一市场信号直接影响了高校专业报考情况，2022 年东南亚语种的报考人数同比上升了 58%。

5. 价值观取向

对工作意义、社会贡献度的认知决定职业选择标准。盖洛普调查显示，“Z 时代”求职者中有 63%的人将“企业社会责任履行情况”作为重要考量。无国界医生组织成员多持有“生命至上”的价值观，即便面临战乱风险仍坚守岗位。

6. 行业前景

技术革新与政策支持等外部环境的变化，常常要求我们对职业规划进行修正。以区块链技术为例，随着其落地应用，智能合约审计师等新兴岗位应运而生，相关人才培训市场规模在三年内扩张了 12 倍。这一现象充分体现了职业规划需具备动态适应性，要紧跟时代步伐，及时调整方向以适应新的行业需求。

7. 实践经验

实习和工作体验往往会让我们对职业认知产生强化或改变。比如参与“大学生志愿服务西部计划”的毕业生中，有 35%最终选择留在基层工作。制造业企业推行的“轮岗见习制”，能让新入职的工程师全面了解供应链流程，82%的人认为这种经历有助于明确自己的专业发展方向。值得一提的是，“00 后”求职者中，68%的人会通过兼职来验证自己的职业设想，这个比例远高于前辈的 23%。

8. 文化环境

地域特征、社会文化传统会影响职业观念的形成。“长三角”地区民营经济活跃度全国领先，该区域高校毕业生创业率达 7.8%，显著高于全国平均水平。粤港澳大湾区的发展催生出跨境理财规划师等特色职业。再如，齐鲁大地“学而优则仕”的观念使山东公务员报考热度连续多年居首，而温州商人“敢为天下先”的精神孕育出占全国 1/6 的民营企业主群体。

知识拓展

关键人物对职业规划的影响

职场导师与行业榜样对职业发展轨迹的塑造作用深远且多元。某国际人力资源机构的《职业发展影响力白皮书》指出，金融从业者的成长深受导师示范效应影响。以某国际投行VP（Vice President，副总裁）的职业路径为例，其从分析师阶段便建立双导师体系（业务导师+心理导师）：业务导师建议其考取CFA证书，使其起薪提升42%；在2018年中美贸易摩擦期间，业务导师力主其接受新加坡分部外派，直接促成其管理资产规模从5亿美元跃升至27亿美元。心理导师（职业心理学家）则通过MBTI测评与霍兰德职业锚分析，帮助其克服“冒名顶替综合征”，在晋升答辩中展现真实领导力。

科研领域的榜样效应具有鲜明的学科代际传承特征。中国教育科学研究院数据显示，屠呦呦2015年获诺贝尔奖后，全国38所中医药院校的报考数据发生结构性变化：中药药理研究方向硕士报考人数连续三年增幅达23.6%，其中72.4%的考生在问卷中明确将屠呦呦列为职业启蒙者。“95后”研究者李墨染的团队基于青蒿素分子结构改良的疟疾新疗法，2023年获得盖茨基金会“大挑战计划”资助，便是这种学术传承的生动体现。

数字化媒介让职业示范的传播呈现裂变效应。农业农村部《新农人发展报告》显示，抖音“三农”领域创作者@乡野小田通过“AI种植监测系统+短视频溯源”的内容矩阵，6个月内吸引4 500名城市青年返乡。其中，“90后”海归王思颖运用在伦敦政经学院所学的供应链管理知识，建立“智慧大棚+社区团购”垂直体系，带动当地草莓单品年销售额突破8 000万元。这种职业新趋势催生出“数字新农人”认证体系，包含无人机植保师、农业大数据分析师等12类新兴职业。

二、合理的职业规划：职业理想实现的基石

（一）职业目标设定策略

1. 构建目标阶梯，稳步前行

职业理想如同远方的灯塔，指引着我们前行的方向。对于大学生而言，在明确职业理想后，合理划分短期、中期和长期目标至关重要，这些目标就像一级级阶梯，引领我们逐步靠近心中的灯塔。

生涯故事

软件工程师成长之路：目标导向的职业发展剖析

在竞争激烈的科技行业，软件工程师是推动技术创新与进步的核心力量。张同学是一位怀揣着软件工程师梦想的学生，通过合理规划短、中、长期目标，正逐步迈向理想职业。

短期目标：语言基础夯实与技能初阶打磨。

在大学第一年，张同学将熟练掌握 Python 作为短期目标。他充分利用学校编程课程，并结合线上学习资源，制定每日 1～2 小时的学习计划。通过坚持不懈的代码练习，积极参与小型开源项目，仅用半年到一年时间，就熟练掌握 Python 基础及常用库，成功实现独立编写简单程序，为后续深入学习奠定坚实基础。

中期目标：项目经验积累与专业资质提升。

大学中间阶段，张同学以积累项目开发经验和获取专业认证资格为目标。他积极投递简历，成功进入一家互联网企业实习，参与实际项目开发。在项目中，他深入学习需求分析、设计、编码和测试等流程，能力得到全方位锻炼。同时，他备考华为认证软件工程师，系统梳理知识体系，提升了在行业内的被认可度，进一步明确职业发展方向。

长期目标：技术深耕与综合能力进阶。

毕业后，张同学的长期目标是成为技术团队核心骨干或技术经理。他不仅持续钻研人工智能、大数据等前沿技术在软件开发中的应用，不断提升技术水平，还着力培养团队管理、项目统筹等软技能。在工作的几年间，他凭借扎实的技术功底和出色的管理能力，参与复杂大型项目管理，带领团队攻克诸多技术难题，逐步成长为行业内的技术领军人物。

简析

张同学的经历表明，清晰且合理的目标规划在软件工程师职业发展中至关重要。通过分阶段设定并实现目标，能有效积累知识与经验，提升技能与行业认可度，为成为优秀软件工程师开辟成功之路。

2. 洞察内外因素，锚定可行目标

设定目标时，全面考量自身优劣势以及外部环境因素，是确保目标切实可行的关键。从自身角度出发，性格特质在职业发展中起着重要作用。性格沉稳、喜欢钻研的学生，在算法研究、系统底层开发等需要深度思考和专注的工作中更具优势。例如在进行复杂算法优化时，这类学生能静下心来，花费大量时间进行算法推导和测试。而性格活泼、富有创造力的学生，可能在软件界面设计、用户体验优化等方面更能施展才华。他们能够敏锐捕捉用户需求，提出新颖的设计方案。此外，专业技能的掌握程度也不容忽视。如果学生在大学期间已经在编程竞赛中取得优异成绩，掌握多种编程语言和开发框架，那么在目标设定上可以更具挑战性，如更早进入高级技术岗位或参与前沿技术研究项目。反之，若专业基础薄弱，则需要在目标规划中优先安排强化专业技能的阶段，如参加专业培训课程、加入学习小组进行代码实践提升。

外部环境因素对职业目标设定影响深远。例如，行业发展趋势决定着职业发展的方向。例如，当今的软件行业正朝着智能化、云服务化方向快速发展。人工智能与软件工程的深度融合催生了智能代码生成系统、自动化运维平台等创新赛道，这要求学

生在设定目标时，需紧跟潮流，将学习人工智能算法、云原生开发技术等纳入计划，以适应未来行业需求。又如，就业市场需求因地域和企业类型而异。在一线城市，大型互联网企业往往对具备前沿技术和丰富项目经验的软件工程师需求旺盛，并且注重学习能力和创新思维。学生可据此在目标中规划参与行业前沿技术研讨会、发表技术博客等提升自身影响力的行动。而在一些二线城市，软件外包企业或传统企业的信息化部门可能更看重工程师的项目交付能力和成本效益意识，学生则需在实践中着重培养这方面的能力。

通过综合考量内外部因素，学生设定的职业目标才能既贴合自身发展，又顺应市场需求，真正成为职业理想实现的有力支撑。

（二）职业规划制定步骤

职业规划，也称为职业生涯规划，是指一个人对其一生职业发展道路的设想和规划，是在对自我和内外部环境因素进行综合探索分析的基础上，通过对个人未来职业发展目标以及如何实现目标的有效规划，以实现个人职业发展的成就最大化为目的而做出的行之有效的规划设计。这种设计并不是凭空想象，而是建立在对自身和社会充分了解和正确认识的基础上。

1. 自我评估

（1）兴趣探索：学生可借助霍兰德职业兴趣测评等工具，深入剖析自己对不同领域工作的兴趣点。例如，对数字敏感且喜欢逻辑分析的学生，在软件开发、数据分析等领域或许更易找到乐趣与成就感；热衷于与人交流、组织活动的学生，可能更适合产品运营、项目管理等岗位。通过兴趣挖掘，初步锁定职业方向。

（2）技能盘点：全面梳理自己现有的专业技能、通用技能。专业技能如计算机专业学生掌握的编程语言种类、熟练程度；通用技能包括沟通能力、团队协作能力、时间管理能力等。可以制作技能清单，明确自己的优势技能与待提升技能，为后续目标设定提供依据。比如，发现自己沟通能力较强，但时间管理能力欠佳，在规划中就可有针对性地安排提升时间管理能力的学习与实践。

（3）价值观澄清：思考自己在工作中最看重的因素，是薪资待遇、工作稳定性、职业发展空间，还是工作生活的平衡、社会认可度等。明确价值观能帮助学生在面对不同职业选择时做出更符合内心需求的决策。例如，若学生将职业发展空间看得很重，就会倾向于选择能提供丰富培训资源、晋升机会多的企业与岗位。

2. 环境分析

（1）行业调研：了解目标行业的现状与未来发展趋势。通过查阅行业报告、关注行业新闻资讯、参加行业讲座等方式，掌握行业动态。以软件行业为例，要清楚人工智能、大数据、云计算等技术对行业的影响，以及新兴技术催生的新岗位与新技能需求。分析行业竞争态势，判断进入该行业的难易程度与发展潜力。

（2）企业研究：针对感兴趣的企业，研究其企业文化、业务范围、组织架构、人才需求与培养体系等。比如，一些互联网企业注重创新文化与快速迭代，对员工的创新思维和学习能力要求较高；而传统企业信息化部门可能更强调稳定性与规范化操作。了解这些信息有助于学生选择与自身适配的企业，同时也能根据企业要求调整自己的职业规划。

（3）地域考量：分析不同地区的就业市场特点。一线城市通常汇聚了大量的知名企业与前沿技术，就业机会多，但竞争激烈，生活成本高；二线城市产业结构比较完善，某些行业发展迅速，对特定人才的需求较大，且生活压力相对较小。考虑地域因素时，要结合自身的生活期望、职业发展需求以及家庭因素等，确定就业的目标区域。

3. 目标设定

（1）确定职业发展总体方向：基于自我评估与环境分析，确定职业发展的总体方向。比如，确定自己要成为软件工程师、市场营销专员、人力资源经理等。这个总体方向是后续制定具体目标的基础。

（2）分解目标层级：将总体目标分解为短期（1～2年）、中期（3～5年）和长期（5～10年或更久）目标。短期目标注重基础知识与技能的积累，如考取相关基础证书、掌握基础软件操作等；中期目标侧重于能力提升与经验积累，如承担重要项目任务、获取更高级别的专业认证等；长期目标则着眼于职业成就与个人价值实现，如成为行业专家、企业高管等。

（3）细化目标内容：对每个层级的目标进行细化，使其具有可操作性。例如，短期目标“掌握Python语言”，可细化为“在本学期内完成Python基础语法学习，通过在线编程平台完成100道练习题，并参与一个小型Python开源项目”。明确目标的完成时间、衡量标准与具体行动步骤。

4. 策略制定

（1）学习提升计划：根据目标设定，制定学习计划。如果目标是成为软件工程师，要规划学习编程语言、数据结构、算法等专业知识的进度，确定学习资源，如教材、在线课程、学习社区等。同时，安排参加学术讲座、行业培训等活动，拓宽知识面与视野。

（2）实践积累方案：制定实践计划，通过实习、兼职、项目实践等方式积累工作经验。可以列出目标企业清单，提前了解其招聘要求与实习机会，有针对性地准备简历与面试。在实践过程中，积极承担工作任务，学习职场沟通技巧、团队协作方法，提升实际工作能力。

（3）人际关系拓展：重视人脉资源的积累，制定人际关系拓展计划。参加行业交流活动、校友聚会等，结识同行、前辈与业内专家。利用社交媒体平台，如小红书等，与行业人士建立联系，关注他们的动态，学习他们的经验与见解。通过人脉关系，获取更多的职业信息与发展机会。

5. 评估与调整

（1）定期评估：设定固定的评估周期，如每学期或每年对职业规划进行评估。检查目标的完成进度，分析策略的实施效果。例如，对比自己在过去一年中技能提升情况、实践经验积累是否达到预期目标。

（2）灵活调整：根据评估结果与内外部环境变化，灵活调整职业规划。如果发现原定目标过高或过低，要及时修正；若行业发展趋势发生重大变化，原有的学习与实践计划不再适用，需重新制定策略。比如，若软件行业对区块链技术人才需求大增，而自己尚未涉及该领域，就应及时调整学习计划，增加相关知识与技能的学习。

三、行动实践：通向职业理想的必由之路

（一）专业技能提升

1. 课堂学习

课堂是获取专业知识的主阵地，学生务必高度重视。每一堂课都像是搭建专业知识大厦的一块基石，积极参与互动则能让这些基石衔接得更为紧密。在课堂上，要主动回答问题，这不仅能检验自己对知识的理解程度，还能锻炼思维的敏捷性和表达能力。对于老师讲解的重点、难点内容，做好详细的笔记，便于课后复习巩固。积极参与小组讨论，与同学们碰撞出思维的火花，从不同角度理解知识，从而构建起扎实、全面的专业知识体系。例如在计算机专业的编程课程中，通过课堂上对代码逻辑的讨论，能加深对编程思想的理解，为后续的实践操作打下坚实基础。

2. 实践操作

实践是检验真理的唯一标准，对于专业技能的提升更是不可或缺。实习是接触真实工作场景的绝佳机会，学生可以在实习中了解行业的实际运作流程，明确自己所学知识在工作中的应用方式，还能提前适应职场环境。实验课程则是在学校环境下，对理论知识进行实践验证的重要环节，通过亲自动手操作实验设备、运行程序等，将抽象的理论具象化。专业竞赛更是提升解决问题能力的“练兵场”，在竞赛中，学生需要在有限的时间内，运用所学知识解决复杂的、具有挑战性的问题，与来自不同院校的选手竞争，从而快速提升自己的专业技能和应变能力。比如电子信息专业的学生参加电子设计竞赛，从电路设计、焊接到程序编写、调试，整个过程能全方位地锻炼他们的专业实践能力。学生应认识到实践的重要性，积极参加实习、实验课程、专业竞赛等，将理论知识应用于实际，提高解决问题的能力。

3. 持续学习

当今时代，行业发展日新月异，知识更新换代的速度快。学生若想在职业发展中保持竞争力，就必须持续学习。参加培训课程，无论是线上还是线下的专业培训，都能让学生系统地学习到最新的行业知识和技术。阅读专业文献，如学术期刊、行业报告等，可以了解到行业内的前沿研究成果和发展趋势。在线学习平台提供了丰富多样的课程资源，学生可以根据自己的需求和兴趣，自由选择学习内容，利用碎片化时间进行学习。例如，学习金融专业的学生通过阅读最新的金融研究报告，参加线上的金融数据分析培训课程，能及时掌握金融市场的动态和数据分析的新方法，不断更新自己的知识储备。

（二）综合素质培养

1. 沟通能力

沟通能力是职业发展中的关键软实力。无论是与上级领导汇报工作、与同事协作完成项目，还是与客户沟通需求，良好的沟通能力都能让工作更加顺畅高效地进行。参加演讲社团是提升表达能力和自信心的有效途径，在社团中，学生可以通过不断地练习演讲技巧，克服紧张情绪，学会清晰、有条理地表达自己的观点。模拟面试能让学生熟悉职场沟通场景，提前了解面试官的提问思路，锻炼自己的应答能力，学会用简洁明了的语言展示自己的优势和能力。比如市场营销专业的学生，在与客户沟通产品推广方案时，出色的沟通能力能更好地传达方案的价值，从而赢得客户的认可。

2. 团队协作能力

在现代职场中，几乎所有的项目都需要团队协作才能完成。以软件开发项目为例，需要产品经理、程序员、测试人员等不同角色的协同合作。在团队协作中，明确自己的角色定位至关重要，要清楚自己的职责范围，不越位也不缺位。学会倾听他人的意见和建议同样关键，每个团队成员都有自己独特的视角和想法，倾听能让团队汇聚更多的智慧，避免决策的片面性。尊重团队成员的个性差异，理解不同性格、背景的人在团队中的作用，发挥各自的优势，实现优势互补。学生应积极参与团队活动，如班级的小组作业、企业的团队拓展训练等，在实践中不断锻炼自己的团队协作能力。

3. 创新能力

创新是推动行业发展的核心动力，也是个人在职场中脱颖而出的重要影响因素。培养创新思维，要打破常规，敢于质疑传统观念，从不同的角度去思考问题。参加创新创业活动，如创业大赛、创新项目实践等，能让大学生在实践中学习创新方法和工具，如头脑风暴法、思维导图等，激发创新灵感。在这些活动中，需要不断地提出新的想法、解决方案，并将其付诸实践，通过市场的检验不断优化创新成果。例如，机械专业的学生在参加创新创业活动时，可能会提出新的机械设计理念，通过不断地改进和完善，最终实现产品的创新升级。

（三）职业资源拓展

1. 行业活动

行业研讨会和学术会议汇聚了行业内的专家、学者和企业精英，是了解行业最新动态的最佳窗口。在这些活动中，学生可以聆听行业前沿的研究成果报告，了解新技术、新政策对行业的影响。与业内人士交流互动，不仅能拓展人脉资源，还能从他们那里获取宝贵的职业发展建议和实际工作经验。例如在人工智能行业研讨会上，学生可以了解到人工智能在不同领域的最新应用案例，结识相关企业的技术人员，为未来的职业发展打开新的通道。

2. 校友网络

校友是学生职业发展中不可忽视的宝贵资源。校友们有着相似的学校背景和学习经历，天然具有亲近感和认同感。通过校友交流会，学生可以了解到不同校友在毕业后的职业发展路径，借鉴他们的成功经验，少走弯路。校友企业实习为学生提供了一个近距离接触企业实际运作的机会，校友们在企业中可以给予学生更多的指导和帮助，让学生更快地适应职场环境，同时也可能获得更多的职业机会。

3. 社交媒体

各种职业社交平台为学生提供了便捷、高效的职业人脉拓展渠道。在平台上，学生可以完善自己的个人资料，展示自己的专业技能、实习经历、项目成果等，建立个人职业品牌，吸引潜在的雇主和合作伙伴关注。学生应关注行业内的知名企业、专家，及时了解行业动态和招聘信息；积极参与平台上的讨论组和话题交流，发表自己的观点和见解，提升自己在行业内的知名度和影响力。

（四）应对挑战：职业理想实现的护航策略

1. 职业挫折应对

（1）挫折认知。

在职业发展的漫漫长路中，挫折是不可避免的。职业挫折并非失败的代名词，而是成长与进步的契机。以求职面试失败为例，这是极为常见的职业挫折。许多学生可能会因为一次面试失利而感到沮丧、自我怀疑，但实际上，每一次面试都是一次宝贵的经验积累。从面试官的提问中，学生可以了解到企业对岗位的具体要求以及自身知识技能的欠缺之处；从面试的流程和氛围中，学生能熟悉职场环境和规则，为下一次面试做好更充分的准备。另外，在工作中未能达成业绩目标，这可能是由于市场环境的突然变化、团队协作出现问题或者自身工作方法不当等多种因素导致的，它并不代表个人能力的不足，而是提醒学生去反思和改进工作方式。只有正确认识到挫折在职业发展中的普遍性和积极意义，学生才能以平和的心态去面对它。

（2）应对方法。

当遭遇职业挫折时，调整心态是首要任务。学生要学会接纳自己的负面情绪，通过运动、听音乐、与朋友倾诉等方式释放压力，尽快从沮丧、焦虑的情绪中走出来，以积极乐观的心态重新审视问题。

分析挫折产生的原因至关重要，这需要学生进行全面深入的思考。如果是因为自身专业技能不足导致工作失误或求职失败，就需要制定详细的学习计划，参加培训课程、在线学习平台或者阅读专业书籍来提升技能。若原因是职业规划不合理，如目标设定过高或职业方向与自身兴趣和优势不匹配，那么就需要重新规划职业路径。学生可以重新进行自我评估，结合市场需求和行业发展趋势，调整职业目标和发展计划，确保职业规划既具有挑战性，又切实可行。

2. 职业转型策略

（1）转型原因。

行业变革是推动职业转型的重要因素之一。随着科技的飞速发展，许多传统行业都面临着巨大的变革和挑战。例如，互联网电商的兴起使传统实体零售行业受到冲击，大量实体店铺的销售人员面临职业转型的压力。在这种情况下，销售人员需要转型为电商运营人员、线上营销专员等，以适应新的市场环境。个人发展需求也是促使职业转型的关键原因。有些人在一个岗位上工作一段时间后，发现自身的兴趣和潜力与当前职业不相符，渴望追求更能实现自我价值的职业。比如一位从事行政工作多年的人员，逐渐发现自己对数据分析有着浓厚的兴趣和天赋，而行政工作无法满足其对数据分析能力的提升和职业发展的追求，于是产生了向数据分析师转型的想法。还有些人可能因为职业发展瓶颈，在当前职业中难以获得晋升机会或薪资增长空间，为了寻求更好的发展前景而选择职业转型。

（2）转型准备。

在决定职业转型前，学生必须进行全面的自我评估。回顾自己过往的工作经历、学习成果、兴趣爱好以及性格特点，分析自己的优势和劣势。例如，一个想要从教师转型为人力资源从业者的人，要思考自己在教学过程中所培养的沟通能力、组织能力、耐心和责任心等，哪些可以迁移到人力资源工作中，同时也要认识到自己在人力资源专业知识和技能方面的不足。目标职业研究是转型准备的重要环节。学生可以通过阅读行业报告、与从事目标职业的人员交流、参加行业讲座等方式，深入了解目标职业的工作内容、职业发展路径、所需技能和知识、市场需求以及薪资待遇等信息。

技能提升是职业转型成功的关键。学生应根据目标职业的要求，有针对性地学习新的知识和技能。可以参加专业培训课程，利用业余时间考取与目标职业相关的证书，提升自己在目标行业的竞争力。

生涯故事

从汽车维修工到全国技术能手

2012 年，初中毕业的吴同学进入湖北东风汽车技师学院汽车维修专业学习。起初，他对汽修兴趣平平，但在老师的引导下，逐渐爱上了这门技术，从此开启了勤学苦练的生涯。无论是严寒还是酷暑，他总是坚守在实训室，面对复杂的电路故障，反复测量和验证，直至问题解决。

凭借出色的学业表现，毕业后吴同学成为东风商用车旗下 4S 店的一名汽车维修工。工作中，他不怕吃苦，接到救援电话总是第一时间赶赴现场。他主动承担困难任务，跟着师傅前辈打下手，细心观察、虚心请教，仅用一年多时间就成长为公司技术骨干。

2016 年 5 月，吴同学被推荐参加湖北省第 44 届世界技能大赛重型车辆维修项目选拔赛。报名后，他回到母校接受专家培训，凭借自身努力和天赋，以湖北省第一名的成绩晋级全国选拔赛。此后，他更加努力，全身心投入训练，场地没有空调，衣服湿了又干、干了又湿，他却从未停下训练的脚步。最终，他成功入选国家集训队，并在世界技能大赛中取得重型车辆维修世界第九名的好成绩。

载誉归来的吴同学，面对高薪邀请，毅然选择回到母校任教。他希望将自己在大赛中积累的知识、技能和经验传授给更多学生，为国家培育更多技能人才。任教至今，他培养出众多优秀学生，多名选手入选世界技能大赛国家集训队，他本人也连续两届担任世界技能大赛项目教练。

简析

吴同学从普通汽车维修工到全国技术能手，再到职业院校教师，他的经历彰显了在职业发展中面对挫折不放弃、持续提升技能的重要性，以及明确职业理想后回馈社会、传承技能的高尚情怀。

生涯故事

未达成的技术骨干梦

小李从小就对机械制造展现出浓厚兴趣，动手能力极强，喜欢拆解和组装各类小物件。高考后，他选择进入一所口碑不错的职业院校，攻读机械制造与自动化专业，立志成为大型机械制造企业的技术骨干。

刚入学时，小李满怀热忱，但学校丰富的社团活动和自由的生活让他逐渐松懈。实训课程中，老师讲解精密零件加工的操作要点和安全规范时，他觉得自己早已掌握，常常心不在焉，操作时不严格按照标准流程，导致加工出的零件次品率很高。理论课上，对于机械设计原理、工程力学等重要课程，他认为枯燥乏味，作业经常抄袭，考试只求及格。即便身边同学组队参加机械创新设计大赛，他也觉得浪费时间，不屑参与。

毕业时，凭借学校的校招机会，小李进入一家中型机械制造企业，成为一名一线操作工。他本以为能迅速崭露头角，可实际工作中，面对复杂的机械加工任务，他连基本的图纸都无法精准解读，操作先进加工设备时频繁出错，还因违规操作引发过小型事故。

在企业组织技能提升培训时，小李总是找借口推脱，不愿意花时间学习新的数控编程技术和智能制造理念。他满足于完成简单重复的基础工作，不主动向经验丰富的师傅请教，也不钻研更高效的加工工艺。

随着行业向智能化、自动化快速转型，企业引入大量先进的智能制造设备和数字化管理系统。小李由于知识和技能储备不足，无法适应新的工作要求，绩效评分总是垫底。在企业的一次优化调整中，小李被辞退。曾经成为技术骨干的梦想彻底破灭，他在机械制造领域的发展之路也戛然而止。

简析

小李失败的关键原因在于缺乏长远规划和自律性，对学习和工作抱着敷衍态度，固步自封，拒绝接受行业新知识、新技术，最终在职业发展中被快速淘汰。

实现职业理想的过程充满挑战，需要精心规划和不懈努力。合理规划是实现职业理想的第一步。大学生应根据自身职业理想，制定短期、中期和长期目标。在规划过程中，要充分考虑自身的优势和不足，结合外部环境因素，确保目标切实可行。

行动是实现职业理想的关键。大学生要积极提升专业技能，通过课堂学习、实践操作、参加学术竞赛等方式，扎实掌握专业知识，提高解决实际问题的能力。此外，还需培养综合素质，如沟通能力、团队协作能力、创新能力等。同时，积极拓展职业资源也不可或缺，如参加行业研讨会、校友交流会，结识业内人士，获取宝贵的职业信息和机会。

技能训练

请同学们谈一谈自己的职业理想，并分析一下为了实现自己的职业理想需要采取什么样的规划和策略。

单元三　职业兴趣探索

一、职业兴趣的概念与重要性

（一）概念

职业兴趣是指兴趣在职业方面的表现，是人们对某种职业活动具有的比较稳定而持久的心理倾向。

一般情况下，如果个人兴趣类型和岗位对从业者的能力素质要求（职业环境）是一致的，我们就认为有职业兴趣。

（二）重要性

1. 激发工作热情与创造力

从事自己感兴趣的职业，能够让人更主动投入工作，减少职业倦息。APA职业心理学研究证实，内在动机对工作投入度的影响系数达0.78。当个体从事与兴趣高度契合的工作时，大脑前额叶皮层会持续分泌多巴胺，这种神经递质不仅能提升持续专注力，更能激活内源性奖励机制。以软件工程师群体为例，2023年GitHub开发者调查报告显示，在“兴趣驱动型”开发者中，每周主动进行技术学习的时间达16.7小时，较普通开发者高出83%，其中67%会利用业余时间参与开源项目贡献。

2. 提高职业满意度与幸福感

当兴趣与职业相匹配的时候，工作不再只是谋生手段，而是自我实现的途径。以苹果公司创始人乔布斯为例，他对电子产品设计的痴迷转化为改变世界的创新力量，在斯坦福大学演讲中坦言：“唯有热爱可抵岁月漫长”。这种从兴趣出发的职业选择，使得工作过程本身就成为滋养灵魂的精神食粮，正如达·芬奇在解剖学研究与艺术创作间找到完美平衡，最终创造出《蒙娜丽莎》这样的传世杰作。

知识拓展

职业兴趣的实践价值与全球应用

麦肯锡咨询公司2022年发布的《全球组织活力调研报告》提出一个关键发现：在对15个国家、8大行业、237家企业的追踪研究中，兴趣匹配度超过85%的团队，其年度创新提案数量达到47.6件/组，而兴趣匹配度不足50%的对照组仅为14.9件/组。这项历时18个月的深度调研特别指出，在数字化转型领域，兴趣驱动型团队攻克技术瓶颈的平均周期缩短42%，比如德国博世集团的汽车电子部门，通过建立“兴趣图谱”将工程师的专业特长与个人爱好智能匹配后，成功将自动驾驶算法的迭代速度从季度周期压缩至6周。

谷歌闻名业界的“20%自由工作时间”制度要求管理者为员工每周保留1天自主研究时间，并配套“创意孵化路线图”。正是通过释放员工的兴趣潜能，催生了Gmail、AdSense等革命性产品。除Gmail和AdSense外，该制度还孕育了Google Earth的卫星图像解析算法、DeepMind的早期神经元网络架构等突破性成果。内部数据显示，参与自由项目的工程师专利产出量是常规岗位的2.3倍，其职业发展速度比同龄人快1.8个职级阶梯。更值得关注的是，这些兴趣驱动型项目商业化后的年均复合增长率达到惊人的58%，远超战略规划项目的23%行业平均水平。

二、霍兰德职业兴趣理论（RIASEC 模型）

（一）6 种人格类型的特征

约翰·霍兰德是美国著名职业指导家、教育家和心理学家，约翰·霍普金斯大学教授。1959 年，他提出具有广泛社会影响的职业兴趣理论。该理论是关于职业选择的经典理论，核心是将人格类型与职业环境相匹配，认为人的职业兴趣与人格特质密切相关，可划分为六种基本类型，同时职业环境也对应这六种类型。这六种类型分别是实用型（R）、研究型（I）、艺术型（A）、社会型（S）、企业型（E）、常规型（C）。每个人的性格都是这六个维度的不同程度组合。当个人的兴趣类型与职业环境一致时，更容易获得满足感和成就感，职业稳定性更高。

1. 实用型（R）

实用型也可称为现实型、技术型、技能型。这类人偏好与物体、工具打交道，喜欢从事操作性工作；动手能力强，协调性好，做事手脚灵活；偏好于完成具体任务；做事保守，较为谦虚；通常喜欢独立做事。

职业环境要求：经常使用工具、机器，重视操作性的工作。

典型职业：园艺师、工程师、军官、医生、运动员、计算机硬件人员、摄影师、制图员、机械装配工、木匠、厨师、技工、修理工、农民等。

2. 研究型（I）

研究型也可称为调研型、探索型。这类人对探索自然规律、追求科学真理感兴趣，求知欲强；抽象思维能力强；喜欢独立、富有创造性的工作；知识渊博，有学识才能；喜欢逻辑分析和推理；能够不断探索未知的领域。

职业环境要求：以智力、抽象、分析和钻研类工作为主。

典型职业：科学家、研究员、生物学家、化学家、心理学家、工程设计师、大学教授等。

3. 艺术型（A）

艺术型也可称为创造型。这类人富有创造力，充满想象力，追求独特性，乐于创新；喜欢自我表达；做事理想化，追求完美；具有一定的艺术才能，喜欢文字、音乐、绘画等；善于通过艺术形式表达和展示。

职业环境要求：具有创造性、变化性的工作；要求具备一定艺术修养的工作；对创造力、表达能力和直觉要求比较高的工作；能将想象力和创造力应用于语言、行为、声音、颜色等表达方式的工作。

典型职业：艺术方面（演员、导演、设计师），音乐方面（歌唱家、作曲家），文学方面（小说家、诗人、剧作家）等。

4. 社会型（S）

社会型也可称为助人型、服务型。这类人热衷于与人交往，善言谈，易沟通；热情，善于合作，乐于奉献，善于帮助他人；善良，有同理心；关心社会问题，有社会责任心，比较看重社会义务和社会道德。

职业环境要求：与人打交道的工作；为他人提供信息，启迪、教导和帮助他人的工作；医疗，护理，教育等工作。

典型职业：教育工作者（教师、教育行政人员），社会工作者（咨询人员、公关人员），护士，志愿者等。

5. 企业型（E）

企业型也可称为管理型、事业型。这类人倾向于通过组织管理、影响他人达成目标，追求成就感和权力，注重权威和地位，做事有较强的目的性；性格自信外向、果断有说服力，具有影响力和领导才能。

职业环境要求：经营、管理、监督和领导类的工作；有挑战的工作；有声望的工作；有经济地位和社会地位的工作。

典型职业：企业管理层、创业团队、销售人员、政府官员、法官、律师等。

6. 常规型（C）

常规型也可称为事务型、传统型。这类人严谨、耐心，尊重权威，遵守流程和规章制度；喜欢按计划办事，细心、谨慎、有条理；习惯接受他人的领导和管理；注重秩序。

职业环境要求：有规则、有系统、有条理的重复性工作；记录、归档、整理的工作；根据特定要求或程序进行信息组织和管理的工作。

典型职业：秘书、办公室人员、记事员、会计、行政助理、图书馆管理员、出纳员、打字员、仓库管理员等。

（二）6种人格类型的关系

霍兰德所划分的6大人格类型，如图1-1所示。

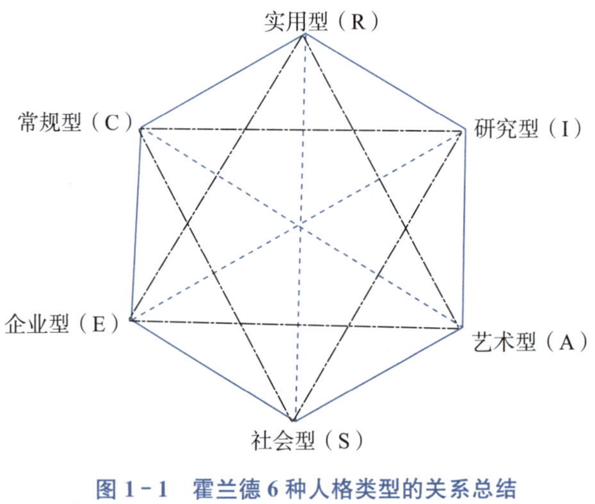

图1-1　霍兰德6种人格类型的关系总结

霍兰德理论将人格与职业环境分为6种类型（RIASEC），以六边形模型呈现，各类型间的关系可分为相邻、相隔、相对三类，反映其相似性与兼容性差异。

1. 相邻关系（共同点最多，兼容性高）

在六边形上直接相邻的两种类型，个体特质与职业环境需求高度相似，冲突少，转换成本低。这种关系包含的类型共12对，如RI、IR、IA、AI、AS、SA、SE、ES、EC、CE、RC、CR。例如，实用型（R）与研究型（I）均偏好“与物/事打交道”，而非人际互动（如机械工程师与科研人员）。社会型（S）与企业型（E）均擅长人际沟通，前者侧重帮助他人（教师），后者侧重领导与影响（管理者）。

2. 相隔关系（共同点中等，兼容性一般）

在六边形上间隔一个类型的两种类型，共同点较相邻关系少，存在一定差异但非对立。这种关系包含的类型共12对，如RA、RE、IC、IS、AR、AE、SI、SC、EA、ER、CI、CS。例如，实用型（R）与艺术型（A），前者注重实操与规则，后者追求创意与自由，差异较明显但可通过调整适应（如建筑工人与室内设计师）。研究型（I）与社会型（S），前者偏好独立思考，后者依赖人际互动，需平衡理性与感性（如医学研究员与心理咨询师）。

3. 相对关系（共同点最少，兼容性低）

在六边形上处于对角位置的两种类型，特质与职业环境需求差异极大，冲突显著，同时偏好的情况罕见。这种关系包含的类型共6对，如RS、IE、AC、SR、EI、CA。例如，实用型（R）与社会型（S），前者专注“物”，后者专注“人”，职业环境几乎无交集（如电工与社会工作者）。艺术型（A）与常规型（C），前者追求创新与自由，后者注重细节与秩序，难以在同一职业中融合（如画家与会计）。

总之，相邻关系类型最易适应对应职业环境，相隔关系需一定调整，相对关系则可能导致职业兴趣与能力的冲突。职业选择中，优先匹配相邻或相近类型（如R-I、S-E），减少相对类型（如R-S、A-C）的强冲突，以提升职业满意度与稳定性。

通过六边形模型的关系分析，可辅助个体识别自身兴趣与职业环境的契合度，为职业规划提供科学依据。

三、职业兴趣的探索方法

（一）分析日常偏好：解码隐性兴趣信号

首先，梳理喜欢的课程，它可能反映对人际互动、行为分析的兴趣。同时，记录课程中让自己专注投入的环节，比如实验环节、小组讨论等。其次，分析常读的书籍类型。例如，喜好科幻小说，可能反映出对未来科技的好奇；喜好人物传记，可能反映出对个体成长或者领导力的关注。

（二）回顾成就事件：在成功体验中捕捉兴趣点

首先列举出3～5件让自己有成就感的事件，并详细记录自己在事件中承担的任务。同时，回顾让自己感到愉悦的具体环节，并分析是什么动机驱使自己坚持完成任务的。

技能训练

霍兰德职业兴趣测试

职业兴趣测试表

同学们可以扫描二维码完成霍兰德职业兴趣测试，从而了解自己的职业兴趣。在测试过程中，请根据自己的实际情况回答问题，不要花时间去揣摩答案。回答时如果符合，得 1 分；如果不符合，得 0 分。

明德强技

在职业理想与兴趣的星河中锚定青春坐标

当航天工程师把儿时对星空的幻想，变成火箭发射轨迹的精准测算；当生物医学研究生将显微镜下的微观探索，延伸至癌症靶向治疗的研究，职业理想便从兴趣的土壤中逐渐生长起来。“最美科技工作者”张海涛带领团队突破深海机器人关键技术时曾说，少年时读《海底两万里》埋下的海洋探索种子，支撑他在研发低谷期坚守了十五年。

这种兴趣与使命的共鸣，在当代青年的职业选择中越来越明显：考古专业学生用三维建模技术复原遗址原貌，茶学硕士返乡打造数字茶旅融合项目，电竞解说员通过赛事数据分析推动行业规范化。

在职业理想的坐标系里，兴趣不是一闪而过的流星，而是经过专业打磨后能持续发光的恒星。这需要青年人在实践中构建“兴趣—能力—价值”三位一体的发展闭环，既要对新兴领域保持敏锐，又要锤炼攻坚克难的核心能力，才能在时代变革中画出属于自己的职业航线图。

综合技能训练

学生根据霍兰德职业兴趣测试的结果，结合自身专业，撰写一份职业理想报告，内容包括职业目标、兴趣与职业的契合点以及实现目标所需的技能和行动计划。

职业环境与就业政策　模块二

课前思考

请快速判断以下陈述是否符合你的认知：

1. 我清楚本专业对应的新兴职业方向 □是 □否
2. 我能说出 3 种政府鼓励的就业渠道 □是 □否
3. 我了解本地重点扶持的产业领域 □是 □否
4. 我知道高职生可申请的创业补贴 □是 □否
5. 我知道大学生就业的基本政策和特殊政策 □是 □否

每勾选一个“否”，都是本章即将为你解锁的知识点。

学习目标

知识目标

- 了解职业组织的基本概念、类型及文化价值观。
- 掌握行业的分类与行业发展趋势。
- 熟悉大学生就业形势及影响因素。
- 熟悉毕业生就业的相关政策。

能力目标

- 能够分析不同职业组织的文化特点及其对个人职业选择的影响。
- 具备解读行业发展趋势的能力。

素养目标

- 培养社会责任感，增强对国家就业政策的认知和支持。
- 提高自我认知能力和适应社会变化的能力。

知识框架

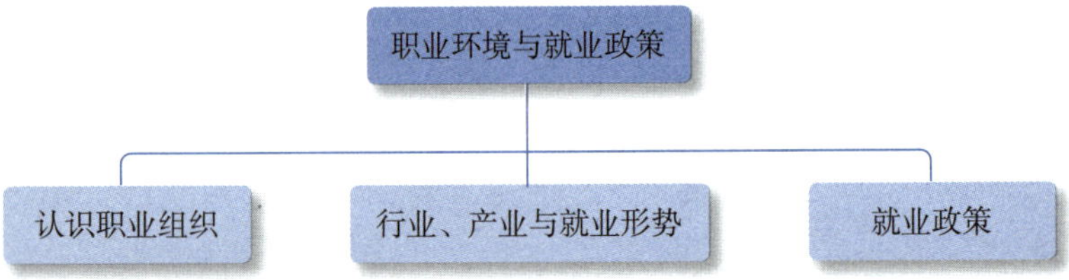

引例

李明的困惑与机遇

李明是某校智能制造专业的大三学生，他发现，在此次校园招聘会上，招聘工业机器人运维岗位需求增加，但都要求持有“1＋X”职业技能等级证书；某新能源车企招聘维修技师，明确标注“退役军人优先”；家乡人力资源和社会保障局推出“青鸟计划”，为返乡就业高职生提供每月800元租房补贴。

这些发现，让他既兴奋又困惑——智能制造行业前景好，自己的能力可以匹配吗？自己是普通大学生，退役军人优先政策对自己不够公平；毕业后，是留在大城市，还是返乡发展？

李明参加“技能兴鲁”政策解读讲座后又了解到：山东省对先进制造业技能人才最高给予2万元岗位补贴，退役军人优先政策是《关于促进新时代退役军人就业创业工作的意见》中要求的。接着，他通过学校搭建的校企合作平台，进入本地专精特新企业实习，了解了新能源汽车充电桩安装岗位存在巨大人才缺口情况；在学长分享时，了解了学长抢抓“互联网＋”政策机遇做跨境电商直播、自主创业的经历。这些新发现，让李明最终意识到：职业选择不仅要看个人能力，更要把握时代脉搏。

简析

案例通过高职生李明的典型职业困惑，呈现了当前职业环境的以下立体多维特征：(1) 产业升级带来智能制造、新能源等新兴岗位需求；(2)“1＋X”证书制度反映职业资格改革方向；(3) 退役军人优先等政策体现就业公平调节机制；(4) 地方人才政策与区域经济发展关联密切。

知识导航

单元一　认识职业组织

一、职业组织概述

（一）职业组织的定义

职业组织，指为实现特定职业目标而设立的机构或实体，如企业、非营利组织、政府部门等。职业组织通过成员间协作、系列结构化活动和流程达成目标。职业组织不仅是物理集合体，更是包括人、财、物及信息等资源有效配置的社会系统。

生涯故事

从车间到云端——智能制造工程师的成长记

扫码看视频

2020 年毕业季，机电一体化专业的林同学面对“智能制造工程师”的岗位要求心生忐忑。

入职首日，车间景象令他震撼：机械臂精准舞动，电子看板实时更新，工程师通过 AR 眼镜远程调试。“欢迎来到工业 4.0 时代！”师傅递来智能手环，“这是你的数字工牌，也是成长记录仪。”

林同学的成长被数字清晰记录：

第 1 月：操作失误导致零件报废，系统自动生成事故报告，触发新人保护机制；

第 3 月：利用业余时间考取工业机器人运维证书；

第 6 月：提出 RFID 刀具管理方案，获公司创新奖励。

2022 年转折点到来，他参与某个项目联合攻关，用现场经验优化算法模型，其数字孪生系统在省级大赛获奖。评委盛赞：“实现了理论与实践的完美结合。”

如今作为技术主管，林同学负责“灯塔工厂”改造项目。办公桌上三块屏幕分别显示：生产数据、远程运维系统和技能成长平台。最近，他用政府“数字技能券”兑换了大数据课程。

面对学弟“职业院校毕业生在智能时代有竞争力吗”的疑问，他展示手机里的“职业能力雷达图”：理论与实践能力交织，中央闪耀着“数字工匠”认证。“这就是新时代需要的人才。”他笃定地说。

简析

本案例通过智能制造工程师林同学的成长历程，生动呈现现代职业组织的三大特征：

(1) 数字化转型：从数字工牌到技能成长平台，展现组织运作的智能化和员工发展的可视化；

(2) 政策赋能：产教融合服务、技能提升补贴等政策如何转化为个人发展资源；

(3) 能力重构：揭示新时代职业能力矩阵——技术技能、数字素养、创新意识的有机融合。

（二）职业组织的类型

根据性质和运作方式，职业组织可分为多种类型。以下详细介绍两种主要类型：营利性组织、非营利性组织。

1. 营利性组织

营利性组织，通常指以提供商品或服务方式获取利润为目的的组织。该类型组织通过商品或服务实现经济收益，并将利润分配给所有者或股东来维持运行。它是经济体系的组成部分，起到推动经济增长、创造就业机会、促进社会繁荣的作用。其特点如下：

（1）追求利润最大化。

营利性组织的核心是获取利润最大化。对组织来说，利润水平是衡量组织成功的关键指标，应不断优化生产流程、降低成本、提高效率增加收入。如苹果公司，通过不断推出创新产品（如 iPhone、iPad 等），优化供应链和营销策略，实现利润增长。产品设计上，它们追求极致，并在全球范围内建立高效供应链体系，加上软件和服务生态系统（如 App Store、iCloud 等）提升用户黏性和品牌价值，从而实现了从硬件到软件的全方位盈利。

（2）自主经营与独立核算。

营利性组织通常具有独立法人资格，自主经营、独立核算并自负盈亏，常常独立作经营决策并对财务状况负责。例如，日本丰田汽车公司是一家独立的法人实体，自主决定其生产计划、市场策略和财务安排。成立以来，公司践行精益生产模式，持续改进生产流程、减少浪费并提高效率，具备了强大的国际竞争力。近年来，公司还通过持续技术创新和市场拓展，如推出混合动力汽车和电动汽车等，巩固行业地位。

（3）市场竞争性。

营利性组织运营是市场行为，必须充分参与竞争获取盈利机会。市场上，这些组织往往通过创新、提效和降本等方式增强竞争力。如阿里巴巴集团，通过创新电子商务模式和高效物流体系，在全球市场中取得领先地位。该公司搭建了全球最大的电商平台（如淘宝、天猫），通过支付宝等金融科技手段，解决线上交易的信任和支付问题，并建立菜鸟网络等物流平台优化配送，在中国市场取得巨大成功。

（4）资金来源多样化。

营利性组织资金主要来自投资者、银行贷款、债券发行等，后期则用盈利维持组织运营发展。如中国工商银行是中国最大的商业银行之一，不仅提供传统存贷款，还通过投资银行、资产管理、金融租赁等多元化业务扩展盈利，同时开发线上支付、智能客服等创新应用，提升了服务效率和用户体验，巩固了市场地位。

2. 非营利性组织

非营利性组织，指不以营利为目的而开展公益性或互益性社会服务活动的组织。组织目标是实现社会利益而非经济利益，在社会中扮演着重要角色。组织提供公共物品和服务，推动社会进步、改善民生。其主要特点如下：

（1）不以营利为目的。

非营利性组织的核心特征是不追求利润，收入主要用于实现使命和目标，而不是分配给成员或股东。如中国红十字会就是典型的非营利性组织。组织运营中，它通过接受捐赠和社会资助，为受灾群众提供紧急救助和医疗支持。以社会利益为导向的运作模式，使非营利性组织成为社会治理和危机应对的主要力量。

（2）提供公共物品和服务。

非营利性组织通常致力于提供教育、医疗、文化、慈善等公共物品和服务。这些服务受益范围广泛，且难以通过市场机制完全实现，往往具有外部性和非排他性。如希望工程是通过募集资金为贫困地区的孩子提供教育支持的项目。希望工程资助数百万名贫困学生，建设数千所希望小学，体现了非营利性组织在提供公共物品和服务方面的独特价值。

（3）资金来源多样化。

非营利性组织的资金来源相对多样，包括捐赠、政府资助、会员费等。这种资金来源结构使非营利性组织能在不同环境下保持稳定性和灵活性。以世界自然基金会为例，该组织接受全球企业和个人的捐赠，还接受政府项目资助，其开展的“地球一小时”活动，每年吸引全球数亿人参与。此外，许多非营利性组织还通过举办义卖、慈善晚宴等活动，筹集资金支持其项目持续开展。

（4）享有税收优惠。

为鼓励非营利性组织开展公益事业，各国政府通常会给予一定的税收优惠政策。根据《中华人民共和国慈善法》和相关税收法规，慈善组织接受的捐赠收入可以免征企业所得税，捐赠人也可以在计算应纳税所得额时扣除其捐赠金额。优惠政策减轻了非营利性组织的财务负担，吸引更多社会资源投入公益事业中，促进了组织的发展壮大。

（5）严格透明的财务制度和报告要求。

非营利性组织需遵守严格透明的财务制度和报告要求，确保资金得到合理使用，并取得社会信任。中国慈善信息公开平台要求慈善组织定期公布财务报告和项目进展，接受社会监督。希望工程的实施主体中国青少年发展基金会，每年会发布详细财务报告和项目执行报告，详细说明捐赠资金使用情况和项目实施效果。这种透明度要求提高了公众对非营利性组织的信任度，促进了组织内部的规范管理，确保了公益资源的有效利用。

二、职业组织文化和价值观

（一）职业组织文化

职业组织文化是构建组织的核心要素，影响着员工的行为和表现，还塑造组织的外部形象，吸引和留住人才，为组织创造出不可低估的价值。职业组织文化的作用如下：

1. 增强组织凝聚力

文化通过环境设计激活群体认同感。谷歌总部的“太空舱会议室”“滑梯办公区”打破传统科层壁垒，员工可随时在色彩斑斓的涂鸦墙旁即兴讨论，这种“游乐场式办公环境”使跨部门协作效率提升37%。

2. 引导员工行为

文化落地于可执行的行为清单。海底捞将“超值服务”拆解为21个标准化动作：从为长发顾客递皮筋、为戴眼镜顾客送擦镜布，到雨天在停车场为顾客撑伞护送——这些细节被编入《员工操作手册》，新员工需通过100小时“服务场景模拟训练”。数据显示，严格执行流程的门店，顾客满意度比自由发挥的门店高29%。

3. 提升组织竞争力

文化外化为可识别的品牌符号。苹果公司“极简主义文化”渗透于产品每个细节：iPhone包装盒开口处0.8毫米的倾斜切口，确保用户单手握持时拇指能精准划开；线下门店“Genius Bar”的木质台面弧度，经过17次人体工程学测试——这些文化具象使“简洁”成为全球消费者对苹果的“条件反射”，2023年其品牌估值中，文化溢价贡献占比达45%。

4. 促进组织创新

创新文化的本质是降低失败恐惧感。腾讯的“赛马机制”将文化转化为制度：允许团队用10%的精力开发非核心项目，微信的前身“微信团队”最初仅是广州研发中心的一个边缘项目，这种“内部创业土壤”使腾讯保持每年孵化3～5个创新产品的节奏。

（二）职业组织价值观

职业组织价值观是组织文化的核心，是组织成员共同认可的基本信念和价值取向，体现了组织对事物的评价和追求，其类型包括以下几种。

1. 创新价值观

创新价值观强调组织对创新的重视和追求，组织通常制定规章制度和奖励制度，鼓励员工勇于尝试新方法、开发新技术、形成新理念，帮助组织持续发展和保持竞争优势。如特斯拉公司鼓励创新电动汽车技术和可持续能源解决方案，颠覆了传统汽车行业的发展模式，在电池技术、自动驾驶技术等方面取得多项突破，还通过推出新产品和新服务引领全球电动汽车市场销售，其创新价值观体现为对技术研发的大量投入、对创新人才的吸引培养等，效果显著。

2. 客户价值观

客户价值观强调组织对客户的关注和重视，并有能力根据客户的反馈及时进行经营策略调整，最终赢得客户的长期信任和忠诚。如海底捞以卓越的客户服务而闻名，通过严格的培训使员工深刻理解和认同公司的客户价值观，所以在具体经营活动中能严格把控菜品质量，在服务中为顾客提供美甲、儿童游乐等，其所提供的超出客户期望的服务，极大地提升了客户的用餐体验。

3. 团队价值观

团队价值观通常体现在组织对团队合作的定位上。具有团队价值观的组织注重培养团队精神，鼓励员工相互协作、相互支持，共同实现组织的目标。如华为公司被称为“狼性团队”，强调团队的执行力和拼搏精神，要求成员面对困难、挑战时齐心协力，迎难而上，取得了许多科研和商业上的成功。

4. 社会责任价值观

社会责任价值观讲究公益性和可持续性，成员会观察和体验组织在这些方面投入的资源和精力，看组织在追求经济利益的同时，能够兼顾环境保护和社会发展，实现经济、社会和环境的协调发展。社会责任价值观强调组织对社会的责任和贡献。如宝洁公司通过开展“清洁用水”项目，为全球贫困地区提供清洁饮用水，改善当地居民的生活条件，还通过捐赠、志愿服务、环保倡议和可持续包装、节能减排等措施，减少对环境的影响，履行社会责任。

三、职业组织结构的类型与功能

（一）职业组织结构的类型

1. 直线型组织结构

直线型组织结构是最简单的一种组织结构类型，管理者拥有直接指挥权和管理责任，从上到下形成一条清晰的指挥链，初创科技公司或小型的服务型企业通常容易形成这种结构。以某家小型软件开发公司为例，总经理直接管理各开发团队负责人，团队负责人直接管理团队成员。这种结构的优势在于决策迅速、指挥统一，命令能从上到下快速传达执行，避免多头指挥带来的混乱和效率低下。但随着组织规模扩大，这种结构会因为管理幅度受限、专业化程度不足走向困境。

2. 职能型组织结构

根据组织内的不同职能划分部门和岗位，即形成职能型组织结构。该类型组织常被划分为生产部、销售部、财务部、人力资源部等若干个职能部门，并制定明确的职责和任务。如一家大型制造企业 A，生产部负责产品生产制造，销售部负责市场推广销售，财务部负责企业财务管理等。这种结构的优势在于能够提高组织的专业化程度，发挥职能领域专业优势，通过各个部门间的支持配合，提升工作效率和质量，但也存在部门间的沟通协调难度大，出现部门壁垒和信息孤岛现象。

3. 事业部制组织结构

事业部制组织结构，是一种将组织划分为若干个相对独立事业部的结构类型。通常被认为是每个事业部“包干”某类型产品或服务领域，拥有独立的市场和利润中心。如一家大型的多元化企业，设立家电事业部、通信事业部、金融事业部等，每个事业部都有自己的管理团队和运营体系，负责自己的产品或服务的市场推广、生产制造、财务管理等工作。

“包干”带来的独立权力，提高了组织的灵活性和市场响应速度，有利于发挥快速做出决策和调整的优势。同时，各个部也有利于锻炼管理人才，通过“独当一面”磨炼出具有管理能力和市场洞察力的人才。然而，这种结构之间的资源协调和共享难度较大，容易出现重复建设和资源浪费现象。

4. 矩阵型组织结构

矩阵型组织结构是将职能型组织结构和项目型组织结构相结合的结构类型，组织中的员工既隶属于职能部门，又隶属于项目团队。如在一家大型建筑企业，员工可能既隶属于人力资源部，又隶属于某个具体建筑项目团队，员工同时接受来自两方面的任务和指令。这种结构能够提高组织的灵活性和适应性，员工可以根据“条状”和“块状”管理要求，发挥自己的专业优势，起到融通相关优势的作用。同时，矩阵型组织结构也有利于组织内部的资源优化配置，灵活调配和使用组织内部的资源，但也容易形成员工角色冲突和责任不清问题，出现协调不成、“两边受气”局面，使组织目标达成更为艰难。

（二）职业组织结构的功能

1. 实现分工与协作

职业组织结构通过任务划分职责，明确部门、岗位的分工与协作方式。如一家大型电商企业，销售部门负责产品推广和销售，物流部门负责产品配送和仓储，客服部门负责客户咨询和售后，各部门相互配合、相互支持实现组织销售目标，提高了组织的工作效率和质量，避免了资源浪费和重复劳动，确保组织任务顺利完成。

2. 促进管理与控制

职业组织结构通过设立各级管理岗位和制定相应管理制度，实现对组织内部各个部门和岗位的管理与控制。如一家大型制造企业，管理者根据组织设立的结构了解和掌握下级部门工作进展，通过设置的机构收集问题和反馈，及时进行调整和改进。很多组织结构还设立内部审核和监督机制，对各项工作进行评估和监察，从改进的角度确保工作的顺利进行。

3. 提供职业发展与晋升的渠道

职业组织结构为员工提供职业发展与晋升的渠道。组织架构的上下级关系和职责的不同类型，让员工在工作过程中经过试验和锻炼，增强或掌握更接近于目标的能力和素质，从而逐步晋升到更合适的岗位。如一家大型金融企业，员工从基层业务员做起，通过不断努力改善工作方法，会晋升为客户经理、部门经理、副总经理等。晋升机制激励员工积极进取，也通过他们的工作和业绩为组织发展提供强大合力。

4. 增强组织的适应性和灵活性

职业组织结构能增强组织的适应性和灵活性，使组织更好地应对市场变化和竞争挑战。如一家大型互联网企业中，组织根据市场需求和竞争环境变化，设立新部门或岗位，调整原有部门职责任务，快速应对市场变化，保持住了竞争优势。

技能训练

模拟“职业组织分析师”角色，分析营利性组织和非营利性组织的特点。

训练步骤如下：

1. 发放案例材料（5 分钟）

提供 5 个组织简介，如：腾讯、故宫博物院、顺丰速运、壹基金、国家电网等。

2. 分组并布置任务：分类与特征提炼（20 分钟）

任务 1：小组讨论将组织分类为“营利性”或“非营利性”，并列出判断依据（如目标、资金来源、是否纳税等）。

任务 2：从案例中找出体现“数字化转型”“政策赋能”的细节（如腾讯的数字化办公系统、壹基金的慈善法合规性）。

3. 对比汇报与辩论（15 分钟）

每组派代表展示分类结果，重点说明易混淆组织（如国家电网）的判断逻辑。

辩论：非营利性组织是否需要“赚钱能力”？可以壹基金为例分析。

单元二 行业、产业与就业形势

一、行业概述

（一）行业的定义

行业是指从事相同性质经济活动的所有单位和个人的集合，可以是生产、服务或任何其他类型的商业行为，反映了特定类型的工作和业务流程，也代表了社会分工的结果。随着科技进步和社会发展，行业不断演变，形成了复杂的网络结构。如信息技术领域，云计算、大数据分析、人工智能等新兴技术正重塑整个行业格局。

生涯故事

小林的抉择：在时代浪潮中锚定职业方向

小林是计算机专业的大三学生，在参加一次行业讲座中了解到数字化转型加速，软件开发领域尤其是人工智能应用开发方向人才需求旺盛。回想起自己在编程课程中对机器学习算法的兴趣，他仿佛看到未来的职业道路。

此后，小林利用课余时间钻研相关技术，参加线上竞赛积累经验。然而，临近毕业他发现，身边同学纷纷涌入大厂，竞争激烈。他开始怀疑自己的选择。一次校友交流会上，在新兴人工智能初创企业工作的学长与大家分享，他参与的前沿项目见证了产品从 0 到 1 的过程，小林听了心动不已。

小林决定坚持初心，针对目标企业优化简历，突出项目成果与技能特长。在接下来的面试中，他凭借扎实的专业知识和对行业趋势的清晰认知脱颖而出，进入一家专注于智能医疗影像分析的公司。如今，他已帮助多家医院提高了诊断效率，也在工作中找到了成就感与价值，职业之路越走越宽。

简析

小林的故事反映了当下大学生在就业选择中的探索。凭借兴趣与擅长技能，起初会受行业热门趋势吸引，但在面临竞争时动摇。最终，通过和行业人士交流，明晰自身优势与热爱，坚持在新兴领域深耕，实现了个人价值与职业发展的契合。

（二）主要行业的划分标准及代表行业介绍

我国《国民经济行业分类》国家标准将行业大体分为 20 个门类，97 个大类，473 个中类和 1 382 个小类，以下简述几个新兴行业及发展现状。

信息技术行业：涵盖软件开发、硬件制造、互联网服务等。近年来，得益于人工智能技术进步及市场需求增长，我国大模型行业市场规模持续增长。如阿里巴巴达摩院推出的大规模语言模型通义千问，在多个应用场景中得到应用，具有强大的技术实力和市场潜力。

新能源行业：涵盖太阳能、风能、水力发电等清洁能源形式。其中，光伏组件作为太阳能发电系统的核心驱动力，市场规模正持续扩大。中国领先的光伏产品制造商之一隆基绿能科技股份有限公司，凭借其先进技术和高效生产能力在全球市场中占据重要地位。

电动汽车行业：随着全球环保共识形成及政策扶持变化，电动汽车市场正迅速崛起。特斯拉进入中国市场改变了消费者的购车习惯，推动了国内电动汽车产业链的发展，激发了更多本土企业加大研发投入。

医疗健康行业：人口老龄化加剧及人们健康意识的提高，使医疗健康产业极具潜力。体外诊断领域全球市场潜力巨大。

（三）行业发展趋势分析

未来几年，社会经济将呈现发展机遇与挑战并存的特点，多个行业将出现以下发展趋势。

1. 智能化与自动化

自动化技术和人工智能应用，将快速改变传统生产方式和经济走向，制造业是受影响最大的行业之一。如富士康集团已开始大规模部署机器人替代人工操作，提高生产效率并降低成本。此外，智能制造概念被更多企业接受，并利用物联网、数据分析等工具优化生产流程，实现个性化定制和柔性制造。

2. 绿色能源转型

全球气候变化问题日益严峻，各国纷纷加大可再生能源投资。中国承诺在 2060 年前实现碳中和目标，意味着几十年内煤炭等传统能源将逐步被清洁能源取代。除光伏产业外，风电是重要的替代能源之一。金风科技是国内知名风电设备制造商，通过创新技术降低成本，能源转换效率大大提升。

3. 数字经济兴起

电子商务、金融科技等领域快速发展，数字经济逐渐成为现代经济不可或缺的一部分。阿里巴巴、腾讯等互联网巨头通过构建庞大的生态系统，连接消费者、商家和服务提供商，创造了巨大的价值。与此同时，数字货币、区块链等新技术也渗入金融行业带来革命性变化。如中国人民银行推出的数字人民币试点，探索数字货币在支付结算、跨境贸易方面的应用，就是典型案例。

4. 远程工作与灵活办公模式

近年来，许多公司远程工作模式普及，员工在家办公不仅节省办公空间，还能提高工作效率。腾讯会议、Microsoft Teams 等视频会议软件因此呈爆发式增长。

5. 健康与安全意识的提升

个人健康和公共卫生关注度增加，在线医疗服务和健康管理平台兴起，健康产业呈现新发展机遇。平安好医生、微医等诊疗平台提供的在线咨询和预约挂号，激发了网民新健康需求和产业机遇。

二、产业概述

（一）产业的定义

产业是指由内在利益关联、职能分工各异且具有总体相关性的行业共同构成的业态总称。这些行业的经营方式、组织形态、商业模式和流通环节虽各有差异，但均围绕特定领域的核心产品或服务形成经营范畴，且在各行业内部完成独立的价值循环。相较于行业概念，产业的范畴更为宽泛——它不仅涵盖某类经济活动的具体企业集合，更聚焦于社会分工体系下经济活动的有机整合，反映生产力布局的结构性特征。

从概念范畴来看，行业更侧重同类企业的集群化归类（如软件开发、硬件制造等细分领域），而产业则是通过社会分工纽带将相关行业联结成的生态系统。以信息技术领域为例：软件开发、硬件制造、互联网服务分属不同行业，但当我们从产业链协同、技术生态整合的视角将其视为整体时，便形成了“信息技术产业”的完整概念。这种区分有助于深入理解经济体系中各行业的关联性、分工逻辑及其在产业链中的功能定位。

（二）产业的分类

根据生产要素不同，产业可以分为三大类：第一产业（农业）、第二产业（工业）和第三产业（服务业），每个产业都有其特点。

1. 第一产业（农业）

作为直接依赖自然资源的经济部门，第一产业主要涵盖农业、林业、畜牧业、渔业等领域。其核心特征是通过对自然产物的获取与初级加工，为社会提供基础生活资料，例如粮食种植、林木采伐、畜禽养殖及水产捕捞等。值得关注的是，现代科技正深度重塑农业发展模式——依托物联网技术搭建的智慧农业系统，已实现对农田灌溉、作物生长监测、畜禽养殖环境的精准化管控，有效提升了农产品产量与质量，推动传统农业向智能化、集约化方向转型。

2. 第二产业（工业）

第二产业以原材料开采、加工及制造为核心，具体包括采矿业、制造业、电力燃气及水的生产供应，以及建筑业等行业。这一产业的显著特点是通过工业化手段将自然资源转化为中间产品或最终消费品，是连接第一产业与第三产业的关键环节。近年来，自动化技术与工业机器人的广泛应用，正深刻变革传统制造流程：从汽车生产线的无人化装配到电子元件的精密化加工，科技赋能不仅大幅提升了生产效率，更通过标准化流程降低了人工成本，推动制造业向高端化、智能化迈进。

3. 第三产业（服务业）

作为以提供服务而非实物产品为主的经济部门，第三产业覆盖范围广泛，涉及批发零售、交通运输、仓储物流、住宿餐饮、信息传输、软件开发等多个领域。与前两大产业相比，第三产业的发展速度通常更快，尤其在数字经济时代，其在国民经济中的地位愈发重要。以电子商务为例，平台企业通过整合线上交易、支付结算、物流配送等服务环节，构建起覆盖千万级商家与消费者的庞大生态系统，不仅重塑了传统商业格局，更创造了海量就业机会与经济价值，成为现代服务业创新发展的典型代表。

（三）技术革新对传统产业的冲击与转型

全球范围内，科学技术的迅猛发展给传统产业带来巨大冲击，促使各类产业持续转型，其中制造业受到的影响尤为显著。自动化技术与人工智能的广泛应用，既大幅降低了生产对人力的依赖，又显著提升了生产效率，全面重塑了产业格局。以下多个实例可佐证这一趋势：

在自动化生产线的革新方面，电子制造领域的富士康集团堪称典范。该企业率先在工厂大规模引入自动化生产机器人，凭借机器人精准、高效且持续作业的特性，成功替代了人工承担的高重复性、高强度操作任务。通过自动化生产线的应用，富士康实现了生产流程的优化升级，生产效率得到显著提高，成为制造业自动化转型的标杆。

在智能制造的探索实践中，国内外企业纷纷结合数字工厂、物联网等技术寻求突破。以西门子公司为例，其通过实施“数字化工厂”战略，巧妙融合物联网、数据分析等先进技术，对生产流程进行全面优化。通过开展个性化定制生产与柔性制造，企业不仅提升了市场竞争力，还为员工提供了丰富的技能培训机会，实现了企业发展与员工成长的双赢，为制造业智能化转型提供了有益借鉴。

随着环境保护力度的不断加大，绿色制造成为产业发展的重要方向。比亚迪公司敏锐把握这一趋势，在电动汽车制造过程中积极采用电池管理系统和轻量化材料。这些举措不仅显著提升了车辆的性能表现，还有效降低了能源消耗和环境污染，既符合环保政策要求，又赢得了社会认可和市场声誉。

生涯故事

小张的转型之路

小张是某校机械制造专业的一名毕业生，毕业后进入一家传统机械制造工厂工作。起初，他对职业前景充满信心。然而，随着技术革新浪潮席卷而来，原本依靠人工操作的传统机床生产，被数控技术和自动化设备淘汰。小张发现，工厂对员工的技能要求也发生了巨大的变化。

面对这种情况，小张并没有选择安于现状，而是利用业余时间学习数控技术和自动化控制知识，参加各种相关的培训课程和技能竞赛，获取了许多数控技术和自动化操作等宝贵经验。

经过一段时间努力，小张成功转型为一名数控机床操作员，掌握了自动化生产线的维护和管理技能，职业发展因此迎来新机遇，不仅薪资待遇得到提高，还在工厂中担任了重要的技术岗位，负责指导和培训新员工。

简析

小张的故事体现了技术革新对传统产业的冲击与转型。在技术革新来临时，传统产业员工既面临挑战也迎来机遇。通过积极学习新知识、新技能，员工能够成功实现自我转型，适应产业发展的新需求。

（四）新兴产业的崛起及其带来的就业机会

新兴产业的崛起正深刻改变劳动力市场格局，信息技术、绿色能源等领域的职位需求呈现爆发式增长。

在信息技术领域，大数据、云计算、人工智能等新兴技术的蓬勃发展，推动信息技术行业成为经济增长的核心驱动力。深度求索公司凭借人工智能技术，不断开拓互联网技术应用的新场景。与之相应，对网络安全专家、数据科学家等专业岗位需求激增，为求职者打开了广阔的职业发展空间。

全球气候变化问题日益突出，促使各国加大对可持续能源的投资，绿色能源领域迎来快速发展期。作为太阳能发电系统核心部件的中国光伏组件，随着市场规模的不断扩大，相关岗位需求显著增加。

自动驾驶技术的逐渐成熟，正在引发交通运输行业的深刻变革。头部企业鸿蒙智行通过重塑消费者购车理念，推动国内电动汽车产业链加大研发投入，智能网联汽车测试员等新兴职业随之涌现，未来岗位需求预计将超过10万个。

数字货币、区块链等前沿技术的兴起，给金融行业带来了深刻变革。蚂蚁金服、腾讯金融科技等企业通过创新金融服务模式，在提升用户体验的同时，也创造了大量新的就业机会，推动金融行业向数字化、智能化方向转型。

三、大学生就业形势与就业影响因素

生涯故事

小杨的就业之路

小杨是某校计算机专业的大三学生，在学校的毕业招聘会上，他发现与以往相比，传统计算机编程岗位竞争异常激烈，而新兴的人工智能、大数据分析等领域的岗位需求却在不断增加。

小杨与某学长攀谈得知，其毕业后进入的传统软件开发公司，今年公司业务受到新兴技术巨大冲击，项目减少，常规软件开发工作难以为继。小杨意识到，就业市场正在发生深刻变革。于是，他开始主动学习人工智能和大数据分析相关知识，参加线上线下的培训课程和实践活动，提升自己的技能水平。不久，他遇到一家新兴科技公司的招聘负责人，了解到该公司正在大力拓展人工智能业务，急需相关人才。小杨凭借新学习的专业知识和新掌握的技能，成功获得实习机会，并在实习期间参与项目实践获得认可，转正成为一名人工智能领域的专业技术人员。

简析

小杨的故事反映了就业市场的现状与趋势。新技术的快速发展和带来的行业变革，让传统工作内容面临挑战，而新兴领域则蕴含着巨大的就业机遇。小杨通过敏锐地洞察市场变化，积极学习新知识、新技能，适应了就业市场的需求。这启示大学生要及时关注就业市场动态，调整职业规划，不断提升自己的综合素质和竞争力，应对日益变化的就业形势。

（一）大学生就业形势分析

1. 大学生整体就业形势

随着中国经济进入结构性调整阶段，劳动力供需出现结构性矛盾。在此背景下，高校毕业生为主的青年就业群体数量增加，共同造成就业形势严峻。

近年来，我国高校毕业生人数逐年增加。其中，2022 年全国高校毕业生人数首次突破 1 000 万（1 076 万）人，2023 年达到 1 158 万人，2024 年达到 1 179 万人。这既反映了我国教育事业的进步，也反映了我国就业面临的局面。同时，专业结构不平衡问题也需关注。如市场需求旺盛的信息技术、人工智能领域，相关专业毕业生供给却相对不足，传统的文学、历史等学科存在供过于求的情况。

2. 就业难的原因分析

大学生就业难是复杂的社会问题，通常认为有以下几个深层次原因：

（1）供需失衡：大学毕业生总量增长与岗位需求相对不足。我国高校大规模扩招，高等教育由精英教育转向大众教育，与市场经济发展的就业高峰期重叠，使得高校毕业生供需矛盾更加突出。我国全国性就业高峰期内，还有留学回国人员、再就业人员、城乡富余劳动力等同时汇入劳动市场，就业空间进一步被挤压，让未来几年大学毕业生就业形势更为严峻。

（2）结构性矛盾突出：除供需失衡外，就业市场还存在明显的结构性矛盾。一是专业结构不合理，热门专业毕业生供不应求，冷门专业毕业生乏人问津；二是地域分布不均，东部沿海地区和大城市就业机会较多，中西部地区和基层单位岗位吸引力欠缺。

（3）企业用人标准变化：市场竞争让企业对员工的要求越来越高，但大学生培养过程中，高校仍偏重理论教学，忽视了对学生实践能力的培养，导致有些毕业生难以适应新阶段用人标准。

（4）信息不对称：求职者与用人单位之间信息不对称。一方面，毕业生盲目追求热门行业和职位；另一方面，企业招聘信息传播渠道有限，部分优质岗位无人问津。尽管政府部门和高校不断加强就业信息服务体系建设，但仍需在信息传播和渠道扩展方面发力。

综上所述，大学生就业难由多种因素共同作用，需要政府、学校、企业和毕业生本人共同努力，通过优化人才培养模式、调整产业结构、完善就业服务体系等，才能从根本上缓解大学生就业难的问题，实现高质量充分就业目标。

3. 大学生就业的有利条件

尽管面临诸多挑战，大学生就业也存在不少有利条件。为缓解大学生就业难问题，我国出台了一系列政策措施。如国家“三支一扶”计划、“特岗计划”及大学生志愿服务西部计划等，鼓励毕业生到基层单位工作，并提供相应补贴。此外，政府还通过税收减免、社保补贴等方式降低企业用工成本，提高各种就业岗位吸引力。

同时，战略性新产业的发展为大学生就业提供了广阔就业空间，新能源、新材料、生物技术等迅速崛起，推动产业新机遇加速出现。新产业需要大量高技能人才，为大学生提供了更多职业选择。如比亚迪公司的电动汽车制造，就吸引大批机械工程、电气自动化等专业毕业生加入。

（二）影响大学生就业的因素

影响大学生就业的因素主要包括个人因素、学校因素和社会因素三方面。

个人因素：个人职业规划、专业知识水平、综合素质以及求职心态，都会直接影响就业结果。一些毕业生缺乏明确职业规划，求职方向模糊，部分学生在校期间缺乏实习经历，毕业后工作能力不被用人单位看好。

学校因素：学校教学质量、专业设置及就业指导服务，也是影响大学生就业的因素。专业设置与市场需求脱节，导致毕业生就业困难。如某高校计算机专业课程内容陈旧，该专业毕业生求职时被用人单位轻视；还有的学校提供就业指导服务不切实，学生无法根据有效信息寻找合适的单位、企业。

社会因素：宏观经济环境、劳动力市场供需状况以及相关政策法规变化都会对大学生就业产生影响。例如，经济下行压力下企业会削减用人，使就业市场环境更为复杂。另外，经济发展水平不同的地区也有就业机会高低差别，一定程度上会加剧就业难问题。

技能训练

产业变革应对：传统企业转型模拟

1. 情境设定：

某传统机械制造企业（年产值10亿元，员工800人）面临自动化替代压力，需在3年内完成转型。

2. 角色分配：

生产部：需降低人工成本30%，但担心员工流失。

技术部：建议投资5 000万元引入工业机器人，回报周期5年。

人力资源部：需设计员工技能再培训方案，预算800万元。

3. 操作步骤：

小组讨论并制定转型方案，需包含：技术路线（自动化/智能化/绿色化）；人员调整计划（如转岗200人至售后运维）；政策利用（申请“智能制造专项补贴”）。

模拟答辩：其他小组扮演董事会，质询方案可行性（如“如何确保转岗员工培训效果?”）。评估标准：技术选型与产业趋势契合度（30%），人员转型方案人性化程度（40%），政策资源整合能力（30%）。

单元三 就业政策

一、毕业生就业的基本政策

毕业生就业基本政策，是国家为促进高校毕业生充分就业制定的一系列指导原则和具体措施，不仅为毕业生提供了必要的支持保障，也为企业和社会用人创造了有利条件。

（一）多渠道开发就业岗位

1. 扩大企业安排就业规模

国家鼓励和支持企业特别是中小微企业吸纳高校毕业生。根据相关政策，对吸纳高校毕业生就业达到一定数量并符合相关条件的中小微企业，给予纾困资金、提供技术改造贷款贴息时予以照顾；对招用应届高校毕业生并签订 1 年以上劳动合同的中小微企业，给予一次性吸纳就业补贴。如北京市出台的专门针对中小微企业的社保补贴政策，为毕业生提供了更多的就业机会。

2. 拓宽基层就业空间

结合实施区域协调发展、乡村振兴等战略，国家鼓励高校毕业生到基层单位工作。如“三支一扶”计划（支教、支农、支医和扶贫）、农村义务教育阶段学校教师特设岗位计划、大学生志愿服务西部计划等，引导毕业生到中西部地区、艰苦边远地区及老工业基地、县以下基层单位就业。对于到这些地区工作的毕业生，国家提供学费补偿、高定工资等优惠政策。

3. 支持自主创业和灵活就业

鼓励高校毕业生自主创业，并提供一系列扶持政策，包括一次性创业补贴、创业担保贷款及贴息、税费减免等。政府投资开发的创业载体还会安排 30%左右场地免费提供给高校毕业生创业者。对于选择灵活就业的毕业生，也给予社会保险补贴等支持措施。

知识拓展

高校毕业生自主创业优惠政策①

1. 税收优惠政策

在毕业年度内创办个体工商户或小微企业的高校毕业生，可享受税收优惠。具体

① 各地具体政策会有所不同。——编者注。

而言，可在3年内以每户每年12 000元为限额（最高可上浮20%，具体由各省、自治区、直辖市人民政府根据本地区实际情况确定）依次扣减其当年实际应缴纳的各种税费。

对高校毕业生创办小微企业的，可按规定享受小微企业普惠性税费政策；创办个体工商户的，对其年应纳税所得额不超过100万元的部分，可以在现行优惠政策基础上减半征收个人所得税。

2. 担保贷款和贴息政策

高校毕业生可申请创业担保贷款（不同地区有差异）。有的地区个人贷款额度可高达50万元（合伙创业贷款额度更高），有的设区的市级以上荣誉称号的高校毕业生创业者，10万元及以下贷款可免除反担保要求。对高校毕业生设立的符合条件小微企业，最高贷款额度提高至300万元，财政按规定给予贴息。

3. 资金扶持政策

资金扶持方面，包括免收有关行政事业性收费、一次性创业补贴、职业培训补贴等。比如，毕业2年内普通高校毕业生从事个体经营，首次注册登记之日起3年内免收管理类、登记类和证照类等有关行政事业性收费。同时，对首次创办小微企业且正常运营超过一年的离校2年内高校毕业生，给予不低于5 000元的一次性创业补贴。

4. 工商登记政策

为了简化企业登记流程，鼓励创业，政府推行“多证合一”的政策，即创办企业只需填写一张表格，向一个窗口提交一套材料，登记部门直接核发加载统一社会信用代码的营业执照，极大地减少了创业者时间成本和其他负担。

5. 户籍政策

为解决高校毕业生在创业地落户问题，许多城市取消了落户限制，允许高校毕业生在创业地办理落户手续（直辖市按有关规定执行），为人才留在当地促进经济发展提供便利。

6. 创业服务政策

各地从政策咨询、开业指导到融资服务等多个环节，提供免费公共就业和人才服务机构的创业指导服务。此外，许多城市还提供技术创新服务，开放科研设施给创业大学生使用，在创业场地方面通过孵化器等提供免费或低价办公空间。

4. 稳定公共部门岗位规模

国家要求机关事业单位继续稳定招录（聘）高校毕业生规模，特别是政法机关单位，基层法官、检察官助理招录机制明确，政法专业高校毕业生就业渠道相对较丰富。其他公共部门招录（聘）和相关职业资格考试，毕业生们也有机会顺利通过考试走上工作岗位。

（二）强化不断线就业服务

1. 精准开展困难帮扶

有劳动能力和就业意愿，但实际存在特殊困难的毕业生群体，如脱贫家庭、低保家庭、零就业家庭及残疾毕业生等，国家采取“一人一档”“一人一策”精准帮扶措施，确保每名毕业生能获得 3～5 个针对性岗位信息，并优先得到培训和就业见习。“中央专项彩票公益金宏志助航计划”也面向困难毕业生进行就业培训，帮助提升竞争力。

2. 优化招聘服务

公共就业服务进校园项目，是通过公共就业招聘平台与高校校园网招聘信息共享，建立的高校毕业生就业岗位归集机制，通过收集机关事业单位、企业、重大项目等毕业生岗位需求，集中向社会发布。高校等组织的线上线下专项招聘活动，提高了就业信息的透明度和覆盖面，如教育部推出的“24365 大学生就业服务平台”效果较为明显。

3. 加强就业指导

开展职业体验和模拟实训，能帮助毕业生树立正确的择业观。高校应按一定比例配备专业就业指导教师，确保学生在职业生涯规划时得到有用信息。此外，举办全国大学生职业规划大赛等，也能增强学生职业规划意识。

4. 落实实名服务

有部分毕业离校但没有就业的高校毕业生，高校应该通过线上失业登记、求职登记小程序等，对他们进行实名制就业创业促进帮扶。如为每名毕业生提供 1 次免费职业指导、3 次岗位推荐、1 次职业培训或就业见习机会等，确保每位毕业生更大可能实现就业创业。

（三）简化和优化求职就业手续

1. 稳妥有序推动取消不必要的证明材料

国家正在逐步推进取消一些不必要的就业证明材料，以减少毕业生在求职中的障碍。如 2022 年起，部分地区试行中小学、幼儿园、中等职业学校教师资格“先上岗、再考证”阶段性措施，允许毕业生在特定时间内先行上岗，随后再补办相关资格证书。

2. 推进电子化档案管理

信息技术的发展，让毕业生档案电子化管理实现超大范围共享，简化档案转递流程，方便毕业生查询和使用个人档案信息，提高了工作效率，降低了纸质档案丢失或损坏的风险。

（四）维护就业权益

1. 消除就业歧视

开展平等就业相关法律法规和政策宣传，坚决防止和纠正性别、年龄、学历等任何形式的就业歧视。依法打击“黑职介”、虚假招聘、售卖简历等违法犯罪行为。督促用人单位与高校毕业生签订正式劳动（聘用）合同或就业协议书。

2. 完善社会保障体系

确保毕业生在就业后能够享受到应有的社会保障待遇，包括但不限于基本养老保险、医疗保险和失业保险等。到中西部地区、艰苦边远地区基层单位就业的毕业生，还可申请相应学费补偿和国家助学贷款代偿政策。

综上所述，毕业生就业的基本政策涵盖了从岗位开发、就业服务到权益保护等多个层面，具有相对完善的政策体系，毕业生们面临的就业难题具有不断改善的趋势，也为未来人才培养模式优化和社会经济可持续发展提供坚实基础。在政府部门、高等院校及社会各界的共同努力下，毕业生实现个人价值与社会需求的有效对接呈现积极趋稳态势。

二、毕业生就业的特殊政策

国家还针对特定群体、特定需求制定就业政策，以满足不同背景的毕业生需求。以下将详细探讨这些特殊政策及其实际应用。

（一）“三支一扶”计划

“三支一扶”计划是由人社部牵头的高校毕业生基层服务项目，通过选派毕业生到基层从事支教、支农、支医和乡村振兴服务（服务期 2 年），既缓解农村人才短缺问题，又为毕业生提供实践机会。

生涯故事

小李的“三支一扶”之路

小李是一名农业技术专业的大专生，面对就业压力，他选择参加“三支一扶”支农服务。他推广农业技术，组织培训，帮助村民提高产量和收入，并参与乡村振兴工作。

他深入田间地头，手把手地教农民们如何使用新型的农业机械，如何进行科学的施肥和病虫害防治，还组织多次农业技术培训课程，邀请专家为农民们讲解先进的农业理念和方法。在小李的努力下，他服务的村子农业生产情况得到了很大改善，农作物的产量和质量都得到了显著提高，农民们的收入也增加了。

由于表现突出，服务期满后小李被当地农业农村局录用，继续服务基层，在服务社会中实现自我价值。

简析

小李的故事充分展现了“三支一扶”政策为高校毕业生提供的广阔发展空间和宝贵机遇。在积极进行就业方面，小李抓住“三支一扶”政策契机，将所学专业知识应用于支农实践，实现了自我价值，还为基层农业发展做出了贡献。

1. 招募流程

“三支一扶”计划的招募流程如下：

（1）岗位征集与计划制定。

省级工作协调管理办公室通常于每年 4 月底前完成岗位需求征集，结合基层实际需求明确支教、支农、支医和帮扶乡村振兴等岗位的具体数量与条件，并据此制定年度招募计划。

（2）招募公告发布。

5 月底前，各地通过政府官网、人力资源和社会保障部门网站等权威渠道公开发布招募公告，详细说明招募岗位、人数、资格条件、报名方式及时间等关键信息。

（3）报名与资格审查。

考生根据公告要求通过线上平台报名，如实填写个人信息并提交学历证明、资格证书等材料。相关部门严格审核报考信息，重点核查年龄、学历、专业等条件，确定符合条件人员进入下一环节。

（4）考试与考察。

6～7 月期间，各省自主确定考试形式。

常规地区：组织笔试，内容通常涵盖公共基础知识、职业能力测试等（具体科目由各地根据岗位需求确定）。笔试后按比例确定面试人员，通过结构化面试、专业技能测试等方式考察综合能力与岗位匹配度，同步审查思想政治表现、道德品质等情况。

艰苦边远地区：可结合实际简化程序，采用直接考察、面试等方式选拔，重点评估报考人员专业技能、基层工作适应性及服务意愿。

需要注意的是，具体考试形式以各省招募公告为准，如四川甘孜、云南怒江州等地区近年采用“面试＋考察”方式，不设笔试环节。

（5）公示与派遣。

8 月底前，对拟招募人员进行为期 5～7 个工作日的公示，接受社会监督。公示无异议后，发放招募派遣通知书，组织岗前培训并于 9 月初统一派遣到岗服务。

特别注意的是，虽然全国性政策要求 2024 年起 8 月底前完成招募选拔、9 月初上岗，但部分省份如湖南、河南，仍按原时间节点执行。如河南 2025 年笔试在 6 月 14 日、公示在 8 月 10 日。建议考生以当地最新公告为准，及时关注省级人社部门发布的动态。

2. 服务期间政策支持

（1）工作生活补贴。

根据《关于实施第四轮高校毕业生“三支一扶”计划的通知》（人社部发〔2021〕32 号），中央财政按区域差异化补助标准为：东部地区每人每年 1.2 万元、中部地区 2.4 万元、西部地区 3 万元（西藏和新疆南疆四地州 4 万元），并为新招募且在岗服务满 6 个月的人员发放一次性安家费 3 000 元。在此基础上，地方财政可叠加补贴以确保实际补贴不低于当地乡镇新聘用人员工资水平。例如，广东省明确“三支一扶”人员每人每月工作生活补贴不低于 3 600 元，其中省财政承担 2 100 元，地级以上市财政承担 1 500 元，服务单位还可额外提供交通、住宿等补助。

（2）社会保险等待遇。

“三支一扶”人员按规定参加基本养老保险、基本医疗保险、工伤保险（部分地区含失业保险、生育保险）。单位缴费部分由省级或地方财政承担，个人缴费部分从生活补贴中代扣。例如，新疆等地仅缴纳养老、医疗、工伤三项保险，单位缴费由县市财政承担。此外，各地普遍为服务人员办理人身意外伤害保险，部分地区还提供补充医疗保险、重大疾病保险等商业保险。

（3）培训与发展。

各地需落实能力提升专项计划，确保每人每年参加培训不少于 5 天，并纳入行业人才培训体系。服务满 1 年且考核合格后，可按规定参加职称评定；符合条件的支医人员可凭服务地医疗机构证明参加执业医师资格考试。同时，通过导师制、传帮带等机制，帮助“三支一扶”人员提升基层服务能力。

3. 服务期满的政策

“三支一扶”计划服务期满后，无论是选择留在基层工作、进一步深造还是自主创业，国家都有政策鼓励和支持参与计划毕业生继续发展。

（1）优先录用政策。

原服务单位有编制空缺时，可通过专项招聘直接聘用服务期满考核合格人员。例如，福建省明确乡（镇）事业单位编制内新增人员时，可直接聘用服务期满考核合格人员且不再约定试用期。其他地区通常通过定向考录或专项招聘形式优先录用，部分省份要求县乡基层事业单位拿出一定比例岗位用于此类招聘。

（2）考研加分政策。

考研加分政策由各省自主制定，多数地区执行初试总分加 10 分（如福建、山东）。部分地区在事业单位考试中加分更高，例如广东省对乡镇岗位给予 15 分加分。此外，高职（高专）毕业生服务期满可免试入读成人高等学历教育本科，本科及以上学历支医人员期满后可优先参加住院医师规范化培训。

（3）创业扶持与就业服务。

符合条件的创业者可申请最高 30 万元创业担保贷款（如福建），并享受税收减免、创业培训等政策。各地依托公共就业服务机构提供创业指导、场地支持及业务网络搭建等服务，对就业困难人员提供“一对一”帮扶。服务期满且未就业的人员，两年内可同等享受应届毕业生相关政策。

（二）大学生村官

大学生村官指到农村担任村党支部书记、村委会主任助理或其他村“两委”职务的大学毕业生，其岗位性质为“村级组织特设岗位”，非公务员身份。

1. 招聘对象

大学生村官招聘对象主要为应届全日制普通高校专科及以上学历毕业生，部分地区对毕业 1～2 年内的往届生开放（需符合年龄、政治面貌等条件）。应聘者通常需具备大学本科及以上学历，特别优秀的中共党员、学生干部或有基层工作经验者可放宽至专科。年龄一般不超过 30 周岁，优先考虑中共党员（含预备党员）、学生干部、获得院系级以上表彰的优秀学生，以及参与大学生志愿服务西部计划等基层项目的毕业生。

2. 招聘流程

大学生村官招聘流程规范有序，主要包括以下环节：

（1）发布公告：各省党委组织部官网或多部门联合发布招聘信息，明确岗位要求及报名条件。

（2）网上报名：应聘者在指定时间内完成线上报名并提交材料。

（3）资格审查：县（市、区）党委组织部牵头进行初审与复审。

（4）考试考察：笔试侧重行政能力测试、申论，面试评估综合素质与实践能力。艰苦边远地区可简化程序，采用直接考察方式。

（5）体检公示：拟录用人员体检合格后公示。

（6）签订合同：录用人员与乡镇政府签订劳动合同，由县党委组织部统一管理人事档案。

3. 相关政策

为鼓励高校毕业生服务农村，国家提供以下政策支持：

（1）工作生活保障：补贴标准参照当地乡镇公务员薪资水平，艰苦偏远地区额外发放津贴。

（2）社会保险：统一缴纳养老保险、医疗保险、失业保险、工伤保险、生育保险及住房公积金（“五险一金”），部分省市提供补充商业保险。

（3）职业发展：通过“两选并轨”政策，优秀者可转为选调生或公务员；服务期满考核合格者，可参与村“两委”换届选举或乡镇干部选拔。

（4）继续教育：服务期满考研初试总分加 10 分，同等条件下优先录取；高职（专科）毕业生可免试入读成人高等教育本科。

（5）创业扶持：提供最高 30 万元创业担保贷款（如浙江“青创贷”）、专项基金支持及税收减免，鼓励创办农业合作社或开展特色项目。

（6）就业安置：公务员、事业单位定向招录（比例不低于 10%），企业招聘优先考虑，免费提供职业培训与就业指导。

通过以上政策，全面支持大学生村官的基层服务与长远发展。需要注意的是，具体政策以各省最新公告为准，其核心依据为《关于选聘高校毕业生到村任职工作的意见》及地方实施细则。

（三）“特岗计划”

农村义务教育阶段学校教师特设岗位计划（简称“特岗计划”）是国家为改善农村师资结构、提升教育质量实施的重要举措。该计划通过公开招聘高校毕业生赴农村任教，有效缓解了基层师资不足问题。

1. 招聘条件

“特岗计划”主要面向具有相应资格和能力的应届及往届毕业生，具体要求如下。

（1）学历要求：全日制本科及以上（师范专科可报考小学岗位）。

（2）专业要求：报考学科需与所学专业一致（音、体、美等学科须严格对口）。

（3）年龄限制：30 周岁以下（含 30 周岁）。

（4）教师资格：往届生需持证，应届生可“先上岗后考证”（服务期内须取得相应资格证）。

（5）优先条件：中共党员、学生干部、大学生志愿服务西部计划等基层项目服务经历者优先。

2. 实施流程

（1）岗位发布：省级教育部门通过官网、政府平台等渠道公示招聘信息。

（2）网上申报：限报一个县区的一个学科岗位，部分省份可沿用事业单位招聘笔试成绩。

（3）资格审核：包括初审和复审两个环节，重点核查学历、资格证等材料。

（4）考核选拔：

笔试：教育综合知识＋学科专业知识（具体科目由各地确定）。

面试：教学能力测试（试讲、答辩等），艰苦地区可简化程序采用直接考察。

（5）录用公示：体检合格后公示拟聘人员名单。

（6）签约上岗：签订 3 年服务协议，纳入当地教师管理体系。

3. 待遇保障

（1）薪酬福利：

1）中央财政补助标准：年补助中部地区 3.87 万元，西部地区 4.17 万元（2023 年标准）。

2）地方财政兜底：确保特岗教师工资不低于当地公办教师平均水平，部分地区叠加乡村教师生活补助。

（2）社保待遇：

按规定参加“五险一金”（基本养老、医疗、失业、工伤、生育保险及住房公积金），单位缴费由财政承担。

（3）发展通道：

1）转编留任：服务期满考核合格者直接入编，享受职称评定、评优评先同等待遇。

2）考研支持：服务期满报考硕士初试总分加 10 分，同等条件下优先录取。

3）创业扶持：提供专项基金、税收减免及创业培训（如浙江“青创贷”）。

（4）就业保障：

1）公务员、事业单位定向招录（比例不低于 10%）。

2）企业招聘优先录用，免费提供职业技能培训。

通过系统化的政策支持，“特岗计划”既保障了教师权益，又为其职业发展提供多元路径，有力促进了农村教师队伍的稳定与发展。需要注意的是，具体实施以各省最新公告为准，其核心依据为《关于实施 2023 年中央特岗教师计划的通知》等文件。

（四）大学生志愿服务西部计划

大学生志愿服务西部计划（简称“西部计划”）是由共青团中央联合教育部等多

部门共同发起的青年志愿服务项目。该项目自 2003 年启动以来，通过系统化招募机制，每年选拔高校应届毕业生及在读研究生赴西部基层开展 1～3 年的志愿服务工作。服务领域涵盖乡村教育、服务乡村建设、健康乡村、基层青年工作、乡村社会治理、卫国戍边、服务新疆、服务西藏等 8 个专项类别。

1. 实施流程

（1）报名审核。

1）资格预审：面向应届毕业生及在读研究生开放申请，申请人需在到岗之前获得毕业证书或学位证书，并提交完整学历证明及身份材料。

2）线上申报：通过“西部志愿汇”公众号或官方网站完成注册，填报个人信息需确保准确规范。

3）材料核验：下载打印系统生成的报名表，经院系及校团委两级审核确认。

（2）选拔考核。

1）能力测试：包括统一笔试（部分省份采用全省统考）和结构化面试，重点考察专业素养与服务意识。

2）健康筛查：通过基础体检确保志愿者身体状况符合服务要求。

3）录取公示：省级项目办发放电子录取通知，申请人可通过系统查询录取状态。

（3）岗前培训。

开展不少于 4 天的集中培训，分为省级和县级两个阶段：

1）省级培训：包含“青马工程”专项培训、志愿服务理念、安全健康教育、管理制度规范等。

2）县级培训：涵盖县情、乡风民俗、基层工作方法及岗位适应性训练。

2. 保障政策

（1）服务期间待遇。

1）生活补助：中央财政按区域差异化补助，西部地区年度标准 3 万元（南疆、西藏 4 万元），中部地区 2.4 万元；地方财政叠加配套补贴。

2）社会保障：按规定参加企业职工基本养老保险、城镇职工基本医疗保险、工伤保险，单位缴费部分由财政承担；同时购买人身意外伤害险、重大疾病险等商业保险。

3）住房保障：服务单位提供住宿或发放不低于 500 元/月的住房补贴。

（2）服务期满政策。

1）继续教育：考研初试总分加 10 分，同等条件下优先录取；调剂时享受优先权。

2）就业支持：公务员、事业单位定向招录（如广西 2023 年设置 213 个定向岗位）。服务期满 2 年内享受应届生就业政策，部分地区可通过考核直接入编。

3）创业扶持：提供创业担保贷款、税收减免及专项培训（如云南“青创贷”）。

4）职业发展：服务年限计入工龄，开放职称评定通道。服务满 3 年且考核合格者，可申请学费代偿（如云南边境县服务 3 年可获学费代偿）。

通过完善的政策体系，“西部计划”既缓解了西部基层人才短缺问题，又为青年学子提供了实践锻炼平台，实现了人才成长与地区发展的双赢。需要注意的是，具体政策以各省最新公告为准，其核心依据为《关于实施 2024 年大学生志愿服务西部计划的通知》等文件。

（五）大学生应征入伍

生涯故事

小王的军旅生涯

小王是某院校机电一体化专业的大二学生，一直怀揣着参军报国的梦想。在学校期间，他了解到大学生入伍政策，经过深思熟虑，决定响应国家号召，报名参军。

入伍后，小王被分配到陆军某部，开始了艰苦的军旅生涯。在新兵营，他每天都要进行高强度的体能训练和严格的军事技能学习，从清晨的五公里跑到深夜的战术演练，每一项训练都让他疲惫不堪。但小王从未想过放弃，他始终牢记自己参军的初心，咬牙坚持了下来。

经过新兵营的磨砺，小王被分配到装备维修连。在这里，他充分利用自己在学校所学的机电一体化专业知识，很快就掌握了多种军事装备的维修技能。他积极参与连队的各项维修任务，从简单的故障排查到复杂的设备抢修，都能看到他忙碌的身影。他的出色表现得到了连队领导和战友们的高度认可，多次被评为“优秀士兵”。

在部队的培养下，小王不仅提升了自己的军事技能和专业素养，还锻炼了自己的意志品质和团队协作能力。他学会了如何在艰苦的环境中坚持奋斗，如何与战友们密切配合完成各项任务。这些经历都将成为他人生中宝贵的财富。

服役期满后，小王选择退役复学。回到学校后，他发现在部队的经历让自己更加成熟稳重，学习也更加得心应手。同时，根据大学生入伍政策，他还享受到了学费减免、学籍保留等优惠政策，这让他能够更加安心地完成学业。毕业后，小王凭借在部队锻炼出来的能力和学校所学知识，顺利进入一家大型企业工作，实现了自己的职业理想。

简析

小王的故事充分展现了大学生入伍政策为学生带来的机遇和成长。在部队的锻炼中，小王不仅提升了身体素质和军事技能，还培养了坚忍不拔的意志品质和团队协作精神。这些品质和能力在他退役复学后，为他的学业和职业发展奠定了坚实的基础。

近年来，国家出台重要政策鼓励大学生应征入伍，在加强国防建设的同时，也为大学生提供多元职业发展路径。

1. 应征入伍

大学生应征入伍的对象主要包括全日制在校生及高校毕业生，具体条件如下：

（1）政治条件：应征者需热爱中国共产党，拥护社会主义制度，无违法犯罪记录，政治审查以本人现实表现为主。

（2）身体条件：

身高：男性≥160cm，女性≥158cm；

体重：男性 17.5≤BMI<30，女性 17≤BMI<24；

视力：右眼裸眼视力≥4.6，左眼裸眼视力≥4.5，矫正度数≤600 度；屈光不正手术后半年以上，裸眼视力≥4.8 且无并发症可合格。

（3）年龄条件：

1）男兵：本科生在校生 18～22 周岁，应届毕业生放宽至 24 周岁；研究生在校生及毕业生放宽至 26 周岁。

2）女兵：本科应届毕业生及在校生、研究生 18～22 周岁；2024 年全日制本专科应届毕业生报名 2025 年上半年女兵征集时，年龄可放宽至 23 周岁。

2. 应征入伍程序

高校毕业生应征入伍遵循以下流程，确保选拔公平公正：

（1）网上报名：登录“全国征兵网”注册填报，上半年报名截止时间为 2 月 10 日，下半年为 8 月 10 日。

（2）初检初审：通过线上审核后，参加体格初步检查与政治初审，合格者确定为预征对象。

（3）体格检查与政治考核：预征对象参加正式体检及公安部门政治联考，全面评估健康状况与个人背景。

（4）役前教育：体检政审双合格者参加 7～15 天封闭式训练，内容涵盖军事基础与适应性训练。

（5）预定新兵：县级征兵办综合衡量，优先学历较高者，确定预定入伍对象。

（6）批准入伍：公示无异议后发放《入伍通知书》，新兵于 3 月或 9 月赴部队报到。

3. 相关优惠政策

（1）优先征集政策。

实施“四优先”：优先报名应征、优先体检政审、优先审批定兵、优先安排使用，重点向技术兵种倾斜。

（2）教育资助体系。

1）学费补偿代偿：2024 年 9 月 1 日后入伍的本专科生每年最高补偿 20 000 元，研究生 25 000 元；在校生退役复学后享受学费减免。

2）升学优待：

设立“退役大学生士兵”专项硕士招生计划，每年单列 8 000 个名额，“双一流”高校重点倾斜。

荣立二等功及以上者可免试攻读硕士。

考研初试总分加 10 分，同等条件优先录取。

专升本政策：高职（专科）生退役后可免试升入普通本科或成人本科，具体实施以各省政策为准。

（3）就业保障措施：

1）身份认定：退役 1 年内视同应届毕业生，可重新办理就业报到手续。

2）职业发展：

公务员、事业单位定向招录（如广西 2023 年设置 213 个专项岗位）；

服役经历视为基层工作经历，企业招聘优先录用；

免费提供职业技能培训与岗位推荐。

（4）综合保障制度：

1）家庭优待：义务兵家庭优待金由地方政府动态调整，享受军属待遇。

2）发展通道：优秀士兵可通过提干、保送军校等途径晋升，退役后开放职称评定通道。

该政策体系通过多维度激励措施，既为国防建设输送高素质人才，又为退役士兵提供可持续发展路径，实现个人成长与国家需求的有机统一。需要注意的是，具体政策以各省最新公告为准，其核心依据为《关于进一步做好大学生征兵工作的通知》等文件。

技能训练

政策关键词配对竞赛

材料准备：

列出“三支一扶”“西部计划”“特岗教师”“大学生入伍”的核心政策条款（如服务期、补贴标准、考研加分等），制作写有关键词的卡片（如“服务期满转编”“学费代偿”“一次性安家费 3 000 元”等）。

操作步骤：

分组竞赛，在 5 分钟内将关键词与对应政策匹配；错误率最低的小组获“政策通”称号。

明德强技

把握就业政策，提升职业素养

当前就业市场竞争激烈，只有具备扎实专业知识和应用技能，熟悉职业环境和就业政策，才能在就业市场尽快找到心仪的岗位。

一、关注就业政策，增强就业意识

大学生入伍政策、“三支一扶”计划等为大学生提供了多样化就业选择，大学生除了积极学习、关注研究这些政策，也要树立到基层、到祖国最需要的地方去锻炼自己，为社会做出贡献的崇高理想，结合自身实际情况，选择适合自己的就业道路，在实现就业的同时，积极到吃劲岗位上锻炼个人能力，为基层发展注入新的活力。

二、了解职业环境，培养职业适应能力

不同行业和职业有着自己特定的机遇和发展趋势，大学生应对现今的职业环境做更多的准备性功课，如参加行业讲座、企业参观、职业体验等，培养自己的适应能力，理解学习和就业的生活状态差异等。例如，在科技快速发展背景下，新兴行业如人工智能、大数据等对人才的需求发生变化，大学生也要多了解这些新兴行业的动态，提前做好与其他同类型人才的竞争准备，随时在新岗位上展现自己的创造力。

三、提升职业素养，实现个人价值

职业素养是大学生未来在工作中取得成功的关键因素，大学生应注重培养自己积极的职业素养，如职业道德、职业态度、职业能力等。大学生即将走向工作岗位，要多学习和体会职业道德规范，以及诚实守信、敬业爱岗的职业态度，要有勇于面对挑战，不断学习和进步的精神，还有提升沟通能力、团队协作等职业能力，为尽快实现个人价值，为社会做出更大贡献打好坚实基础。

总之，大学生应充分利用就业政策提供的机遇，深入了解职业环境，不断提升职业素养，以更好地适应社会发展需求，实现自己的职业理想。

综合技能训练

职业环境与就业政策调研分析

训练目标：

帮助学生深入了解职业环境与就业政策，提升对职业环境的适应能力和对就业政策的运用能力。

培养学生收集、整理和分析职业环境与就业政策信息的能力。

引导学生将职业环境与就业政策知识应用于实际职业规划中，为未来就业做好准备。

训练准备：

将学生分成若干小组，每组4～6人。

为每个小组提供一些职业环境与就业政策的相关资料，如行业发展趋势报告、就业政策文件、企业招聘信息等。

准备一些调研工具，如问卷调查表、访谈提纲等模板。

训练步骤：

1. 职业环境调研

各小组选择一个自己感兴趣的职业领域，通过互联网、报纸、杂志、企业官网等渠道，收集该领域的职业环境信息，包括行业发展趋势、市场需求、职业前景、薪资待遇等。对收集到的信息进行整理和分析，找出该职业领域的优势、劣势、机会和威胁。

2. 就业政策分析

各小组查阅国家和地方政府出台的就业政策文件，了解与自己所选职业领域相关的就业政策，如大学生就业补贴政策、创业扶持政策、人才引进政策等。分析这些就业政策对职业发展的影响，探讨如何利用这些政策促进自己的就业和职业发展。

3. 制定职业规划

根据职业环境调研和就业政策分析的结果，各小组成员制定自己的职业规划。职业规划应包括职业目标、发展路径、行动计划等内容，并结合就业政策提出具体的实施措施。

小组成员之间相互交流和讨论，分享各自的职业规划，提出修改和完善建议。

4. 小组展示与交流

每个小组派代表向全班展示本小组的职业环境调研、就业政策分析和职业规划制定情况，重点介绍职业环境的特点、就业政策的要点以及自己的职业规划亮点。

其他小组可以进行提问、评价和交流，提出自己的意见和建议。

训练延伸：

关注自己所学专业对应的职业环境变化和就业政策更新，定期收集相关信息，撰写职业环境与就业政策动态分析报告。

组织学生参加职业环境与就业政策讲座、企业参观、招聘会等活动，亲身体验职业环境，了解就业政策在实际就业中的应用，加深对职业环境与就业政策的认识和理解。

模块三 职业性格与职业能力

课前思考

活动主题："生涯幻游"设想。

活动内容：想象一下3年、5年或10年后的自己将变成什么样。那时的你在哪里？在做什么工作？

示例：早上起床后，吃过早餐（吃什么？和谁一起吃？），来到公司（选择何种交通工具上班？），与同事打招呼后，开始一天的工作（工作内容是什么？与谁一起工作？），下班后回到家（家里有哪些人？），然后开始做晚餐（都做了什么？和谁一起聊天？）。晚餐后，回想自己一天的工作和生活，你满意吗？

学习目标

知识目标

- 理解自我认知的重要性。
- 掌握职业性格分析工具。
- 了解不同职业对从业者的素质要求。
- 明确职业能力与职业的匹配原则。

能力目标

- 能够独立完成个人职业性格分析，明确自己的职业倾向与发展路径。
- 识别职业所需的关键能力，制定提升计划，同时培养对职场变化的敏感度与适应能力，持续学习新技能。

素养目标

- 培养高度的职业道德观念，理解并遵守行业规范，对工作负责，对客户与同事尊重。
- 树立终身学习的观念，认识到职业发展与个人成长是一个持续的过程，保持好奇心，主动探索新知。

知识框架

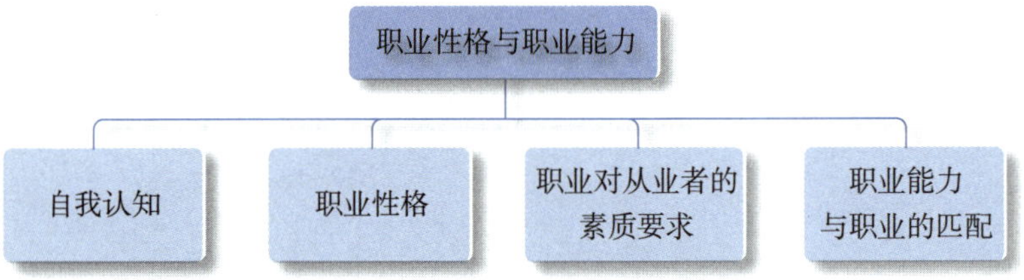

引例

小明的自我认知

小明今年 28 岁，某校计算机专业的毕业生。他毕业后的第一份工作是在广州一家小型软件公司从事软件设计工作，但只工作了一年，他就辞职了。理由是他每天对着电脑写程序，日复一日，已经到了麻木的程度，对于写程序已经没有灵感和激情了。

但 3 个月后，小明又不得不进入一家 IT 企业，工作仍旧是程序开发，不同的只是公司的办公环境发生了转变，从原来软件园的一家小公司换到一家颇具规模的公司。

原来，小明辞职后，应聘过其他行业的不少职位，也参与了一些企业的面试，但这些企业无一例外地因为他的专业与学历而拒绝了他，都建议他最好还是从事与专业相关的软件开发工作。再加上父母的劝告，小明只好重操旧业。

去年 11 月，由于企业内部人才流动的缘由，小明被公司提升为项目经理，但他对本职工作越来越厌倦，甚至有时为了躲避工作而借故请假。今年春节，小明再一次主动放弃了工作。小明这一次并没有再急于找工作，他开始思考自己到底适合做什么工作。

简析

自我探索是指借助先进的职业发展理论，使用比较成熟的职业测评和非正式评估工具，对自己的职业兴趣、性格特点、职业价值观以及职业技能等进行全方位的、深层次的量化评价和分析，从而更科学、全面地认识自己，了解自己最看重的、最喜欢的和最擅长的职业技能，进而清晰地确定自己喜欢且又适合自己的职业发展目标和方向。

知识导航

单元一　自我认知

我们常说："人贵有自知之明。"然而，生活中却常常有这样的现象：有些人能够看到别人的很多问题，却看不到自己的弱点和不足；有些人虽然能够看到自己的很多问题，却看不到自己的主要问题。事实上，这种现象的产生是正常的，人对自己的认识和人对客观世界的认识一样，需要一个了解和学习的过程，并不像照镜子那样简单。在日常生活中，个体常常处于各种不同的评判和议论之中，会被有的人赞扬、称颂，也会被有的人批评、责怪，甚至遭人歧视。

在各种各样的议论中，个体是否能正确地分清哪个是真正的自己呢？个体能否从这些评价或评论中汲取有益的营养丰富自己、改造自己呢？个体是否会丧失自主精神与独立人格而淹没在他人的评议中呢？因此，客观、透彻、准确地认识自己是非常重要的。大学生进行职业选择的前提是进行充分的自我认识，只有知道自己适合做什么、想做什么及能做什么，才能在职业选择中找到最适合自己的职业。

一、自我认知的内容

自我认知的内容是多方面的，主要包括生理自我、社会自我和心理自我三个方面。

（一）生理自我

生理自我认识是指个体对自己的生理属性，如身高、体重、长相等的认识。

生理自我认识是自我意识最原始的形态。一般来说，个体在 1 周岁末就能开始将自己的动作和动作的对象区分开来，把自己和自己的动作区分开来，并在与自我的交往中，按照自己的姓名、身体特征、行动和活动能力来看待自己，并做出一定的评价。生理自我在 3 岁左右基本成熟。

（二）社会自我

社会自我认识是个体对自己在社会生活中所担任的各种社会角色的知觉，包括对各种角色关系、角色地位、角色技能和角色体验的认知和评价。每个人都生活在社会中，都要受到社会的影响而被打上社会烙印，常用社会自我来强调个人与社会的有机联系及个体在社会中所扮演的角色。社会自我是自我概念的重要组成部分，社会自我在青少年晚期变得非常突出，并占据着重要的位置。

（三）心理自我

心理自我认识是指个体对自己的心理属性，如心理过程、能力、气质，性格等的认识。心理自我是自我意识发展的最后阶段，个人逐渐脱离对成人的依赖，并从成人的保护、管制下独立出来，表现出自我意识的主动性和独立性，强调自我的价值和理想。这时个体能够通过自我意识去认识外部世界，而且这样的自我意识过程将伴随个体一生。人的一生是一个不可逆的过程，要提高人的社会价值，使人生更有意义，就必须善于认识自己、设计自己、安排自己、控制自己，使个人的发展与社会的进步相协调、相和谐。这样，不仅有利于每个人，而且有利于整个社会、整个人类。

下面列举一份自我认识画像表，如表 3-1 所示。

表 3-1　自我认识画像表

生理自我	社会自我	心理自我
姓名：李某 年龄：22 岁 性别：男 五官端正 形象气质佳 无传染病 无先天性疾病	王某的儿子 张某的同学 陈某的朋友 孝顺父母 关心同学 帮助朋友	脚踏实地 诚实稳重 热情活泼 勤奋好学 积极向上 性格开朗

生涯故事

发挥优势，成功就业

小蔡在大学学习的是广告设计专业，他起初对这个专业不是非常感兴趣，只是因为自己对绘画很感兴趣，而家人觉得绘画只能作为兴趣爱好，所以就想让小蔡学一门可靠的技艺，于是选择了广告设计专业。

虽然小蔡对广告设计不是非常感兴趣，但他还是努力完成学业，而且成绩相当不错；再加上他在绘画方面的特长，可谓如虎添翼。毕业时，很多用人单位都争着要他，但他却做了一个让人意外的决定——从事建筑设计工作。

家人和朋友都想不通，不过他觉得广告行业虽然好，但属于“吃青春饭”的行业。他觉得建筑设计行业是一个非常有发展前途的行业，凭着自己在绘画和设计软件上的功底，一定会大有前途。

但当他进入建筑设计行业之后才发现，现实并不是所想象的那样：工作压力非常大，作息时间非常不稳定，再加上他是半路出家，公司也不重视他，更不要说培养了。在他很失意的时候，他做服装设计师的同学非常欣赏他的才华，将其引荐给自己所在公司的老板。这位老板对小蔡大为赏识，立刻以优厚待遇将他留下。小蔡在工作一段时间之后发现，广告行业的专业学习不仅让他在服装设计上有更开阔的思路，而且培养了他的审美观。小蔡很快就熟悉了服装设计这个行业，同事们也都很看好他，他更加自信了。

简析

从小蔡的就业经历中我们发现，在求职定位时要发挥自身优势。凡是能够发挥自身优势的岗位，大多能得到用人单位的赏识和重用。小蔡因为有绘画方面的优势，很多广告设计公司想要他；服装设计公司老板因为其良好的审美能力也很赏识他。如果自身能力不能满足用人单位的要求，求职行动则会受阻，就好比小蔡半路出家去从事建筑设计工作，没有得到建筑设计公司重用。

二、自我认知的原则

大学生在认识自我、评价自我、接受自我的过程中应遵循以下四个原则。

（一）全面性

自我认知应当全面。既要看到自己的优点和特长，又要看到自己的缺点和不足；既要对自我某一方面的特殊素质进行具体探索，又要对其他方面的整体素质进行探索；既要考虑全面的整体因素，又要考虑其中占主导地位的重点因素。

（二）客观性

自我认知还要遵循客观性原则。对自己进行观察、分析、评价和探索要以客观事实作为基础和依据，尽量克服个人主观因素的限制和干扰。主观的自我探索往往有失偏颇，不能正确认识自我。过高的评价往往使自己脱离现实，意识不到自己的不足，甚至狂妄自傲，由自信走向自负；过低的自我评价，往往会忽视自我的长处，缺乏自信，过于自卑。过高或过低的自我认知，都不能正确认识自己，对自己的探索都是无益的。

（三）发展性

在认识自我时，应当以发展的眼光看待自己。自我认知不仅应当对自己的现实素质做出适当、全面、客观的评价，而且应当着眼于未来的发展变化，根据环境的变化，预见性地估计自己将来的发展潜力和前景。

（四）适度性

自我认知的适度性在于平衡。过度自信会蒙蔽双眼，导致盲目冒进，但过分苛责也会消耗心力，使人陷入焦虑。真正健康的自我认知应当既要清晰觉察自身局限与不足，避免刚愎自用，也要客观认可优势与潜力，保持行为勇气。

生涯故事

猴子种葡萄

猴子很聪明，而且善于模仿人类的动作。一天，猴子想学种葡萄，便走到葡萄园里，它见园丁正在给葡萄苗浇水，就说："原来种葡萄需要水，这还不容易！我要给葡萄苗浇更多的水，让它结更多的葡萄！"于是，它把一棵葡萄秧插进河里，葡萄秧被淹死了。

猴子又来到葡萄园里，它看见园丁正在给葡萄秧施肥料，就说："哦，原来葡萄需要肥料。我要给葡萄施更多的肥料，让它结更多的葡萄！"于是，它把葡萄秧栽在粪堆上，葡萄秧被烧死了。

猴子再次来到葡萄园里，这时已到了冬天，猴子看见园丁正在用稻草把葡萄秧包起来埋在地下，就说："哦，原来葡萄秧栽不活，是因为葡萄秧害怕寒冷。这次我要着意保护，使它免受风霜！"次年春天，猴子学着园丁对葡萄秧越冬的管理技术，用稻草把葡萄秧包得结结实实，然后将其埋在地下，没几天葡萄秧就被闷死了。

猴子种葡萄

简析

众所周知，葡萄的正常生长是多种生存条件综合作用的结果。只有按时浇水，适时、适量地施肥，越冬防寒措施跟上，葡萄秧才能枝繁叶茂、茁壮生长。任何事物都是质和量的对立统一，没有无质之量，也没有无量之质。掌握事物质和量统一很重要的一点就是掌握好事物发展的度。只有将事物发展的度把握好了，才能保持事物的相对稳定。

三、自我认知的途径

自我认知常用途径包括橱窗分析法、内省法和 360 度评估法。

（一）橱窗分析法

1. 橱窗分析法的定义

橱窗又叫作"约哈里窗"，是由美国著名社会心理学家约瑟夫·卢福特（Joseph Luft）和哈林顿·英格拉姆（Harrington Ingram）提出的一个介绍自我和相互了解的模型。

2. 橱窗分析法的内容

橱窗分析法是一种借助直角坐标不同象限来表示人的不同部分的分析方法，它以别人知道或不知道为横坐标，以自己知道或不知道为纵坐标。橱窗坐标图如图 3－1 所示。

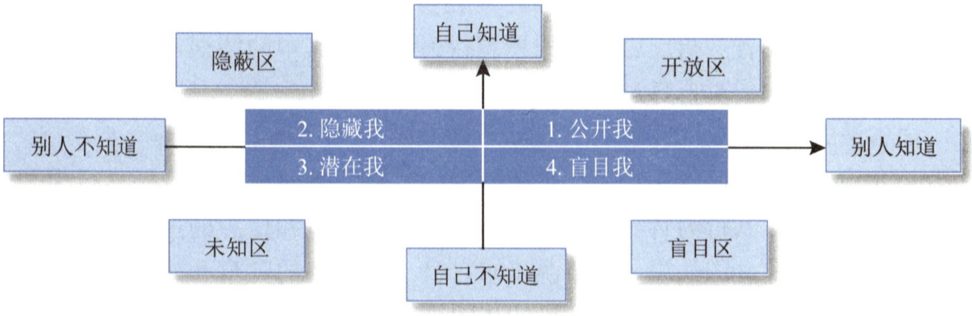

图 3－1　橱窗坐标图

橱窗 1“公开我”是自己知道、别人也知道的部分，其特点是个人展现在外，无所隐藏。比如身高、年龄、学历、婚姻状况等。

橱窗 2“隐藏我”是自己知道、别人不知道的部分，其特点是属于个人私有秘密，不外显。比如自私、嫉妒等平常自己不愿袒露的缺点以及心中的愿望、雄心、优点等不敢告诉别人的部分。可以采取撰写自传或日记的方式来了解自我，可以了解人们自身成长的大致经历和自我计划情况等。

橱窗 3“潜在我”是自己不知道、别人也不知道的部分，其特点是开发潜力巨大但通常别人和自己都不容易发觉。人们可以通过人才测评来发现自己平时注意不到的潜力，也可以在学习和生活过程中，多做尝试来发现自己的潜力。

橱窗 4“盲目我”是自己不知道、别人知道的部分，其特点是自己看不到，别人却看得清清楚楚。人们可以采取同自己的家人、朋友等交流的方式，可以借助录音、录像设备观察自己，要尽量做到开诚布公，对别人提出的意见有则改之，无则加勉。

与四个橱窗对应的分别为：开放区、隐蔽区、未知区、盲目区，这四个区域的大小是随着个体的发展和成长不断变化的。

3. 橱窗分析法分析步骤

第一步，请 5 个或 10 个非常了解你的朋友，要他们列出你的优点和缺点。可以先从好朋友做起，看他们到底怎么样看你。如果想进一步客观地评价自己，再请那些你最不喜欢的人列出你的优缺点，也就是让别人做你的镜子，利用别人给你的回馈，帮助你认识自己、评价自己。

第二步，拿出一张纸，在上面列出自己的优点和缺点。然后将自己列出的与别人列出的一一进行比较，将它们填入约哈里窗的四个区域中。你也许会发现自己有许多优点，别人并不知道，也可能出现别人认为你身上具备某些优点，你自己反而不知道，这样你可以进一步了解自己。同样，你的缺点也可能有类似的情形。

（二）内省法

1. 内省法的定义

内省法又称自我反省法，是通过自己对自身言行思想的反省和分析来了解自我、认识自我的方法。反省意指反思自己的思想行为，检查其中的错误，也是“反省心理学”中的专业词汇，指对自身过往心理活动的追溯和回忆。

2. 内省法的本质

从本质上看，自我反省法是一个自我归因的过程，是通过对自身外显行为和内隐行为的观察分析，找到行为背后隐含的态度、偏好、动机和信念的过程。个体关于自己的情感、个性和信念的认识，主要源于对自身内心状态的觉察和认知，对自身外显行为的观察，对于自身行为相关的环境的认知等。

3. 内省法的优劣势

在认识自我的过程中，自我反省法的优势在于操作简单，成本低廉，且对外在环境和条件的依赖性弱，可由个体独立完成整个反省过程，并且个体可以根据自身情况和认识需要决定反省的次数和频率。而且，一个善于自我反省的人，往往对自己的优点和缺点有更为清醒的认知，能够在生活和工作中扬长避短，选择和顺应自我发展的方向。而不善于自我反省的人，往往由于缺乏自知之明，无法顺应自我发展的需要，陷入自我迷失之中。当然，自我反省法的缺陷也不能忽略，具体表现在自我反省过程的主观性和自我分析视角的局限性，容易导致个体对自我的认知不够客观、不够全面。例如，过于夸大自己的能力导致“刚愎自用”，或者过于低估自己的潜力导致“自我怀疑”，都会制约和阻碍个体获得事业上的成就。

4. 自我反省能力的获得和提高

那么，如何获得和提高自我反省的能力呢？

首先要学会接受批评。每个人都喜欢受到表扬，而不喜欢受到批评。法国心理学家高顿教授通过一项专题研究证实，那些难以接受批评的孩子长大后，大多会对批评持“避而远之”或“拒之门外”的态度，久而久之，会失去自我发展和改进的机会。面对他人批评的时候要认真倾听，要保持平和的心态，努力做到反躬自省，从善如流。

其次要学会总结经验教训。总结经验教训事实上就是对自身行为的一种反省。例如，一个孩子用打架来解决与同学之间的矛盾，如果他吃了亏，他会想：“上次我感到生气的时候是用打架来表达我的愤怒的，结果我被别人打了，那么下次发生这样的情况时，我该怎么办呢？我不用打架可以吗？是不是有更好的解决方法呢？”当人们直接感受到行动与结果之间有某种联系后，他们往往会先想一想再采取行动。

生涯故事

“职业迷茫”的小蒋

小蒋参加工作快四年了。刚毕业时，学校推荐她到省城一家教育机构从事文案编辑工作，但她始终没有做出让领导认可的工作成绩，工作压力越来越大，于是小蒋主动辞职了。小蒋的第二份工作是在一家公司做文员，做一些收发邮件、文档编辑的工作，小蒋感觉这份工作枯燥乏味且难以提升，于是又辞职了。后来她又陆续找了几份工作，但情况都差不多。目前，小蒋在一家外企做经理助理，对于这份工作，小蒋还比较满意。

最近同学聚会，小蒋发现周围的同学个个都比自己强，以前在学校成绩比她差的同学现在都已经当上经理了，有的同学还自己开了公司。反观自己，小蒋只是一个经理助理，一直干着一些琐碎的事情。小蒋越想越自卑，可想来想去，除了文员、经理助理之外，也想不出其他自己可以胜任的工作了，她该怎么办呢？

简析

小蒋遇到的问题是典型的“职业迷茫”问题，她应该客观地认识自己，再根据自身性格、兴趣爱好、特长等选择相匹配的职业。

（三）360 度评估法

360 度评估法又称为全方位评估法，是常见的绩效考核方法之一。其特点是评价维度多元化，适用于对企业中层以上的管理人员进行考核。该方法是指员工通过自己、上司、同事、下属、顾客等不同主体来了解自己的工作绩效，评论各方面的意见，清楚自己的长处和短处，达到提高自己的目的。它是一种从不同角度获取组织成员工作行为表现的观察资料，然后对获得的资料进行分析评估的方法，既包括上司、同事、下属及顾客的评价，也包括被评者自己的评价。这种方法的优点是比较全面地进行评估，易于做出比较公正的评价；同时通过反馈可以促进工作能力的提高，也有利于团队建设和沟通。它的缺点是工作量比较大，可能因为存在非正式组织而影响评价的公正性，需要员工有一定的知识参与评估。

技能训练

请分别列出自己的生理自我、社会自我以及心理自我，并写在一张小纸条上，不署名。班级所有同学写好后投到一个空箱子里。授课教师随机抽取几张纸条，然后宣读其内容，请同学们猜是谁写的。

单元二 职业性格

职业性格是指人们在长期特定的职业生活中所形成的与职业相联系的、稳定的心理特征。例如，有的人对待工作总是一丝不苟，踏实认真；在待人处事中总是表现出高度的原则性，果断、负责；在对待自己的态度上总是表现为谦虚、自信、严于律己等，所有这些特征的总和就是他的职业性格。

一、气质与职业性格

气质是与个人神经过程的特性相联系的行为特征。人的气质差异是先天形成的，受神经系统活动过程的特性所制约。气质类型一般划分为多血质（活泼型）、胆汁质（兴奋型）、黏液质（安静型）、抑郁质（抑制型）四种。这四种类型为典型的气质类型，属于这些类型的人极少，多数人为中间气质型，即以某一气质为主，并具有另一气质型的一些行为特征。由于人们的气质存在着相当大的差异，对自己的气质类型做出评判，选择适合自己的工作，对每个大学生都是十分必要的。

气质反映一个人的自然属性，只表明一个人心理活动的动力特征，不涉及心理活动的方向和内容，没有好坏之分，每一种气质类型都有积极和消极的方面。人应当学会掌握和控制自己的气质和行为，发扬积极的一面，克服消极的一面，使自己成为具有优良个性品质的人。

研究表明，某些气质类型为一个人从事某种工作或职业活动提供了可能性和有利条件，也就是说气质具有一定的职业适应性。例如，胆汁质、多血质的人环境适应能力较强，较易适应迅速灵活的工作；黏液质、抑郁质的人沉稳认真，较易适应持久而细致的工作，见表 3 - 2。因此，在选择职业时，应考虑气质特征的影响，以扬长避短，找到更适合个人气质特征的职业。另外，由于不同的职业对人的气质有着不同的要求，因此企业在选择或招聘，尤其是在选拔和训练特种职业的工作人员时，应当特别注意个人的气质特征，并适当进行气质特征的测定。

表 3 - 2 气质类型与职业匹配

气质类型	行为特点	适宜职业
多血质（活泼型）	外向、热情活泼、易接受新鲜事物、情绪易产生和变化、注意力易转移、兴趣易转变	心理咨询师、导游、销售员、节目主持人、市场调查员、监督员、服务业人员、咨询人员、外交人员、管理人员、律师、运动员、冒险家、侦探

续前表

气质类型	行为特点	适宜职业
胆汁质（兴奋型）	外向、粗犷、直率热情、精力旺盛、动作迅速强劲、情绪易冲动、心境变换剧烈	导游、勘探工作者、运动员、推销员、节目主持人、外事接待员、演员、军人、地质勘探人员
黏液质（安静型）	内外向不明显、情绪稳定、安静稳重、注意力稳定、做事有规律有耐力	外科医生、法官、管理人员、财会人员、统计人员、播音员、教师、人事管理人员、组织者、财会人员、统计人员、出纳员
抑郁质（抑制型）	内向、孤僻、喜欢独处、对事物体验深刻、敏感、行动迟缓、优柔寡断、多愁善感	内向、孤僻、喜欢独处、对事物体验深刻、敏感、行动迟缓、优柔寡断、多愁善感

技能训练

气质类型测试（见二维码）。

气质类型测试

二、职业性格的分类

大学毕业生选择职业的时候，如果能扬长避短，使自己的性格与职业相吻合，发挥性格的最大优势，必将获得事业上的成功。

近年来，一些教育学、心理学研究人员根据我国的实际情况，将职业性格分为四种基本类型：敏感型、感情型、思考型和想象型。

（一）敏感型

敏感型的人一般精神饱满，好动不好静，办事喜欢速战速决，但是行为常有盲目性。他们在与人交往中，往往会拿出全部的热情，但受挫折时容易消沉失望。这类职业性格在运动员、行政人员及其他职业中均有。

（二）感情型

感情型的人感情丰富，喜怒哀乐溢于言表，别人很容易了解其经历和困难；不喜欢单调的生活，爱刺激，爱感情用事；讲话热情洋溢；在生活中喜欢鲜明的色彩，对新事物很有兴趣；在与人交往中，容易冲动，有时易反复无常、傲慢无礼，所以与其他类型的人不易相处。这类职业性格在演员、活动家和护理人员中较多见。

（三）思考型

思考型的人善于思考，逻辑思维发达，有较成熟的观点，一切以事实为依据，一旦做出决定，能持之以恒；生活、工作有规律，爱整洁，时间观念强；重视调查研究和精确性。但这类人有时思想僵化、教条、纠缠细节、缺乏灵活性。这类职业性格在工程师、教师、财务人员和数据处理人员中较多见。

（四）想象型

想象型的人想象力丰富，憧憬未来，喜欢思考问题；在生活中不太注意小节，对那些不能立即了解其想法、价值的人往往很不耐烦；有时行为刻板，不合群。这类职业性格在科学家、发明家、研究人员、艺术家和作家中较多见。

生涯故事

性格危机与职业发展

魏先生，研究生学历，已有5年的工作经验，现就职于国内一家大型知名企业，做销售工作。魏先生的销售业绩不错，其敬业的工作态度得到大家的肯定；然而，今年公司面临激烈的市场竞争，魏先生所在的部门结构重整，销售模式也发生了相应改变，魏先生突然觉得自己不适合工作的要求了。因为公司赋予了销售人员更大的权限，工作环境也更加复杂了，性格比较内向的他发觉自己处理不了那么多不确定的事情。他的压力感越来越强，工作业绩也不太理想，魏先生开始怀疑自己的性格不适合这份工作了。

简析

在职场中，尽管我们每个人都会根据所处的环境和所打交道的人采取不同的行为方式，但我们的性格是基本保持不变的。我们的性格会让身边的人们预测到我们的很多方面。当然，性格也可能改变，特别是当我们努力认识自己的潜能并试图开发它们的时候，但这个改变需要相当长的时间，是一个潜移默化的过程。所以，对于魏先生而言，接受自己的性格、改变工作的现状才是最切实际的做法。对于魏先生来说，首先要肯定自己原先的工作成绩，并从中归纳出自己成功的要素，将其恰当应用到新的工作模式中来；其次需要锻炼自己的人际沟通能力，使自己尽快融入新的工作团队中；最后要培养自己在管理方面的知识与才能，提升自己的职业竞争力。他沉稳内向的性格对于事业的进一步发展应该是非常有利的。

三、职业性格测评

大学毕业生进行职业性格测评有助于明确个人职业定位、提升职场竞争力、优化团队协作以及促进个人成长与发展。因此，在求职过程中，大学毕业生可以积极利用这些工具来更好地规划自己的职业生涯。

（一）MBTI 职业性格测评

迈尔斯-布里格斯类型指标（Myers-Briggs Type Indicator，MBTI）是由美国作家伊莎贝尔·布里格斯·迈尔斯和她的母亲凯瑟琳·库克·布里格斯共同制定的一种人格类型理论模型。该指标基于瑞士心理学家卡尔·荣格的人格理论，将人格分为 16 种不同的类型。这些类型的划分基于不同个体在认知功能、心理取向和行为方式上的差异。

MBTI 职业性格测评的目的是帮助个体更深入地了解自己的性格特点和行为倾向，从而更好地适应不同的环境，处理不同的人际关系。它有助于个体更清晰地认识自己的优势和不足，从而挖掘个人发展潜力，明确个人发展方向。

MBTI 把性格分为 4 个维度，每个维度上包含相互对立的 2 种偏好（见图 3－2）。

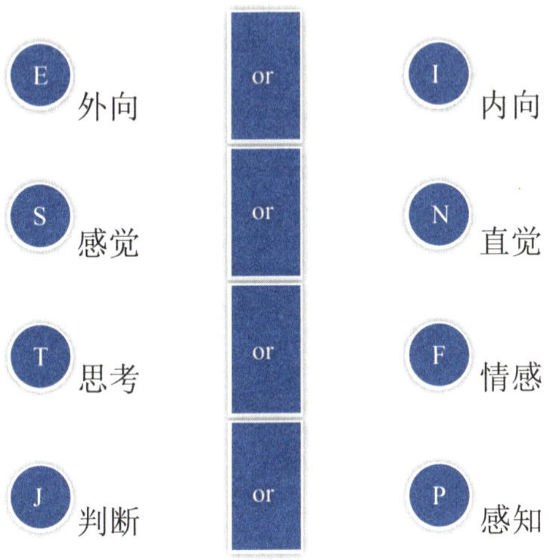

图 3－2　MBTI 性格维度

其中，“外向 E—内向 I”代表着各人不同的精力（Energy）来源；“感觉 S—直觉 N”“思考 T—情感 F”分别表示人们在进行感知（Perception）和判断（Judgement）时不同的用脑偏好；“判断 J—感知 P”针对人们的生活方式而言，它表明我们如何适应外部环境——在我们适应外部环境的活动中，究竟是感知还是判断发挥了主导作用。

以下为 16 种 MBTI 职业性格类型的详细解析。

1. ISTJ 检查者

（1）严肃、安静、集中心志与全力投入及可被信赖而获得成功。

（2）做事务实、有序、实际、有逻辑、真实及可信赖。

（3）负责任。

（4）依照预定成效来作出决策且不畏阻挠与闲言，会坚定为之。

（5）重视传统与忠诚。

2. ISFJ 保护者

（1）安静、和善、负责任且有良心。

（2）行事尽责、投入。

（3）安定性高。

（4）愿投入、能吃苦及力求精确。

（5）兴趣通常不在于科技方面，对细节事务有耐心。

（6）忠诚、考虑周到、知性且会关切他人感受。

（7）致力于创建有序及和谐的工作与家庭环境。

3. INFJ 辅导者

（1）因为坚忍、创意及必须达成的意图而能成功。

（2）会在工作中投入最大的努力。

（3）诚挚及用心地关切他人。

（4）因坚守原则而受敬重。

（5）提出造福大众利益的明确愿景而为人所尊敬与追随。

（6）追求创见、关系及物质的意义及关联。

（7）想了解什么能激励别人及对他人具洞察力。

（8）光明正大且坚信其价值观。

（9）有组织且果断地履行其愿景。

4. INTJ 策划者

（1）有强大动力来达成目的与创意。

（2）有宏大的愿景。

（3）对所承负职务具有良好沟通能力并完成策划工作。

（4）具有怀疑心、独立、果决，对专业水准及绩效要求高。

5. ISTP 手艺者

（1）安静、预留余地、弹性及会以无偏见的好奇心进行观察与分析。

（2）有兴趣于探索原因及效果，重视效能。

（3）擅长掌握问题核心及找出解决方式。

（4）分析成事的缘由且能实时从大量资料中找出实际问题的核心。

6. ISFP 创作者

（1）羞怯、安宁、和善、敏感、亲切且行事谦虚。

（2）善于避开争论，不对他人强加己见或价值观。
（3）无意于领导却常是忠诚的追随者。
（4）办事不急躁，安于现状，无意于以过度的急切或努力来破坏现状。
（5）喜欢有自己的空间，按照自定的时间、程序办事。

7. INFP 医治者

（1）安静观察者，具理想性与对其价值观及重要之人具忠诚心。
（2）希望生活形态与内在价值观相吻合。
（3）具好奇心且很快能看出机会所在。
（4）除非价值观受侵犯，行事会具有弹性，适应力高且承受力强。
（5）做事全神贯注。
（6）对所处境遇及拥有不太在意。

8. INTP 建造者

（1）安静、自持、弹性及具适应力。
（2）特别喜爱追求理论与科学事理。
（3）习惯于以逻辑及分析来解决问题。
（4）最有兴趣于创意事务及特定工作，对聚会与闲聊无大兴趣。
（5）追求可发挥个人强烈兴趣的生涯。

9. ESTP 倡导者

（1）擅长现场实时解决问题。
（2）喜欢办事并乐在其中。
（3）倾向于喜好技术事务及运动，结交同好友人。
（4）具适应性、容忍度、务实性；投注心力于会很快具有成效的工作。
（5）不喜欢冗长概念的解释及理论。
（6）最专精于可操作、处理、分解或组合的真实事务。

10. ESFP 表演者

（1）外向、和善、接受性、乐于分享喜乐予他人。
（2）喜欢与他人一起行动且促成事件发生。
（3）知晓事件未来的发展并会积极参与。
（4）最擅长于人际相处能力且具备完备常识，很有弹性能立即适应他人与环境。

11. ENFP 奋斗者

（1）充满热忱、精力充沛、聪明的、富想象力的，视生命充满机会但期望能得到他人肯定与支持。
（2）几乎能达成所有有兴趣的事。
（3）对难题很快就有对策并能对有困难的人施予援手。
（4）依赖能改善的能力而无须预先做规划准备。
（5）为达目的常能找出强制自己为之的理由。

（6）即兴执行者。

12. ENTP 发明者

（1）反应快、聪明、长于多样事务。

（2）激励伙伴、敏捷及直言不讳。

（3）会为了有趣对问题的两面加以争辩。

（4）对解决新的和有挑战性的问题富有策略，但会轻忽或厌烦经常的任务与细节。

（5）兴趣多元，易倾向于转移至新生的兴趣。

（6）对想要的会有技巧地找出逻辑的理由。

13. ESTJ 监管者

（1）务实、真实、事实倾向，具企业或技术天分。

（2）不喜欢抽象理论；最喜欢学习可立即运用的事理。

（3）喜好组织与管理活动且专注于最有效的方式行事以达至成效。

（4）具有决断力、关注细节且很快作出决策。

（5）会忽略他人感受。

（6）喜做领导者或企业主管。

14. ESFJ 供给者

（1）诚挚、爱说话、合作性高、受欢迎、光明正大。

（2）重和谐且长于创造和谐。

（3）常做对他人有益事务。

（4）给予鼓励及赞许会有更佳工作成效。

（5）喜欢与他人共事，精确且准时地完成工作。

15. ENFJ 教育者

（1）热忱、易感应及负责任。

（2）对别人所想或要求会表达真诚关切且切实用心去处理。

（3）爱交际、受欢迎及富同情心。

（4）对赞许及批评很在意。

（5）喜欢带引别人且能使别人或团体发挥潜能。

16. ENTJ 指挥者

（1）坦诚、具有决策力的活动领导者。

（2）专精于具内涵与智能的谈话，如对公众演讲。

（3）乐于经常吸收新知识且能广开信息渠道。

（4）易生过度自信，会强于表达自己创见。

（5）喜于长程策划及目标设定。

技能训练

MBTI 测试（见二维码）。

MBTI测试

确定类型的规则

1. MBTI 以四个组别“E-I”“S-N”“T-F”“J-P”来评估你的性格类型倾向：

请你比较四个组别的得分。每个子别中，获得较高分数的那个类型，就是你的性格类型倾向。例如：你的得分是：E（外向）12 分，I（内向）9 分，那你的类型倾向便是 E（外向）。

2. 将代表获得较高分数的类型的英文字母，填在下方的方格内。如果在一个组别中，两个类型获同分，则依据下边的规则来决定你的类型倾向。

评估类型

同分处理规则	假如		请填上
	假如	E=I	请填上 I
	假如	S=N	请填上 N
	假如	T=F	请填上 F
	假如	J=P	请填上 P

（二）职业锚测评

锚，是船只停泊定位时使用的铁制器具。职业锚（Career Anchor），又称职业系留点，指的是个体在选择和发展职业时所坚守的核心，它代表了职业中无论如何都不会放弃的至关重要的东西或价值观，是自我意向的一个重要组成部分。

职业锚理论（Career Anchor Theory）源自美国麻省理工学院斯隆商学院，由著名的职业指导专家埃德加·H. 施恩（Edgar H. Schein）教授领导的研究小组提出。这一理论是在对该学院毕业生的职业生涯进行深入研究后形成的。其中，斯隆商学院的 44 名 MBA 毕业生自愿参与了施恩教授长达 12 年的职业生涯研究，该研究采用了面谈、跟踪调查、公司调查、人才测评、问卷等多种方式，最终总结出了 8 种职业锚类型，见图 3-3。

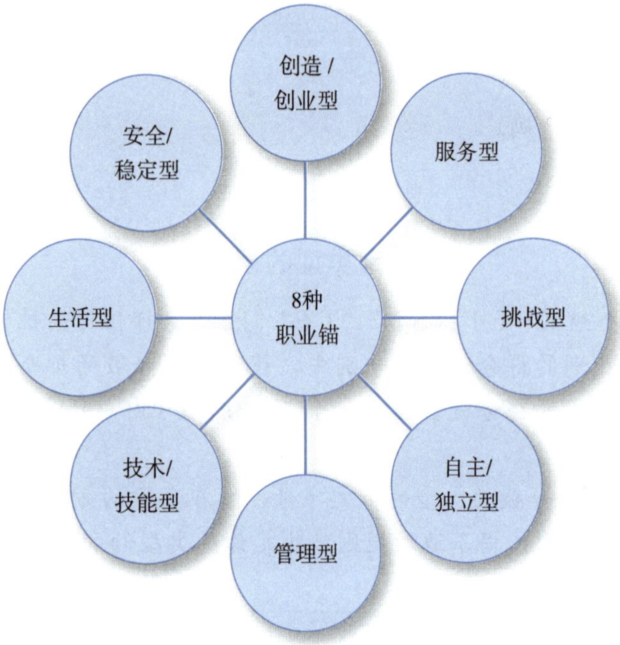

图 3-3 职业锚的类型

了解自身的职业锚，可以帮助个体在面临职业选择时，做出最符合自己预期和发展需求的决策。个人在进行职业规划和定位时，可以运用职业锚思考自己具备的能力，明确发展方向，并审视个人的价值观是否与当前的工作环境和岗位相匹配。

以下为 8 种职业锚类型的详细解析。

1. 自主/独立型职业锚

如果你的职业锚是自主/独立型，你始终追求的是按照自己的方式工作和生活。你希望所在的组织能够给予你充分的自由，让你自主决定何时以及如何工作。如果公司对你限制过多，你可能会寻找一些自由度更高的职业，如教育、咨询等。你宁愿放弃升职加薪的机会，也不愿意失去独立自主的工作方式。为了实现最大限度的自主和独立，你可能会选择创立自己的公司，但你的创业动机与创造/创业型职业锚的动机是不同的。

2. 管理型职业锚

如果你的职业锚是管理型，你始终追求的是晋升到组织中的高级管理职位，以便整合他人的工作并对组织中某项工作的绩效负责。你享受为最终结果承担责任的过程，并把组织的成功视为自己的工作成果。即便你目前在技术或职能部门工作，你也会将其视为积累经验的过程，目标是尽快获得全面管理的职位。

3. 技术/职能型职业锚

如果你的职业锚是技术/职能型，你始终追求的是在专业领域中展示自己的技能，并寻求将技术发展到更高层次的机会。你希望凭借自己的技能获得认可，并乐于接受来自专业领域的挑战。虽然你可能愿意涉足管理，但管理本身不能给你带来满足感，因为你更希望专注于自己的专业领域。

4. 创造/创业型职业锚

如果你的职业锚是创造/创业型，你始终追求的是凭借自己的能力和冒险精神，扫除障碍，创立属于自己的公司或组织。你渴望向全世界证明自己有能力创建并经营一家企业。即便你现在为他人工作，你也会不断学习并评估未来的创业机会，一旦时机成熟，你就会尽快开始自己的创业历程。

5. 安全/稳定型职业锚

如果你的职业锚是安全/稳定型，你始终追求的是稳定或终身雇佣的职位。你追求财务安全（如养老金和退休金）和就业保障。你对组织忠诚，愿意听从雇主的安排，以换取终身雇佣的承诺。虽然你可能有机会晋升到更高的职位，但你更关心工作的稳定性与组织内的安全感。

6. 服务型职业锚

如果你的职业锚是服务型，你始终追求的是做一些有价值的事情，如改善人类居住环境、增进社会和谐、帮助他人等。即便离开原来的组织，你也不会放弃对这些工作机会的追求。同样，你也会拒绝任何可能让你离开这些工作的调动或晋升。

7. 挑战型职业锚

如果你的职业锚是挑战型，你始终追求的是去解决看似无法解决的问题、战胜强大的对手或克服面临的困难。对你而言，职业的意义在于不断挑战自我。新奇、多变和困难是吸引你的关键因素；如果工作内容过于简单，你很快就会感到厌倦。

8. 生活型职业锚

如果你的职业锚是生活型，你始终追求的是平衡和整合个人、家庭和职业的需求。你希望职业具有足够的弹性，以便于实现这种整合。为了实现这种平衡，你可能放弃职业中的某些方面（如因晋升而需要跨地区调动），因为你更看重如何过好自己的生活，包括居住在哪里、如何处理家庭事务、如何在某一组织内发挥自己的作用。

技能训练

职业锚测试（见二维码）。

职业锚测试

（三）WVI 职业价值观测评

1. WVI 职业价值观测评简介

WVI 职业价值观测评是美国心理学家舒伯于 1970 年编制的一个价值观量表，用于衡量全体员工在工作及工作以外的价值观，以及这些价值观如何激励人们产生工作目标。该量表测量的是从业者的职业期望和职业价值观，这些价值观不仅决定了员工在岗的工作态度和工作效率，还反映了个体的工作满意度。无论是个人进行职业规划，还是企业进行招聘，WVI 职业价值观测评都是重要的测评工具。

该量表将职业价值分为以下三个维度：

（1）内在价值观，即与职业本身性质直接相关的因素；

（2）外在价值观，即与职业性质间接相关的外部因素；

（3）外在报酬，即职业带来的经济和非经济的回报。

2. 职业价值观类型

该测试将人的职业价值观划分为 13 种类型，各类型的基本含义如下：

（1）利他主义：总是为他人着想，把直接为大众谋幸福和利益作为自己的追求。

（2）审美主义：能不断地追求美的东西，得到美感的享受。

（3）智力刺激：不断进行智力开发、动脑思考、学习和探索新事物，解决新问题。

（4）成就动机：不断创新、不断取得成就、不断得到领导和同事的赞扬或不断实现自己想要做的事。

（5）自主独立：能够充分发挥自己的独立性和主动性，按自己的方式、想法去做，不受他人干扰。

（6）社会地位：所从事的工作在人们的心目中有较高的社会地位，从而使自己得到他人的重视与尊敬。

（7）权力控制：获得对他人或某事的管理权，能指挥和调遣一定范围内的人或事物。

（8）经理报酬：获得优厚的报酬，使自己有足够的财力去获得想要的东西，使生活过得较为富足。

（9）社会交往：能和各种人交往，建立比较广泛的社会联系和关系，甚至能和知名人士结识。

（10）社会稳定：希望不管自己能力怎样，在工作中要有一个安稳的局面，不会因为奖金、加薪、调动工作或领导训斥等而经常提心吊胆、心烦意乱。

（11）轻松舒适：希望将工作作为一种消遣、休息或享受的形式，追求比较舒适、轻松、自由、优越的工作条件和环境。

（12）人际关系：希望一起工作的大多数同事和领导人品好，在一起相处时感到愉快、自然。

（13）追求新意：希望工作的内容经常变换，使工作和生活显得丰富多彩，不单调枯燥。

技能训练

职业价值观测试（见二维码）

职业价值观测试

单元三　职业对从业者的素质要求

提升职业素养的过程，也是大学生逐步实现社会化的过程。用人单位对应聘者的职业素养需求对大学生的发展方向有着很好的导向作用。

一、职业素质的内涵与重要性

（一）职业素质的内涵

职业素质是劳动者在特定职业场景中表现出的综合性品质集合，其本质是个人能力结构与职业需求的动态适配系统。与普通素质的泛在性不同，职业素质具有鲜明的实践导向特征。美国管理协会（AMA）的研究表明：职业素质的 70%构成要素直接指向岗位绩效产出，这一特性使其成为人力资源市场的核心评价维度。

（二）提升职业素质的重要性

职业素质的本质是连接教育供给与产业需求的桥梁。世界银行对 12 国大学毕业生的追踪显示：具备完整职业素质体系的毕业生，其岗位适应周期缩短 60%，三年内晋升概率提高 82%。这印证了职业素质不仅是就业竞争力的核心指标，更是职业生涯可持续发展的底层操作系统。

二、职业素质的通用要求体系

（一）硬实力维度

硬实力主要体现在学历证书与岗位的适配性。学历证书与岗位适配性呈现动态平衡关系。在职业准入门槛层面，学历证书是筛选岗位适配性的基础工具，医疗、法律、高等教育等行业因涉及执业资质认证，学历证书与岗位要求具有强关联性。头部企业通过学历快速完成人才筛选，如金融行业投资分析师岗位普遍要求硕士学历，部分岗位甚至限定 QS 前 100 院校毕业生。

但在职业发展纵深阶段，学历证书的适配性权重逐渐降低。技术迭代领域（如 AI 开发）中，工作五年以上从业者的学历溢价下降超 80%，经验与实操能力成为核心评价标准。销售、餐饮等服务行业数据显示，工作三年后业绩 TOP10%员工中本科以下学历者占比达 41%。新兴领域创业者中，非名校背景者占比显著高于成熟企业，印证学历证书与岗位适配性存在行业衰减曲线。

理想状态应建立学历与能力的协同机制：学历作为系统化知识储备的证明，能力作为持续适应岗位需求的保障。公务员、事业单位等体制内岗位仍将学历作为晋升硬指标，而科技型初创企业更侧重实际产出成果。

素养与素质在实际运用中经常作为一个同义概念使用，但其内涵略有区别。从某种程度上讲，素养包括素质和修养两个部分，主要指一个人与生俱来的以及通过后天培养、塑造、锻炼而获得的身体和人格上的性质特点，是一个人在社会生活中思想与行为的具体表现，包括一个人文化水平的高低、道德水平的高低、身体的健康程度、惯性思维能力和对事物的洞察能力、管理能力和智商、情商层次高低以及与职业技能所达级别的综合体现。

（二）软实力维度

在职业素质体系中，软实力是决定从业者职业天花板的核心变量。麦肯锡全球研究院的调研显示，在数字经济时代，软实力对岗位绩效的贡献度已从 2010 年的 37%提升至 2023 年的 52%，其价值维度主要体现在三大体系。

1. 职业化思维模式的建构

结果导向思维要求从业者建立“输入—过程—输出”的闭环认知，如项目经理需将模糊的客户需求转化为可量化的 KPI 指标。达沃斯论坛提出的“VUCA 应对框架”指出，系统性思考能力体现在同时处理复杂变量（如供应链管理中的物流、资金流、信息流协同），需掌握鱼骨图、思维导图等工具。全球 500 强企业普遍采用的“5WHY 分析法”，正是训练从业者穿透表象洞察问题本质的典型方法。

2. 人际效能体系的运作机制

跨部门协作的 3C 法则（Clarify 澄清目标，Coordinate 协调资源，Consensus 达成共识）在华为“铁三角”模式中得到验证：客户经理、方案专家、交付经理通过明确角色边界实现协作增效。客户服务心智模型强调“双金字塔”结构——底层是标准流程（如银行柜员的七步服务法），顶层是情境应变（如处理客户投诉时的共情映射）。沃尔玛的“10 米原则”证明，主动服务意识可使客户满意度提升 28%。

3. 情绪生产力的转化路径

压力情境下的自我调节技术包含生理层（如 4 - 7 - 8 呼吸法）、认知层（ABC 情绪理论应用）、行为层（番茄工作法交替调节）。谷歌“SIY”（Search Inside Yourself）课程数据显示，正念训练可使决策效率提升 19%。职场情商提升路径遵循“认知—管理—运用”三阶模型：从识别微表情（神经语言程序学技巧）到管理冲突时的情绪水位（如非暴力沟通），最终实现情绪资本转化（如利用积极情绪推动团队创新）。

波士顿咨询的“职业竞争力矩阵”表明，软实力每提升 10%，可带来 23%的晋升概率增长。从业者可以通过“3T 训练法”（理论学习，Task 实战，导师反馈）进行系统性提升，特别是在数字化转型中，人机协同能力更要求软硬实力的有机融合。

知识拓展

阿里巴巴“幸福生产力工程”

阿里巴巴的“情绪基因组计划”通过整合员工系统数据、内部论坛情绪表达、会议语音情感分析等多元数据源，构建包含情绪强度、波动频率、社交互动倾向等47个维度的动态监测模型。该系统实时追踪2 000万条情绪数据，结合绩效产出曲线，发现晨会消极情绪累积3次以上、72小时内代码提交错误率上升22%的关联规律。基于此，HR部门开发“情绪天气预报”工具，当系统预警某团队情绪熵增时，自动触发干预机制：如临时调整截止日期、分配心理教练介入或启动跨部门协作减压。

阿里巴巴将不可控的情绪波动转化为可量化的管理变量，使情绪资源像财务预算一样被科学配置。数据显示，试点部门在第三季度人均有效工时提升18%，非计划性休假减少34%。但需注意，过度依赖数据可能弱化人文关怀，阿里巴巴同步建立“数据匿名回流”机制，确保工具性与人性化平衡。

三、胜任力模型

职业对从业者的素质要求具体可以由胜任力模型所包含的要素来表达。“胜任力”（Competence）这个概念最早由哈佛大学教授戴维·麦克利兰于1973年正式提出，指能将某一群体（或组织、文化、工作）中表现平凡者与表现突出者区分开来的潜在或深层特征，可以是兴趣爱好、某领域的学习技能、态度或者价值观等可被计量或可以计数的并能区分优秀绩效与一般绩效的个体特征。胜任力主要包括三个方面：一是个人特质，包括知识与技能，与学习成效密切相关，可以预测学生未来的学习成效；二是可验证的，可以与任务情境相联系，具有动态性特征；三是产生绩效的可能性，着眼现在的表现，更注重未来的绩效。

胜任力可以用“冰山模型”（图3－4）来表示，即把个体取得成功所需的个体特征比喻为在海面漂浮的一座冰山，这些个体特征包括水面以上的知识、技能和水面以下的社会角色、自我概念、人格特质和动机等。

（1）知识，指个人在某一特定领域拥有的事实型与经验型信息。

（2）技能，指结构化地运用知识完成某项具体工作的能力，即对某一特定领域所需技术与知识的掌握情况。

（3）社会角色，指一个人基于态度和价值观的行为方式与风格。

（4）自我概念，指一个人的态度、价值观和自我印象。

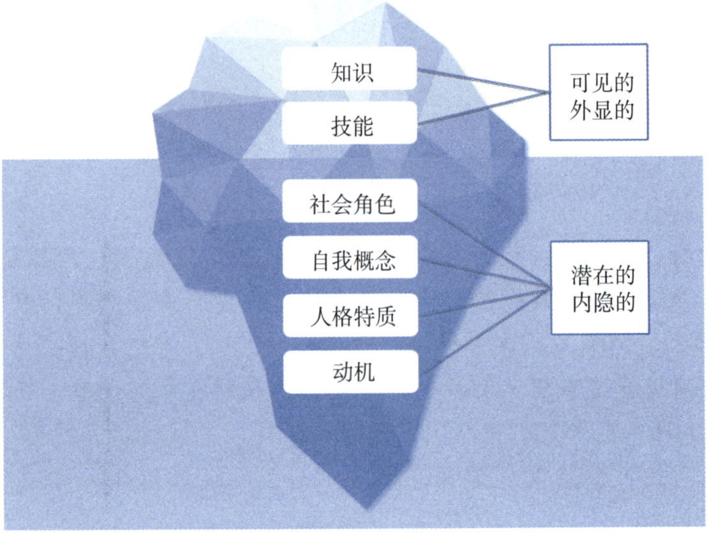

图 3-4 胜任力“冰山模型”

（5）人格特质（性格），指个性、身体特征对环境和各种信息所表现出来的持续反应。品质与动机可以预测个人在长期无人监督下的工作状态。

（6）动机，指在一个特定领域的自然而持续的想法和偏好（如兴趣、爱好等），它们将驱动、引导和决定一个人的外在行动。

生涯故事

一辈子做好一件事

“七一勋章”获得者、全国道德模范（全国敬业奉献模范）、湖南华菱湘潭钢铁有限公司焊接顾问艾爱国，在焊工岗位奉献 50 多年，攻克了数百项技术难关，成为拥有一身绝技的焊接行业“领军人”。从一名普通焊工到湖南省技能大师，再到“七一勋章”获得者、全国道德模范（全国敬业奉献模范），艾爱国将自己的成功经验总结为一句话：一辈子只做一件事，一辈子做好一件事。

1969 年 9 月，艾爱国进入湘潭钢铁厂工作，进厂之初，他的师父告诉他，当工人很简单，就是做人、学技术，做好事情。他记住了师父的话，立志做一名好工人。艾爱国工作了一辈子，领导想从职务的角度提拔他，但艾爱国婉言谢绝领导的好意，“我还是安心从事自己的岗位工作”，最终以焊接班班长的职务退休。

在 50 多年的工作生涯中，艾爱国刻苦钻研焊接技术，大胆实践，勇于创新。他在紫铜、铝镁合金、铸铁、埋弧焊等焊接领域有突出造诣，为国家冶金、矿山、机械、电力等行业攻克焊接技术难关 500 余项，改进焊接工艺 34 项，创造了极为可观的经济效益和社会效益。同时，作为我国焊接领域的“领军人”，他倾心传艺，在全国培养焊接技术人才 600 多名。

简析

“一辈子做好一件事”是艾爱国职业素养的高度总结。虽然他只是一名普通的焊工，却将自己的工作做到了极致，经过数十年如一日的钻研与实践，最终取得了非凡的成就。

技能训练

提前布置学生分组，每组 5～6 人，要求各组选取 2～3 个行业（如互联网、金融、医疗、教育等），通过网络、图书馆、企业实地调研（可联系校友或企业实习合作单位协助）、行业论坛等方式，收集这些行业典型职业（每个行业至少 2 个，如互联网行业可选软件工程师、产品经理）的详细职业信息，涵盖工作内容、岗位职责、任职要求、职业发展前景以及从业者必备素质等内容，整理成资料册，以供课堂讨论使用。

单元四　职业能力与职业的匹配

职业能力可以定义为个体将所学的知识、技能和态度在特定的职业活动或情境中进行类化迁移与整合所形成的能完成一定职业任务的能力。

职业能力主要包含三方面基本要素：首先是为了胜任一种具体职业而必须具备的能力，表现为任职资格；其次是指在步入职场之后表现出的职业素质；最后指的是开始职业生涯之后具备的职业生涯管理能力。

例如：一位教师只具有语言表达能力是不够的，还必须具有对教学的组织和管理能力，对教材的理解和使用能力，对教学问题和教学效果的分析、判断能力等。这些都属于一个教师的职业能力。

如果说职业兴趣或许能决定一个人的择业方向，以及在该方向所乐于付出努力的程度，那么职业能力则能说明一个人在既定的职业中是否能够胜任，也能说明一个人在该职业中取得成功的可能性。

一、职业能力的分类

通用职业能力一般包括学习能力、实践能力和适应能力。

（一）学习能力

学习能力是一个人把知识运用到实践的能力，是那种可以不断自主学习的能力，是把所学的知识用活的能力。为了能够做到完美的人职匹配，学习能力的培养需要从哪些方面着手呢？根据美国学者辛迪·楚和理查德·鲍尔的理论，任何职业能力都可以拆分成知识、技能、才干。我们不妨从这三方面着手。

1. 知识

知识就是你所懂得的东西，需要通过有意识的、专门的学习和记忆才能获得，常常与我们的专业学习或工作内容相关，一般用名词表示。广度和深度是它的评价标准。知识不可迁移，需要专门学习才能掌握。

2. 技能

技能是我们能操作和完成的技术，这种技术可以从生活中的方方面面，特别是工作之外得以发展，却可以被迁移运用到工作中。一般用动词表示，熟练程度是它的评价标准。

3. 才干

才干是我们“自动化”地使用的技能、品质和特质，有的是天赋，也有的是长期习得的。才干是职业活动中不可缺少的因素，但单一的才干无法被识别，需要与知识技能组合。一般用形容词或副词表示，有强烈的个人特色。

（二）实践能力

实践能力是指运用专业知识解决实际问题的能力。实践能力是用人单位比较看重的能力，因为具备一定的实践能力，就业者无须培训可以直接上岗。大学生由于不具备工作经验，所以普遍缺乏实践能力。大学生可以通过参加各类社会实践活动来锻炼自己的实践能力，也就是解决问题的能力。解决问题的能力是指准确分析问题产生的原因，找到关键点，利用资源设计各种方案，选择最优方案，付诸实施并随时进行调整，使问题快速有效解决的能力。这种能力需要不断地培养、积累、内化。

（三）适应能力

适应能力包括三个方面：一是对环境的适应。二是对周围人的适应。大学生刚入职场，面对和之前的学校环境截然不同的新的工作环境，不但要培养自己适应职场的工作能力，还要培养人际交往能力和适应能力。三是心理调适能力。心理调适能力是指面对困难、挫折、失败和意外事件时，能够自我调适心理压力的能力。这种能力对求职者来说是一个必不可少的能力，因为我们的生活和工作都会面临各种问题，每天都会有新的问题产生，如果求职者不具备心理调适能力，遇到挫折时会很容易丧失自我，甚至萎靡不振，影响自己的前途。

生涯故事

三名大学生的应聘经历

有三名大学毕业生到一家公司应聘采购主管。他们当中的一人是某知名管理学院毕业的，另一名毕业于某商学院，而第三名则是一所民办高校的毕业生。在很多人看来，这场应聘的结果都是很容易判断的，然而结果却恰巧相反，经过一番测试后，留下的反而是那位民办高校的毕业生。

在整个应聘过程中，经过一番测试后，他们在专业知识与经验方面各有千秋，难分伯仲。随后招聘公司的总经理亲自面试，他提出了这样一道测试题：每个信封8分钱，假定公司派你到某工厂采购4 999个信封，你需要从公司带去多少钱？

几分钟后，应聘者都交了答卷。第一名应聘者的答案是430元。总经理问："你是怎么计算的？"

"按采购5 000个信封计算，需要400元，其他杂费需要30元。"应聘者回答。总经理不置可否。

第二名应聘者的答案是415元。

对此他解释道："按5 000个信封计算，需要400元，另外的杂费可能需要15元。"

总经理对此答案同样没表态。但当他拿起第三个人的答卷看到上面写的是418.42元时，不觉有些惊异，立即问："能解释一下你的答案吗？"

"可以，"该同学自信地回答道，"信封每个8分钱，4 999个是399.92元。从公司到工厂，乘汽车来回的票价是10元。午餐费需要5元。从工厂到汽车站有1.5km，请一辆三轮车搬信封需要3.5元。因此，最后的总费用为418.42元。"

总经理会心一笑，收起他们的试卷，说："好吧，今天到此为止，明天你们等通知。"

结果第三名毕业生被录用了。

简析

第三名被录用并非偶然，而是其答案更贴合采购主管的核心素质：精确性、全面性和实际操作性，这在小额采购的细节中尤为关键。教育背景并非决定因素，实际能力才是胜出关键。

二、职业素质与职业能力的关系

素质是能力的根基，包含职业道德、情绪韧性、价值观等隐性特质，如医生面对患者投诉时的同理心、程序员面对代码漏洞时的责任意识。素质决定能力的作用方向，若缺乏职业操守（素质缺陷），技术专家可能滥用技能牟取私利。

能力是素质的外化，涵盖专业技能、沟通协作等显性指标，如工程师的CAD建模精度、销售总监的数据分析能力。能力是素质的价值载体，律师的逻辑推理能力（能力）若脱离公平正义信念（素质），可能沦为诡辩工具。

职业素质与职业能力二者在特定条件下存在动态转化。一方面，素质向能力渗透：设计师的审美素养（素质）通过色彩搭配技法（能力）转化为商业价值；另一方面，能力反哺素质：教师通过课堂教学实践（能力）强化教育使命感（素质）。

三、职业决策

人职匹配理论是指个体与职业在多方面达到契合的一种理论，其基本思想在于认识到个体差异的普遍性和个体自身独特的个性特征。每一种职业由于其工作性质、环境、条件和工作方式的差异，对工作者的能力、知识、技能、性格、气质、心理素质等有着特定的要求。在进行职业决策（如选拔、安置、职业指导）时，我们应当根据一个人的个性特征来为其选择最为匹配的职业种类，以实现人职匹配。

当个体与职业实现良好匹配时，个人的特征与职业环境协调统一，这将极大地提升工作效率和职业成功的可能性。反之，如果匹配不佳，那么工作效率和职业成功的可能性将大大降低。因此，对于组织和个体来说，进行恰当的人职匹配具有非常重要的意义。人职匹配理论作为现代就业指导的重要基础理论，主要涉及三个方面：职业兴趣、职业能力和职业人格的匹配。通过综合考虑这三个方面，我们能够更加准确地实现个体与职业的匹配，从而助力个人在职场中获得成功。

检验自己职业能力与职业是否匹配的过程实际上就是职业决策的过程。决策是指作出决定或选择，是一种在各种替代方案中考虑各项因素作出选择的认知思考过程。每个决策过程都会以产生最终决定、选取最终选择为目标。在职业选择中，个体根据自身特点，结合所掌握的职业环境的信息，在综合分析各种因素的基础上，对预期目标实现的可能性进行判断分析，合理取舍，不断修正、提高、再决策，比较各种可能选择的职业生涯道路，最终选择一条适合自己的职业生涯道路的决策过程，这就是职业决策。

其实，职业生涯决策不仅仅是一个结果，而是一个提出问题、确立目标、设计和选择方案的过程。这个过程需要我们认识自我与辨析环境，了解自己的职业兴趣爱好并为此做好职业生涯发展规划。

生涯故事

李同学的生涯决策

李同学是一名英语专业的学生，她的英语水平很高，喜欢阅读和旅游，对不同的文化和国家有着浓厚的好奇心。她的职业生涯规划是从事教育行业，认为这是一个有意义、有影响力、有成就感的行业，也能实现她的理想和价值。

简析

李同学的职业生涯规划是比较宽泛和灵活的，她的专业和兴趣都可以与她的职业目标相结合。她也有着不断探索和尝试的心态和勇气。她在毕业后找到了一家国际学校，成为一名英语老师，在工作中不断地分享和交流，获得了不少的乐趣和成长。

（一）职业决策需要考量的内容

同学们在毕业季终会迎来自己人生的重要选择，但大部分同学还没接触社会，并不知道什么样的行业适合自己，觉得选择不好会影响自己的前途。职业决策需要考虑的内容有：选择何种行业；选择行业中的哪一种职业（工作）；如何选择适用的策略，以获得某一特定的工作；如何从数个工作机会中选择其一；如何选择工作地点；如何选择个人的工作取向等。

1. 有感觉比外貌佳更重要

不能纯粹以外貌来选择伴侣，同样地，选择行业时经济收入固然重要，但“意义”才能让人持久追求卓越。例如，对从事汽车行业的人来说，有一项工作是研发环保、节油的汽车科技，给人们提供更便捷、安全的移动方式，纯粹觉得这份工作很酷的人，比单纯想赚薪资的人能做得更长久也更开心。

2. 你的优点是否是对方在意的特质

若你是一个斯文、知性的文艺青年，但对方欣赏的却是运动型的阳光男孩，恐怕也难擦出火花。每个行业都有其核心价值，有些行业强调创新与技术，具有类似特质与专业的人自然容易成为公司的骨干；有些行业强调管理与效率，那些擅长创新的人或许就不容易百分之百发挥所长，而善于建立制度与管理效能的人较容易受到重用。因此，适用的策略就是在职业决策中找到你与职业的匹配点。

3. 观察周边

交友圈子往往能反映个人特质，正所谓“物以类聚，人以群分”。假如你是个崇尚户外活动的人，而你看中的他（她）周围的朋友都喜欢宅家玩游戏，那么你或许该想想彼此是否适合。同理，每个行业都有各自的特色，能在行业里坚持下来的人也往往具备近似的工作特质。医生、老师、工程师都具备该群体特有的工作取向（价值观与生活方式），所以，行业和个人工作取向是否相符是思考的重点。寻觅志同道合的“族人”是自我探索很重要的一环，工作原本就是生活的一部分，而你每天遇到的人基本上构成了你的生活，千万别忽略他们。

（二）职业决策（人职匹配）常用工具

人职匹配常用工具主要包括帕森斯特质因素理论、职业能力倾向测试和企业人才评价 3-Fit 理论。

1. 帕森斯特质因素理论

帕森斯特质因素理论又称帕森斯的人职匹配理论，是最早的职业辅导理论。1909 年美国波士顿大学教授弗兰克·帕森斯（Frank Parsons）在其《选择一个职业》中提出人与职业相匹配是职业选择的焦点的观点。帕森斯特质因素论认为，个人都有自己独特的人格模式，每种人格模式的个人都有其相适应的职业类型。

所谓“特质”，是指个人的人格特征，包括能力倾向、兴趣、价值观和人格等，这些都可以通过心理测量工具来加以评量。所谓“因素”，是指在工作上要取得成功所必须具备的条件或资格，这可以通过对工作的分析而了解。

帕森斯特质因素理论在实践中的应用主要包括以下三个步骤：

（1）了解自己：主要涉及对自己能力、兴趣、志向、局限及其形成原因的探索。这些主要通过心理测量或其他评估手段来实现。另外，还需要通过面谈、查阅档案、调查等方式，全面了解自己的家庭背景、学业成绩、工作经历等情况。

（2）了解职业：分析职业对求职者的要求，如了解职业的薪酬水平、工作环境及晋升空间等，以及职业对求职者学历、年龄等方面的要求等。此外，还需要了解准备从事该职业所需的教育要求等。

（3）人与职业的匹配：对个人的具体情况和职业的要求进行综合分析，以实现人职匹配。这是帕森斯特质因素理论的核心内容。在了解学生各方面情况和各类职业要求的基础上，指导教师对学生进行指导，帮助他们寻找符合其个性特点的理想职业。

帕森斯认为，人职匹配分为两种类型：

（1）因素匹配（活找人）。例如需要有专门技术和专业知识的职业与掌握该种技能和专业知识的择业者相匹配；脏、累、苦劳动条件很差的职业，需要有吃苦耐劳、体格健壮的劳动者与之匹配。

（2）特质匹配（人找活）。例如，具有敏感、易动感情、不守常规、个性强、理想主义等人格特质的人，宜于从事审美性、自我情感表达的艺术创作类型的职业。

2. 职业能力倾向测试

当个人对自己的人职匹配没有明确方向时，基于能力倾向来选择自己的职业发展方向更为稳妥。能力倾向的测量能够提供相对客观的评估结果。其中，一般能力倾向测验（General Aptitude Test Batery，CATB）是这一领域中最常用的测验工具。

职业能力倾向测验的内容，一般由以下四部分构成：

（1）身体运动机能测验。例如，握力、背肌力、听力、视力等身体机能测验，及投圈、击球等复合运动机能测验。

（2）作业动作机能测验。例如，简单反应测验、敲打速度测验等速度测验，金属丝作业、双手协调等精巧测验。

（3）智力能力测验。从一般智能测验到记忆力测验、注意力测验、形态盘测验等个别智力检查。

（4）性格兴趣测验。包括职业人格测验，职业兴趣测验等。

（三）企业人才评价 3-Fit 理论

企业人才评价 3-Fit 理论是一个重要且实用的框架，它主要用于评估员工在组织中是否适合其岗位、团队和组织。

3-Fit 理论即“人-岗匹配”“人-团队匹配”“人-组织匹配”的评估模型。这一理论强调在人才评价过程中，不仅要关注员工的个人能力和素质，还要关注其与所在岗位、团队和组织的契合度。

1. 人-岗匹配（Person-Job Fit）

人-岗匹配是人才评价中最基本的要求。它主要考察员工的知识结构、能力水平、素质或性格等方面是否与岗位要求相匹配。具体来说：

（1）知识结构与能力水平：员工需要具备与岗位相关的专业知识和技能，以胜任工作。

（2）性格与岗位适应性：员工的性格特质、工作态度等需要与岗位特点相匹配，以确保工作的高效推进。

如果员工与岗位不匹配，可能会导致工作效率低下、任务推进缓慢等问题。因此，在招聘或选拔时，应明确岗位的任职要求，并将其转化为对人员的能力和素质要求。

2. 人-团队匹配（Person-Group Fit）

人-团队匹配主要考察员工与团队成员在年龄、经验、文化水平、沟通方式、行为风格、价值观等方面的同质性或异质性。团队成员的同质性或异质性对团队效率、创造性和氛围都有较大影响。

（1）同质性：根据相似吸引理论，相似的信念、价值观、态度等可以增强团队成员之间的吸引力和凝聚力，从而提高团队效率。因此，可以通过发现或创造团队成员的同质性特点，来提高团队凝聚力。

（2）异质性：不同年龄、生活背景、专业结构的人会带来不同的观点和想法，可以丰富团队的知识输入，促进知识融合和转化，提升团队的创造力。

此外，员工与团队领导的匹配也非常重要。团队领导风格和下属的行为风格相匹配，有助于实现良好的团队绩效。

3. 人-组织匹配（Person-Organization Fit）

人-组织匹配主要考察员工个人价值观与组织文化、组织价值观的契合性。每个组织都有自己的企业文化和价值导向，员工与组织文化的契合度将直接影响其工作满意度和敬业度。具体来说：

（1）价值观契合：员工个人的价值观与组织的核心价值观相一致，有助于增强员工的归属感和忠诚度。

（2）组织文化适应性：组织的制度流程、沟通机制、用人理念等会影响员工与组织的匹配性。员工需要适应组织的这些特点，才能更好地融入组织并发挥作用。

如果员工与组织不匹配，可能会产生管理内耗或群体间的冲突，影响员工的敬业度和满意度，甚至导致离职。

3-Fit 理论为企业人才评价提供了一个全面而实用的框架。在招聘、选拔、培训和发展等过程中，企业应充分考虑员工与岗位、团队和组织的契合度，以确保人才管理的有效性。

技能训练

用 AI 智能检测自己的职业能力倾向，登录智联招聘网，用智联测评功能进行检测，并将检测报告上传学习通。

明德强技

从政策层面引领高校毕业生寻求职业性格与岗位需求完美匹配之路

从毕业生视角来看，职业性格与职业能力如何与岗位需求完美匹配，政策层面提供了重要指导和支持。

首先，国家政策鼓励毕业生进行自我认知，明确自己的职业兴趣、性格特点和能力优势。通过职业规划教育、职业性格测试等工具，毕业生可以更加清晰地了解自己的职业定位，从而选择与自己性格和能力相匹配的岗位。

其次，政策层面强调职业教育与产业发展的紧密结合。政府推动校企合作、产教融合，为毕业生提供更多的实习实训机会，使他们在实践中锻炼和提升职业能力。同时，通过了解产业发展趋势和岗位需求，毕业生可以更加有针对性地提升自己的职业能力和素质，以更好地适应市场需求。

再次，政策还鼓励毕业生进行职业探索和实践。通过参与各种职业活动、兼职和志愿服务等，毕业生可以亲身体验不同职业的工作氛围，进一步验证自己的职业选择。这种实践体验有助于毕业生更加准确地判断自己的职业性格和职业能力是否适合某个岗位。

最后，政策层面还强调了对毕业生的就业指导和服务。政府通过提供就业信息、职业规划咨询等服务，帮助毕业生了解市场需求和岗位动态，引导他们做出明智的职业选择。同时，对于已经就业的毕业生，政府还提供了职业培训、职业晋升等支持，帮助他们不断提升职业能力和素质，实现个人与岗位的持续匹配。

政策层面为高校毕业生提供了全面的指导和支持，使他们能够更好地了解自己的职业性格和职业能力，并选择与岗位需求完美匹配的就业方向。

综合技能训练

请大家准备好一张白纸和一支水性笔开始以下训练，把训练过程记录上传学习通。

第一步：写出五条你认为最重要的价值，如人际关系、归属感、健康、家庭、朋友、爱人、成长发展机会、权力、受尊重、被认可、自由独立等，可以自己另写。

第二步：给这五条分别下定义，并在纸上写下来要达到什么样的水平你才能满意。

第三步：如果你不得不放弃其中的一条，你会放弃哪一条？

第四步：继续下去，直到最后一条。这是否是你无论如何也不愿放弃的？

模块四 职业目标与职业生涯

课前思考

我们每个人都会设想自己上大学后的学习和生活画面，上大学前你想要的大学生活是怎样的？来到大学后，你对大学生活的感知又是什么样的？未来你想要什么样的职场生活？请以图文并茂的方式呈现出来。

学习目标

知识目标

- 理解职业目标的内涵。
- 了解职业目标的影响因素。
- 了解职业生涯决策的方法和技术。
- 了解职业生涯修正与调整的主要内容。

能力目标

- 能够为自己的生涯发展设立长远目标和近期目标，并做出相应的行动计划。
- 能够对自己的生涯规划进行评估和调整。

素养目标

- 树立正确的职业观，强化社会责任感。
- 将个人职业发展与社会贡献相结合，为实现中华民族伟大复兴的中国梦贡献力量。

知识框架

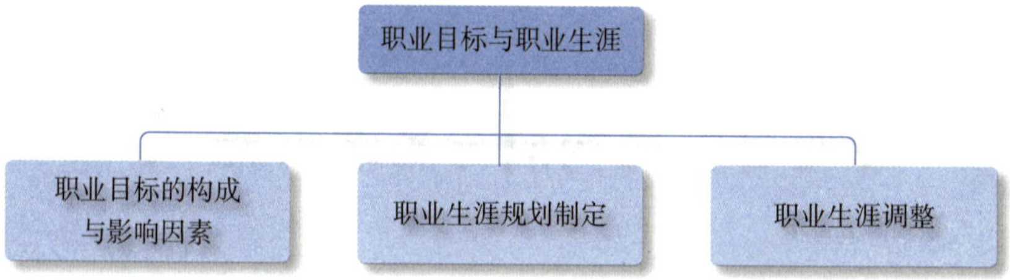

引例

王同学的困惑

王同学是就读于北京某职业学院商务英语专业的大三学生，入学以来，他一直参加学校舞龙社，该社团经常外出比赛，获得过多项荣誉，在校内影响力也比较大。而且他在班级担任团支部书记一职，属于老师眼中比较优秀的学生。

王同学是独生子，他的父母在老家开了一家小店。一直以来，父母都给予他无私的爱，对他的选择也表示支持。从大二开始，王同学利用业余时间从事销售类兼职，解决每月的生活费绰绰有余。更重要的是，他非常喜欢销售类工作。但随着毕业的到来，王同学遇到一个职业生涯问题，那就是如何确定自己的就业方向。他有三个想法：回家创业；留京就业；去某市的亲戚工厂就业。但具体选哪个，他有些纠结。

简析

职业选择是指人们从自己的职业期望、职业理想出发，依据自己的兴趣、能力、特点等自身素质，从社会现有的职业中选择一种适合自己的职业。

职业决策是一个复杂的认知过程，是指个体对自己将要从事的职业做出的选择。职业决策综合了个人对自我的认识以及对教育与职业等外在因素的判断，是一个人在面临生涯抉择情境时做出的决定。

知识导航

单元一 职业目标的构成与影响因素

一、职业目标的定义

职业目标是职业生涯目标的简称。职业目标是指个人在选定的职业领域内，未来将要达到的具体目标。坚定的职业生涯目标是职业生涯发展成功的驱动力，个人职业成功与否很大程度上取决于他是否有明确的职业生涯目标，只有有目标的人才有明确的进取方向，才能在有限的时间里实现自己的理想。

生涯故事

柏拉图找麦穗

古希腊哲学家苏格拉底和他的学生柏拉图之间发生过这样一件事。柏拉图有一天问他的老师苏格拉底："老师，爱情是什么？"苏格拉底没有直接回答，只是淡淡地跟柏拉图说："你跟我来。"

苏格拉底引着柏拉图在一片麦田停下来，说："我们来做个游戏。你穿过这片麦田，从这块麦田找一个你认为最大、最金黄的麦穗，把它摘下来拿在手上。游戏的规则是，你只能向前方走，不能回过头来摘麦穗，而且只能摘一次。"

按照老师设定的游戏规则，柏拉图走进麦田。刚走不远，柏拉图就发现眼前有很多又大又黄的麦穗。认真比较之后，柏拉图摘下一个他认为最大、最金黄的麦穗。当柏拉图继续往前走时，他发现麦田里更大、更金黄的麦穗越来越多，而且越往前走，越是发现麦田里到处都是又大又金黄的麦穗，似乎每一个都比自己早先摘到的麦穗更大更金黄。柏拉图沮丧至极，悔不该摘得这么早，要是忍一忍晚点摘，肯定能把这麦田里最大最金黄的麦穗摘到手，但是规则不允许他再摘了。

柏拉图沮丧地走出麦田，苏格拉底平静地说："你的这种选择叫后悔。"

于是，柏拉图要求再次走进麦田。与第一次一样，柏拉图走进麦田，满眼都是又大又金黄的麦穗。但他这次吸取了第一次摘麦穗的教训，知道前面的好麦穗还有很多，所以忍住没有摘，一直往前走。不一会儿，柏拉图发现自己快要走出麦田了，再看看眼前，才发现自己错过了很多又大又金黄的麦穗。根据他与老师约定的规则，他不能返回去摘被错过了的麦穗，只好随便摘一个麦穗走出麦田。

柏拉图再一次沮丧地回到苏格拉底身边。苏格拉底似乎早就知道柏拉图会在最后关头随便摘一个麦穗，然后沮丧地走出麦田。他平静地对柏拉图说："你的这种选择叫错过。"大学生职业生涯决策何尝不是如此。

简析

在追求职业生涯目标的过程中，我们可能会遇到各种挑战和不确定性。柏拉图的故事提醒我们，勇敢地迈出第一步，接受并珍惜眼前看似不错但可能是最适合的选择，不要因为害怕失败或追求完美而停滞不前。

二、制定职业生涯目标的意义

对于大学生的职业生涯规划和决策来说，制定职业生涯目标有以下几方面的重要意义。

（一）能够发掘自我潜能，激发行动动力

制定合理的职业生涯目标对人的行为有不可替代的激励作用。合理明确具体的职业生涯目标，能引导个人正确认识自身的特质和潜能，帮助个人合理定位自己的价值，引导个人明确自己的综合优势与劣势，使个人正确评估职业生涯目标与现实之间的差距。确定合理且明确的职业生涯目标，不但有助于发现新的职业机会，而且能帮助个人不断挖掘自身潜能，从而提升职业竞争力。

（二）有助于规划清晰的职业发展路径

制定合理的职业生涯目标，知道"有所为，有所不为"，提高工作效率。大学生的职业生涯发展，应是有计划、有目的的生命旅程，不应该是盲目地"撞大运"。无数事例证明，职业生涯受挫，很大程度上是因为职业生涯目标设定不合理，最终导致职业生涯规划没有做好。

（三）能够客观认清形势与自我

制定合理的职业生涯目标，能做到心中有数，遇到困难或障碍时，减少焦虑与情绪波动。现代社会的竞争无处不在，职业生涯的竞争也相当激烈。对大学生来说，要想在激烈的职业生涯竞争中立于不败之地，就必须科学合理地制定自己的职业生涯目标。

知识拓展

多年以前，哈佛大学做过一个非常著名的关于职业生涯目标对人生影响的跟踪调查研究。跟踪调查研究的对象是一群在智力、学历、生活环境等诸方面都大体相同的年轻人。调查研究的内容是职业生涯目标的长期性、清晰性及事业发展成就。持续跟踪调查研究的时间是25年。

这群年轻人在刚进入职场的时候，调研结果是，27%的人没有设立职业生涯目标，60%的人只设立了模糊的职业生涯目标，10%的人设立了比较清晰的短期职业生涯目标，3%的人设立了十分清晰的长期的职业生涯目标。

25年后对这群人的跟踪调研结果是，那3%有十分清晰的长期职业生涯目标的人，25年中都没有改变自己最初设立的职业生涯目标，他们始终坚定地朝着目标方向不懈地努力，25年后他们几乎都成了社会各界的顶尖成功人士。这3%的人中，既有白手起家的创业者，也有行业领袖和社会精英。

那10%设立了比较清晰的短期职业生涯目标的人，25年后大都进入社会的中上层生活。他们职业生涯的共同特点是，短期职业生涯目标不断达到，生活质量也随之稳步上升，他们成为各行各业有着重要职位的专业人士，如医生、律师、工程师、高级主管等。

那60%只设立了模糊的职业生涯目标的人，几乎都生活在各行各业的中下层面。他们的生活与工作虽然安稳甚至安逸，但在事业上都没有取得特别的成就。

那27%没有设立职业生涯目标的人，他们几乎都生活在各行各业的底层，生活不如意，没有稳定的工作，总是抱怨他人、抱怨社会。

这样的跟踪调查研究，卡耐基也做过，得出的结论都惊人地相似：成功在一开始仅仅是一个选择；你选择什么样的目标，就会有什么样的成就，就会有什么样的人生。由此可见，职业生涯目标对人生有巨大的导向性作用。

三、职业目标的构成

（一）短期目标

短期目标通常是指每日、每周、每月、每季、每年的目标，是中期目标和长期目标的具体化、现实化和可操作化，是最清晰的目标。其主要特征有：

（1）具备可操作性。

（2）明确规定具体的完成时间。

（3）对现实目标有把握。

（4）服从于中期目标。

（5）可能是自己选择的，也可能是公司或上级安排的、被动接受的。

（6）需要适应环境。

（7）要切合实际。

（二）中期目标

中期目标一般为3～5年，在整个目标体系中起着承上启下的作用，也是职业生涯能否有效实施和实现的重点。中期目标在长期目标的基础上确立，比如，考研成功；或者在毕业时找到一份满意的工作；或者留学，成为一名海归；或者创业，实现当老板的理想等。中期目标相对长期目标要具体一些，其特征主要有：

（1）通常与长期目标保持一致。

（2）是结合自己的志愿和企业的环境及要求来制定的目标。

（3）用明确的语言来定量说明。

（4）对目标实现的可能性做出评估。

（5）有比较明确的时间，且可做适当的调整。

（6）基本符合自己的价值观，个体充满信心，愿意将中期目标公布于众。

（三）长期目标

时间为5年以上的目标，它通常比较粗略、不具体，会随着自身情况和外部形势的变化而变化，在设计时以画轮廓为主。长期目标主要受人生目标的影响，常言道"人无远虑，必有近忧"，尽管如此，在生活中，人们最容易忽视的就是长期目标。设定长期目标需要考虑以下方面：

（1）目标有可能实现，具有挑战性。

（2）对现实充满渴望。

（3）非常符合自己的价值观，为自己的选择感到自豪。

（4）目标是认真选择的，和社会发展需求相结合。

（5）没有明确规定实现时间，在一定范围内实现即可。

（6）立志改造职业环境。

（四）人生目标

人生目标是指整个人生的发展目标。简而言之，是个体为自己设定并希望在生命周期内实现的一系列长远、有意义的生活或职业愿望。这些目标为个人提供了方向和动力，帮助人们在生活中做出决策，并衡量自己的进步和成就。

一般来说，短期目标服从于中期目标，中期目标服从于长期目标，长期目标又服从于人生目标。具体实施目标，通常是从具体的、短期的目标开始的。在制定长期目标和人生目标时，要多考虑一些自身因素和社会因素，而制定短期目标和中期目标时，则要更多地考虑工作环境因素。通过制定个人的短期目标、中期目标和长期目标，就完成了完整的个人目标体系的制定。

生涯故事

“跳水皇后”的冠军之路

2008年北京奥运会女子3米跳板跳水决赛，“跳水皇后”郭晶晶以总分415.35分的高分成功卫冕。

当时，作为国内现役运动员的代表，郭晶晶是跳水“梦之队”的领军人物，曾多次获得世界冠军。然而，辉煌的背后是她一步步走过的荆棘之路。5岁练跳水，15岁首次参加奥运会一无所获，1998年参加世锦赛仅获女子3米跳板亚军，在之后的几年赛事中，她始终与奥运会冠军宝座失之交臂。巨大的压力并没有让她意志消沉、打退堂鼓。相反，基于对跳水运动的喜爱，她以坚韧的毅力和不服输的信心，加之更为艰苦的训练坚持着。2004年，她终于从雅典奥运会拿回2枚金牌。2008年本可以光荣引退的她，仍在向2008年奥运冠军冲刺，并获得2枚沉甸甸的金牌。

作为一名运动员，郭晶晶承受着长年伤痛的困扰。郭晶晶说：“因为喜欢，才会投入，才会愿意付出。”成功的背后是一路走过的荆棘之路。

我们可以看到，对跳水的热爱是支持她战胜种种艰辛、勇往直前的动力。郭晶晶在跳板上的成功，是将职业与兴趣结合实现目标的最佳体现。她喜欢跳水这项运动，为了实现那完美一跳而不停地修正肢体动作，不断地在重复练习中改进不足，缔造完美。

简析

郭晶晶职业生涯决策的目标是明确的，有着坚定的长期目标和人生目标。她强化信念支撑，提升精神境界，全身心地投入，不计较得失，更能忍受成功前的荆棘和挫折，冠军路上不迷惘，从而取得职业生涯发展的辉煌。

四、职业目标的影响因素

职业目标作为个人职业规划的核心，其制定与实现过程受多种内外因素的影响。这些因素不仅塑造了我们的职业选择，还影响着职业生涯中的发展与成就。

（一）个人因素

1. 兴趣与价值观

兴趣是职业选择的内在动力，它促使我们追求自己热爱并擅长的工作。同时，个人的价值观决定了我们对工作意义的认知，影响着职业满意度和长期忠诚度。因此，明确自己的兴趣所在及核心价值观，对于设定符合个人期望的职业目标至关重要。

2. 能力与技能

每个人的天赋、教育背景、工作经验等构成了其独特的职业资本。准确评估自身能力，并持续投资于技能提升，是实现职业目标的基础。随着行业变化和技术进步，不断学习新知识、新技能成为保持竞争力的关键。

3. 性格特质

性格特质如外向性、责任心、创新性等，都会影响个人在职场中的表现和偏好。了解自己的性格类型，有助于找到最适合自己的职业路径，提高工作效率和满意度。

（二）家庭与社会因素

1. 家庭经济状况

家庭经济条件可能限制或促进某些职业选择。例如，家庭经济困难可能促使个体选择薪资较高但非首选的职业，以缓解经济压力。

2. 社会关系网络

强大的社交网络可以为个人提供职业机会、信息资源和指导建议，对职业发展具有显著影响。建立和维护良好的职业关系，是职业成功的重要因素。

3. 社会文化环境

社会对于不同职业的认可度和期望，以及性别、种族、年龄等社会因素，都可能影响个体的职业选择和职业晋升。了解并适应这些外部因素，有助于制定更加实际的职业目标。

（三）教育与培训因素

1. 教育背景

学历层次、专业方向等教育背景直接影响个体的职业起点和发展空间。高质量的教育往往能提供更多元化的职业选择，并为个人在职场上取得成功奠定基础。

2. 职业培训

持续的职业培训不仅提升专业技能，还能增强适应市场变化的能力。随着职业路径的发展，适时参加专业培训对于保持职业竞争力至关重要。

（四）行业与市场因素

1. 行业发展趋势

新兴行业的发展和夕阳行业的衰退，直接影响相关职业的需求和前景。紧跟行业动态，灵活调整职业目标，是应对市场变化的关键。

2. 就业市场需求

不同职业的市场需求状况直接影响就业机会和薪酬待遇。了解并分析就业市场，有助于个体做出更加明智的职业决策。

（五）个人职业规划与决策能力

有效的职业规划需要明确的职业目标、合理的路径规划和坚定的执行力。良好的决策能力，包括信息收集、风险评估和策略制定，能够帮助个体在职业生涯中做出更加明智的选择。

职业目标的实现是一个复杂而多维的过程，涉及个人特质、家庭与社会背景、教育与培训、行业与市场动态以及个人职业规划与决策能力等多个方面。理解并有效应对这些因素，对于实现个人职业愿景至关重要。

知识拓展

制定职业生涯目标时谨防陷入误区

误区一：计划赶不上变化，没必要考虑那么多

在现实中，人们一般有这样的观念，即认为“计划赶不上变化”，因而制定职业生涯目标没有必要太具体，有个大概的想法就可以了。其实不然，目标管理理论表明，具体的目标比模糊的目标更有用。具体目标可以有效地指出奋斗的方向，可以更好地衡量努力的结果。概念性的长期目标比较宽泛，不易于操作，起不到目标的激励功能。因此，职业生涯目标的制定不能只停留于模糊的概念层面，而应该有具体的、可操作的各个阶段的规划目标，只有这样，制定出来的规划才能让人清楚自己下一步的努力方向，并朝着预定的目标不断奋斗，最终实现自己的职业目标。

误区二：职业目标太高，不切实际

主观成功感对于个人的发展和工作满意度的提升是非常重要的。主观成功感是指完成有挑战性、有意义的任务后所带来的成就感。目标定得太容易或太难都不易获得成就感。合理的目标应该是既有挑战性又能够通过自身努力得以实现的。设置这样的目标，要求个人具有独特的能力和深刻的洞察力，不但要对自身能力和潜能有足够的了解，而且要能识别工作中的机会和障碍，在此基础上实事求是地设计出有较大难度但通过努力可以实现的目标，并做出长期的职业规划。

误区三：职业决策与我无关，关键看父母、领导怎么想

有些人在做职业决策时，会将决策权交到父母、老师、领导的手里，让别人来判断什么适合他们，以后要干什么。有些人追逐社会上的热门职业，被所谓的“流行”“时尚”“声望”牵着鼻子走。研究表明，如果工作不能满足个人的需要，或与个人的价值观不一致，或者个人不具备胜任这项工作所要求的能力素质，那么其工作满意度就会很低，工作没有激情，缺乏自我成就感，而且很难有长期的发展。因此，在做职业决策时，个人应根据自己的能力、兴趣和价值观来选择自己的工作或

职业，而不是人云亦云，盲目从众，以确保找到既能满足个人需求，又能带来长期发展的工作。

误区四：现在无所谓，来日方长

具体的工作仅仅是实现职业目标的一个媒介、一种工具。在人生的任何阶段，人们总是渴望追求更高层次的目标。然而，很多时候，人们过于关注下一个目标而忽略了眼前所从事的工作，没有厘清短期目标与长期目标之间的辩证关系。其实，个人目前所做的工作正是其职业发展的阶梯，如果总是对现实不满，不好好工作，不仅无法企及下一个目标，更可能对自己现有的岗位造成消极影响。职业目标的成功达成靠的是人生漫长的积累，走好每一步路，干好每一项工作，在工作中提高自己，并为实现下一个职业目标积累必要的能力。只有这样，在机会来临的时候，才能把握住。

误区五：只要事业成功，其他的没有必要考虑太多

很多人在追求职业发展时，往往忽略了对家庭和其他方面的考虑。人们常常在经过挫折之后，才真正意识到工作和生活之间的联系。很多人直到职业生涯中期才意识到由于自己只关心事业的发展，影响了家庭、婚姻的幸福，甚至影响到自己的身体健康。有时，工作角色与家庭角色之间的矛盾会导致工作与家庭之间的一些冲突。一方面，同事们总是期望管理者在工作中应该情绪稳定，有自信心、判断力、独立性和逻辑性；另一方面，家庭成员可能希望他们在生活中是温和的、体贴的、感性的。假如个人不能调适自己的行为使之符合不同角色的期望，他就可能体验到角色之间的冲突。其实，工作与非工作角色的相互作用贯穿于人生的每一个阶段，工作和生活都是人生的重要目标，而且家庭美满、婚姻幸福、身体健康才有利于事业的成功。优秀的职业生涯管理者在这方面先人一招，他们一开始就知道职业和生活之间的联系，因而所设定的职业目标和自己所渴望的生活方式是结合在一起的。职业生涯规划应该是在个人人生总目标的基础上制定的，它应该包含对生活方式、生活风格的考虑。

误区六：一条路走到底

人们在设定职业目标时常常强调灵活性，但在实践中却容易忘掉这一点。人们往往对自己已经投入的时间和精力产生很高的期许。职业转换对大多数人来说是一个困难的过程，但工作环境和人都会不断地随时间变化。毕竟，个人通过工作经验的积累会对自身的认识产生改变，兴趣会发生转变，原先所掌握的技术也会被淘汰。因此，自己原先所从事的行业可能会随着时间的推移转变成夕阳行业。因此，这些都要求人们必须动态地审视自身和职业，及时转变职业定位，以更灵活、更积极的态度去面对职业转换。

制定职业生涯目标时，需谨防陷入误区。切勿盲目跟风，应基于个人兴趣与能力；避免目标过于空泛，要具体且可衡量；不要忽视行业动态与市场需求。同时，保持灵活性，适时调整目标，以应对职业发展的不确定性。

技能训练

请分别列出自己的短期目标、中期目标、长期目标以及人生目标，并写到一张小纸条上，不署名。班级所有同学写好后投到一个空箱子里。授课教师随机抽取几张纸条，然后宣读其内容，请同学们猜是谁写的。

单元二 职业生涯规划制定

职业生涯规划的核心问题，是在对个人职业生涯的主客观条件进行测定、分析、总结的基础上，对个人的兴趣、爱好、能力、特长、经历以及不足等各方面情况进行综合分析与权衡，最终确定个人职业目标与行动方案，实现个人与职业之间相结合、相适应、相匹配。个人职业生涯定位、职业生涯的近期和远景规划、职业生涯的阶段发展目标、职业路径的选择、行动方案的制定等，都属于职业生涯规划的范畴。简言之，职业生涯规划的制定主要包括职业生涯决策和职业生涯规划两个部分。

一、职业生涯决策

职业生涯决策是在了解自我和社会的基础上，对职业目标和职业生涯发展路径的抉择。20世纪50年代以来，职业生涯决策的理论研究不断完善，职业生涯决策技术不断涌现。比如职业生涯彩虹图，又称生涯彩虹图，是由美国著名职业生涯规划师舒伯（Donald E. Super）提出的，旨在综合阐述生涯发展阶段与角色彼此间的相互影响。职业生涯彩虹图如图4-1所示。①

（一）职业生涯决策的内涵和类型

职业生涯决策有丰富的内涵和多种类型，需要遵循科学方法和科学原则才能做出科学的职业生涯决策。

1. 职业生涯决策的内涵

最早研究职业生涯决策的，是著名经济学家凯恩斯（John Mayard Keynes）。凯恩斯认为，所谓职业生涯决策，是指个体在选择未来从事的职业时，如何使其实现报酬最大化、损失最小化的职业选择方法。按照凯恩斯的论述，职业生涯决策可定义为综合个人对自我认知、职业内容、教育水平、职业环境等方面信息的分析，在多项选择

---

① 因本书非彩色印刷，无法反映彩虹的多种色彩，读者可上网查阅。——编者注。

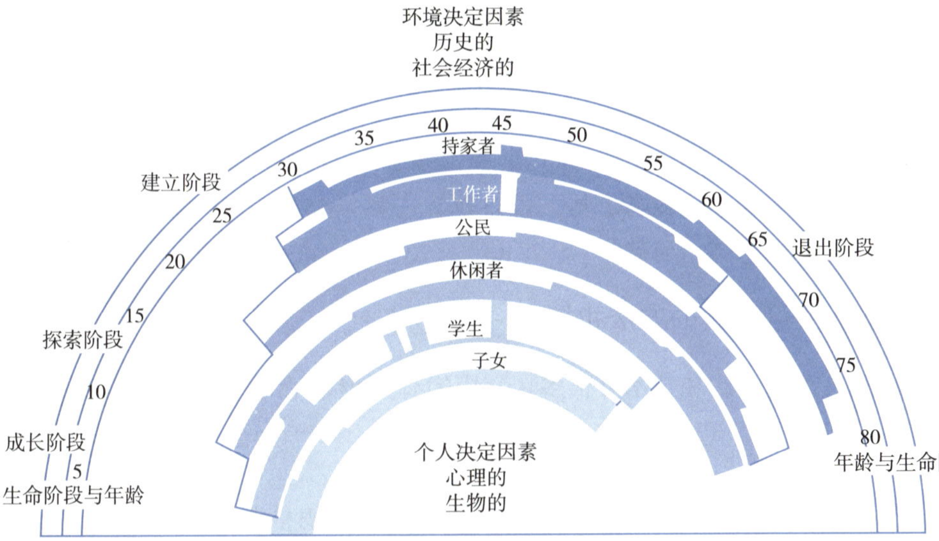

图 4－1　生涯彩虹图

之间权衡利弊，最终对职业生涯发展做出选择的过程。职业生涯决策可认为是一个为了达成个人职业生涯最大价值而进行选择的过程。

2. 职业生涯决策的类型

职业生涯决策有多种分类，在职业生涯学者哈瑞恩（Harren）的论述中，职业生涯决策有理智型、直觉型、依赖型、犹豫型四种基本类型。职业生涯决策类型及其特点和表现具体见表 4－1。

表 4－1　职业生涯决策类型及其特点和表现

类型	特点	典型表现
理智型	理智型决策是决策者在决策时，合乎逻辑、系统地全面收集相关信息，利用系统分析的方法，认真分析各选项的利弊，理智地思考和冷静地判断以做出最佳的选择。	具备深思熟虑、重视客观分析、强调逻辑性的品质。
直觉型	直觉型决策以自我判断为导向，决策者在决策时主要凭直觉和感觉，强调个体内心感受。由于以个人直觉和感觉而不是以理性分析作为决策基础，这类决策过程比较快速、感性，同时相比理性决策，这类决策犯错误的可能性也比较大。	“感觉还不错，就这么决定了。”
依赖型	依赖型决策是在自我认知和环境认知不充分的情况下所采取的一种策略。依赖型决策的决策者总是等待或依赖他人替自己做出决定，他们缺乏承担做出决策的担当和责任。	“爸妈叫我那样做”“其他人也那样做。”
犹豫型	犹豫型决策是指决策者虽然收集了不少相关信息，但优柔寡断、担惊受怕，迟迟做不了决断，或到最后一刻才做出决定。	“我绝不能轻易做出决断，万一决策出错，那就惨了。”

以上是哈瑞恩论述的四种生涯决策类型，在运用中各有利弊。理智型决策的优点是针对不同选项分析利弊得失后做出较为合理的决定，考虑较周全，但比较费时间。直觉型决策从感觉出发，在时间非常紧急的情况下非常有用，缺点是决策的随意性太强。依赖型决策省时、省力，但不见得是最适合决策者的策略，决策者在决策中处于

承受地位。犹豫型决策的决策者善于收集多方信息，但缺乏决断力，有可能错失良机。

技能训练

根据学到的职业生涯决策的类型，请介绍自己属于哪种类型，说明在判断职业生涯决策类型时需要注意哪些问题。

（二）职业生涯决策的方法和技术

职业生涯决策的方法和技术有很多，常用的有SWOT分析法、职业生涯决策平衡单法等。

1. SWOT分析法

SWOT分析法最早是由哈佛大学商学院肯尼思·安德鲁斯（Kenneth R. Andrews）教授于1971年在其《公司战略概念》中提出的。其中，S是英语“优势”（Strength）的首写字母，W是英语“劣势”（Weakness）的首写字母，O是英语“机会”（Opportunities）的首写字母，T是英语“威胁”（Threats）的首写字母。

运用SWOT分析法做职业生涯决策和规划，可以通过全面、系统、综合的分析方法，找出对自己有利的、值得利用的因素，辨析对自己不利因素和应该规避的因素。SWOT分析法能让大学生发现存在的问题，探讨解决的策略，厘清今后职业生涯的发展方向。

运用SWOT分析法做职业生涯决策和制定职业生涯规划，一般按以下步骤进行。

（1）评估内部优势和劣势。

评估内部优势和劣势，是对个体的优缺点或长短处进行分析评估。个体的优缺点或长短处的基本方面，包括自己的性格、兴趣、能力、专业学习、实践经验等诸多方面。通常被认为是个人（内部）优势的因素，主要有性格活泼开朗，有责任心，想象力丰富，敢于尝试新事物，有主见，人际关系好，专业知识扎实，动手能力强，等等。被认为是个人（内部）劣势的因素，主要是容易轻信人，考虑问题不全面，自制力差，时间观念不强，等等。SWOT分析中内部优劣势分析评估，一般都需要将个人的优势和劣势逐一清晰地列出来。

（2）评估外部机会和威胁。

职业生涯决策的SWOT分析中，外部机会和威胁主要是外部环境的影响，包括家庭、学校、所学专业或所期望的职业的发展前景、行业环境以及当前的社会环境等。外部机会是指外部环境因素对职业生涯的有利影响，如家庭条件优越，就读学校的社会影响力较大，所学专业是国家重点学科专业，这些因素可能让个人有大量的就业机会，所谋职业未来的发展前景较好，诸如此类。外部威胁是指外部环境因素对职业生涯的不利影响，如社会就业形势严峻，经济环境不佳，等等。

通过对内部因素和外部环境的分析评估，将优势和劣势、机会和威胁逐一列出，构建一个完整清晰的SWOT矩阵（见表4-2），就可以根据SWOT矩阵进行职业生涯的有关决策与规划。

表 4-2　SWOT 矩阵

	优势	劣势
内部因素	工作经验 教育背景 特定的可转移技巧（如沟通、团队合作、领导能力等） 正面的人格特征（如职业道德、自我约束、承受工作压力的能力、创造性、乐观等） 广泛的个人关系网络 在专业组织中的影响力	缺乏工作经验 学习成绩差，专业不对口 缺乏目标，且对自我的认识和对工作的认识都十分不足 缺乏专业知识 较差的领导能力、人际交往能力、沟通能力和团队合作能力 较差的寻找工作的能力 负面的人格特征（如职业道德败坏、缺乏自律、缺少工作动机、害羞、情绪化等）
	机会	威胁
外部因素	就业机会增加 再教育的机会 专业领域急需人才 目标带来的机遇 专业晋升的机会 专业发展带来的机会 职业道路选择带来的独特机会 地理位置的优势 强大的关系网络	就业机会减少 同专业的大学毕业生带来的竞争 具有丰富技能、经验、知识的竞争者 拥有较好的寻找工作技巧的竞争者 名校毕业的竞争者 缺少培训造成的职业发展障碍 工作晋升机会十分有限或者竞争激烈 专业领域发展有限 公司不再招聘与你同学历或同专业的员工

生涯故事

小郑的 SWOT 分析

小郑，刚失业不久，专业为传媒方向，之前在一家小企业接管一个项目，但由于工作压力过大，选择辞职，现在最大的纠结是找一个轻松的文职类岗位还是选择一家大企业坚持自己的传媒方向。

根据 SWOT 分析法，小郑详细分析了自己的个人优点和弱点以及适合的职业道路：

就内部环境看，她对自己原来的工作充满热情，对一切问题有寻根究底的兴趣，一定要将事情想清楚，并喜欢思考问题，分析能力强，有创新思维。但小郑的组织能力和个人经验较少，在工作中也比较容易受压力和自身情绪的影响。

就外部环境来看，现在是一个信息爆炸的时代，各种渠道获得的各种类型的信息浩如烟海，对很多人来说，海量的信息只会让他们感到无所适从。另外，这个专业方向很有发展前景，但当今比她优秀的人才很多，这就不单单是学历的比拼，更是能力的考验。

技能训练

根据自己的实际情况，填写职业生涯决策平衡单。

二、职业生涯规划

职业生涯规划也叫职业规划、生涯规划、职业生涯设计，是将个人与组织相结合，在对职业生涯的主客观条件进行测定、分析、总结的基础上，对自己的兴趣、爱好、能力、特点进行综合分析与权衡，结合时代特点，根据自己的职业倾向，确定最佳的职业奋斗目标，并为实现这一目标做出行之有效的安排。一个完整的职业规划由职业定位、目标设定和通道设计三个要素构成。

职业生涯规划不但包括个人对自己进行的职业生涯规划，也包括企业针对员工建立的职业规划管理体系。对个人来说，职业生涯规划可以使个人在职业起步阶段成功就业，在职业发展阶段走出困惑，到达成功彼岸。对于企业来说，良好的职业规划管理体系可以充分发挥员工的潜能，给优秀员工一个明确而具体的职业发展引导，从人力资本增值的角度实现企业价值最大化。

生涯故事

小华的马拉松故事

在一次马拉松邀请赛中，名不见经传的本地选手小华出乎意料地获得了冠军。当记者问他是凭借什么取得如此惊人的成绩时，他说了这样一句话：凭智慧战胜对手。当时许多人都认为这个偶然跑到前面的矮个子选手是在故弄玄虚。马拉松比赛是体力和耐力的运动，只要身体素质好又有耐力就有望夺冠，爆发力和速度都在其次，说用智慧取胜确实有点勉强。

后来，这个谜终于被解开了。小华他是这么解释的："每次比赛之前，我都要乘车把比赛的线路仔细地看一遍，并把沿途比较醒目的标志画下来，如第一个标志是银行，第二个标志是一棵大树，第三个标志是一座红房子……这样一直画到赛程的终点。比赛开始后，我就奋力地向第一个目标冲去，等到达第一个目标后，我又以同样的速度向第二个目标冲去。整个赛程就被我分解成这些小目标，轻松地跑完了。起初，我并不懂这样的道理，我把我的目标定在终点线上的那面旗帜上，结果我跑到一半就疲惫不堪了，我被前面那段遥远的路程给吓倒了。"马拉松全程就好比一个很大的目标，很不容易实现。可是小华把这个大的目标分解成几个小的目标之后，先实现一个一个小的目标，最终实现了自己的大目标。

简析

小华的故事，是宏大目标在微观行动中绽放光芒的表现。那遥远的终点线上的旗帜，被他拆解成银行、大树、红房子……每一次微小的抵达都积蓄着向前的力量。人生的马拉松也是如此，当我们学会将岁月长卷裁成可落笔的段落，每个当下的冲刺便不再被远方的重压所消解，而是成为通往星辰的切实阶梯——这便是智慧最沉默而强大的回响：在分解中凝聚，在专注中抵达。

（一）职业生涯规划的路径选择与模式

大学毕业是人生的重要转折点。毕业后的生涯路径存在多种可能性。大学生职业生涯规划的路径选择见图 4 - 2。

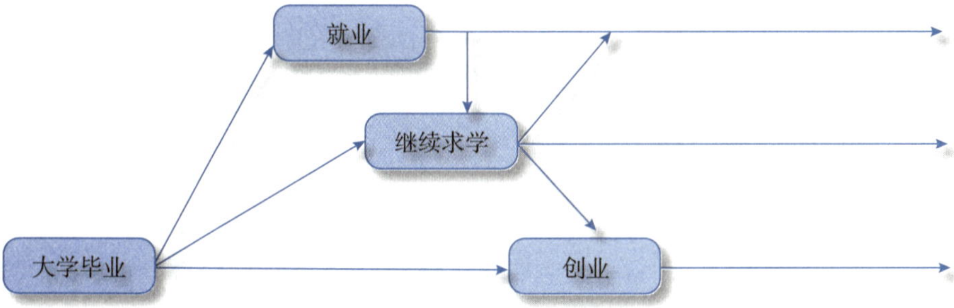

图 4 - 2 大学生职业生涯规划的路径选择

毕业后，大多数学生可能会先就业，部分学生可能会进入更高阶段学习或者进行其他的进修学习，不急于参加工作，或者等待时机就业。有的学生可能会选择直接创业。这三种去向并不意味着从此截然不同了。先就业的学生将来仍然可以选择重新回到学校继续学业或接受各种不同形式的培训，或者在条件成熟的时候走上创业的道路。继续求学的学生在学习告一段落之后，仍然会面临就业或者创业的选择。创业的学生也有可能重新进入就业或者进入接受教育培训的行列。

大学生正处于生涯探索期和生涯建立期的关键阶段，面临着许多关乎未来发展的重大抉择，如学业、职业、人生价值、婚姻等。因此，大学生的职业生涯规划主要是要通过职业生涯探索的历程，增长生涯认知，并逐渐认清生涯发展方向，以完成具体的职业生涯计划和准备。

美国斯温（Swain）教授为帮助大学生进行职业生涯规划，提出了职业生涯规划的三维模式，如图 4 - 3 所示。斯温认为，一个规范的职业生涯规划应该包括 3 个重点，即个人特质的澄清与了解、教育与职业资料的提供和个人与环境关系的协调。这 3 个方面在生涯规划中同等重要。

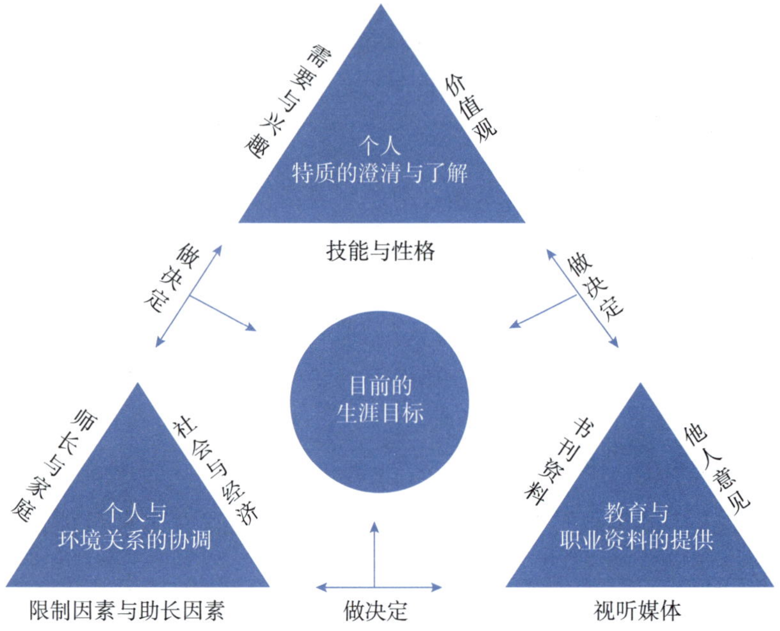

图 4-3　斯温的职业生涯规划模式

生涯故事

瓦拉赫的传奇经历

德国化学家奥托·瓦拉赫的成才经历极富传奇色彩。他上中学时，父母曾为他选择文学这条路，不料一个学期结束后，老师在给他的期末评语中写道："虽然你很用功，但太过拘泥，即使有着完善的品德，也不可能在文学上有所成就。"于是奥托·瓦拉赫转而学习油画，但是他对艺术的理解能力不够，不善于构图，对色彩的敏感度也不强，成绩可想而知。面对如此"笨拙"的学生，油画老师挖苦道："你是绘画艺术方面的不可造就之才。"后来，化学老师认为他做事一丝不苟，具备从事化学领域应有的品格，建议他改学化学。就这样，他智慧的火花一下被点燃了，在同学中，他的化学成绩遥遥领先。后来，奥托·瓦拉赫获得了化学界的最高奖项——诺贝尔化学奖。

简析

正所谓"天生我材必有用"，世界上没有一无是处的人。音乐才能欠缺的人，也许在绘画方面可以做得很好；表达能力不强的人，可能在思维方面超乎常人。如果把一个人放在合适的领域，充分发挥他的特点和聪明才智，开发他的潜能，他就可能在这个领域大放异彩，甚至可能从"不可造就之才"变为闪耀的"宝石"。

（二）职业生涯规划书的撰写

职业生涯规划书是个人在职业生涯规划过程中思考和总结的书面呈现，文字的表达形式便于大学生理顺总体思路，并对整个职业生涯的发展方向进行把握，以便随时进行参考、评估和修正。

1. 职业生涯规划书的常见格式

（1）表格式。

表格式职业生涯规划书是将职业生涯规划目标、分段实现时间、职业机会评估和发展策略等内容列在一个表格中。表格式职业生涯规划书是一种形式上不够完整的规划书，但在内容上与一份完整的职业生涯规划书大体相当。

（2）条列式。

条列式职业生涯规划书只对职业生涯规划的主要内容做简单的表述，其文笔精练，但逻辑性和说理性不够强，没有详细的材料分析和评估。

（3）论文式。

论文式职业生涯规划书是一份完整的职业生涯规划书。在论文式职业生涯规划书中，个人职业生涯规划的每项内容和每个方面都有全面、详细的分析和阐述。

2. 大学生职业生涯规划书的基本内容

大学生职业生涯规划书能呈现大学生整体的职业生涯规划，对大学生具体的学习和工作有一定的指导和鞭策作用。一份完整的大学生职业生涯规划书，通常包括九个部分的内容。

（1）封面和扉页。

职业生涯规划书的封面和扉页由题目、姓名、性别、政治面貌、籍贯、出生年月、毕业学校和专业、规划年限、年龄跨度、起止时间等内容组成。

（2）职业方向和目标确定。

职业方向、阶段目标和总体目标，是职业生涯规划的核心内容，也是职业生涯规划书中首先要呈现的内容。

职业方向，指的是从业方向，是对未来职业的选择。

阶段目标是职业规划中每个时间段的目标。

总体目标即当前可预见的最长远目标，也是在特定规划中的终极目标。

（3）个人分析结果。

个人分析结果主要是自我评估内容，包括对自身条件及性格、潜力等方面的测评结果。

个人分析结果也包括对自己目前状况的分析和对自己将来的基本展望。

对自己职业生涯有一定影响的生涯人物事迹分析，有时也可归于个人分析结果。

（4）外部环境分析结果。

外部环境分析结果，是指对政治、法律、经济、社会、文化、职业形势等外部环境因素的分析。

（5）组织分析结果。

对职业、行业与用人单位的分析称为组织分析。组织分析结果主要包括对用人单位制度、背景、文化、产品或服务、发展领域等的分析结果。

（6）目标分解与目标组合。

将职业生涯中的远大目标分解为有一定时间规定的阶段性目标，叫目标分解。将若干阶段性目标按照内在的相互关系组合起来，以达成更为有利的可操作目标，叫目标组合。通过目标分解和目标组合的方法，可以做出明确的目标选择。无论目标分解还是目标组合，其基本依据是影响目标的因素，如个人的观念、知识、能力、心理素质、组织、职业环境等。

（7）制定实施方案。

首先找出自身观念、知识、能力、心理素质等方面与实现目标要求之间的差距，然后在此基础上制定具体方案，逐步缩小差距以实现各阶段目标。

（8）评估标准。

评估标准是指设定衡量职业生涯规划是否成功的标准。

（9）评估与修正。

评估与修正是指在职业生涯规划的实施过程中，如果发现自身现实状况与要实现的目标之间的差距，以至于无法达到职业生涯规划的目标，则需要对职业生涯规划做出修正和调整，制定缩小差距的方法及实施计划和方案。

知识拓展

大学生职业生涯规划书范例

一、个人资料

姓名：×××

性别：男

出生年月：20××年×月

性格：内外向兼有

学历：职业本科一年级

专业：社会体育

座右铭：自信是成功的第一秘诀

二、大学毕业后的十年总体规划时间

美好愿望：希望以后可以有个自己的公司，或者可以拥有一家自己开的健身俱乐部

职业方向：公司里的体育顾问、社会体育指导员、体育老师

三、自我盘点

性格品质：自信心强，肯吃苦；具有一颗善良的心，待人真诚，能得到大部分

人的尊重。

个人素质：兴趣广泛；适应性较强；具有一定的交际能力，语言逻辑性和表达能力较强；具有一定的工作能力，在组织能力、协调能力、创新能力、预见性和团队意识等方面均有所表现。

气质：个人形象较好，谈吐得体，具有一定亲和力。

学习能力：领悟性较强。

优势盘点：从小生活条件艰苦，让我养成了不怕苦的精神，创业是一个艰苦的过程，在这个漫长艰苦的过程中，它将是我唯一的也是最宝贵的财富。

劣势盘点：因为来自农村，没有经济基础，决定了我的事业起点相对低，而且到目前为止，还没有任何工作经验，各类荣誉证书太少。

优点：乐观，开朗，胆大，有一股不服输的勇气。

缺点：做事不够细心，有时候也怀疑自己的能力。

四、解决自我盘点中的劣势和缺点

当劣势和缺点成为你前进道路上的障碍时，就应充分地利用你的优点，让其把你带出障碍；虽然恒心不够，但可凭借那份积极向上的热情鞭策自己，久而久之，就会慢慢培养起来，充分利用一直关心支持我的庞大亲友团的优势，真心向同学、老师、朋友请教，请他们及时指出自身存在的各种不足并制定相应计划以改正。

五、社会环境分析

1. 一般社会环境

电子、网络铺天盖地，知识信息飞速发展，科技浪潮源源不绝，人才竞争日益激烈，大家不禁感叹，这世界变化好快。

2. 特殊社会环境

社会体育专业是新兴专业，前景挺好。我国社会体育广泛开展，社会体育专业的学生就业形势变好。

六、角色建议

父亲：目前，必须搞好学习，为以后找工作奠定基础，同时，还要多锻炼自己，让自己成为同龄人中的强者。

母亲：认真学习，最好去考研。

老师：聪明、机灵。

同学：有较强的工作能力。

七、职业生涯规划

1. 学习生活规划

大学一年级：了解大学生活，了解专业知识，了解专业前景，了解大学期间应该掌握的技能以及以后就业所需要的证书。

大学二年级：熟练掌握专业课知识，尽最大的努力考英语四级。考一些跟自己的专业有关的证书。

大学三年级：着重提高自己的工作能力、交际能力、动手能力和环境适应能力，同时锻炼自己独立解决问题的能力和创造性；尽量多体验兼职，积累工作经验。

大学四年级：目标锁定在工作申请及成功就业上，积极参加招聘活动，在实践中检验自己的积累和准备。积极利用学校提供的条件，强化求职技巧，进行模拟面试等训练，尽可能地做好充分准备。

2. 近十年的目标

20××～20××年：3 年左右的时间，经过不断的尝试努力，初步找到适合自身发展的工作环境、岗位。

20××～20××年：积累资金，积累经验；

20××年：了解市场行情；

20××年：筹划资金，办理相关的手续，准备建立公司；

20××年：拥有自己的公司或健身俱乐部。

3. 求职计划

(1) 学位证书、资格证书是求职的敲门砖，是一个公司招聘人才的首要条件，因此，要在大学期间拿到相关的证书。

(2) 公司招聘人才看的不仅是文凭和证书，更多的是注重个人能力与素质，在大学期间学习的同时，还要注重个人素质的提高和能力的培养。

(3) 在大学生活中积累更多的工作经验，通过兼职来实现。

(4) 时刻关注招聘信息，积极参加招聘活动。

八、结束语

任何目标，只说不做到头来都是一场空。然而，现实是未知多变的，定出的目标计划随时都可能遭遇问题。一个人若要获得成功，必须拿出勇气，付出努力、拼搏、奋斗。实现目标的历程需要付出艰辛的汗水和不懈的追求，不要因为挫折而畏缩不前，不要因为失败而一蹶不振；要有屡败屡战的精神，要有越挫越勇的气魄。每天要对自己说："我一定能成功，我一定按照目标的规划行动，坚持直到胜利的那一天。"

生涯故事

胡某的逆袭之路

胡某满怀憧憬与喜悦步入大学校园，开始了她的大学生活。没有了班主任的管束、没有了父母的唠叨，胡某就像是被放飞的鸟儿，尽情享受自由而丰富的大学生活，一时间忘乎所以，以至于在大一期末成了宿舍唯一的"挂科"人员。胡某看到自己飘红的成绩后泣不成声。这次"挂科"也成了胡某大学生涯的转折点。

到了大二，胡某感到学习的危机正不断向自己涌来。自身能力不足、缺乏目标……这些常使胡某陷入迷茫之中。回想自己学习的职业生涯规划课程，她自觉要好好审视自己了。于是，她找到了辅导员。

经历了那次的“挂科”和对未来的彷徨，胡某也开始仔细思考自身的情况并规划未来，她最终决定追逐自己的“银行梦”。坚定了目标之后，她开始拼命学习，借助学校现有资源和外部平台努力提升自己。为快速提高自己的专业能力，她坚定了自学考取会计从业资格证书（初级）的目标，并且利用寒暑假进入一家小企业做出纳，积极将所学的理论运用于实践，为找工作打下基础。同时，在备考证书的过程中，胡某通过查阅往年相关招考信息，汇总各家银行的情况和要求，她首先明确了自己应达到的门槛，如大学英语四级、全国计算机二级等硬性条件。而后她购买了相关的教材，并结合网课进行系统学习。除此之外，她还时刻关注国家金融的发展、政策的变化，为今后的面试做准备。

天道酬勤，大三学年，胡某的成绩排到全班第一，并且顺利拿到全国大学英语四级、六级、全国计算机等级考试二级、初级会计、银行从业资格等证书。在毕业季，她积极参加各种招聘会和宣讲会。功夫不负有心人，她很快就收到几家公司及银行的面试通知，面试中因其专业知识扎实，且有一定的实践经验，很快就签约了一家理想的单位。

简析

胡某的逆袭并非偶然，其关键在于：将挫折转化为动力，在危机感驱动下进行深刻的自我剖析与目标锚定，并围绕目标制定系统性的提升计划（学业、证书、技能、实践、视野），最后以强大的执行力逐一落实。她的经历生动诠释了“目标导向”和“知行合一”的力量，为处于迷茫期的大学生提供了可借鉴的成功路径：明确方向、拆解目标、持续行动、善用资源，终能实现理想。这份经历，既是个人奋斗的赞歌，更是目标驱动下执行力与策略性成长的完美注脚。

技能训练

请根据所学习的职业生涯规划书的相关要点，结合自己情况，撰写一份职业生涯规划书。

单元三 职业生涯调整

大学生职业生涯规划实际上是一个动态过程，要根据实际情况及其变化，对职业生涯规划目标、措施等及时进行评估、修正或调整。

一、职业生涯评估

职业生涯评估可以参照各类短期、中期预定目标和实际结果进行。一般来说，任何评估都可以归结为自我素质和现实环境的适应性判断，分析自己的现状，特别是对变化的环境，找出偏差所在，并做出修正。

第一，抓住最重要的内容。

第二，分离出最新的需求。针对变化了的内外环境，要善于发掘最新的趋势和影响。对于新的变化和需求，要知道怎样的策略才是最有效，而且是最有新意的。

第三，找到突破方向。有时候，在某一点上取得突破性的进展将使整个局面发生意想不到的改变。想一想，先前规划中的策略方案，哪一条对于目标的达成应该有突破性的影响？达到目标了吗？为什么没达到目标？如何寻求新的突破？

第四，关注最弱点。管理学中有个著名的木桶理论，即一只沿口不齐的木桶，其容量的大小，不取决于最长的那块木板，而取决于最短的那块木板。在反馈评估过程中，当然要肯定自己取得的成绩与长处，但更重要的是发现自己的素质与策略的短板，然后想办法修正，或者把这块短板换掉，或者补长短板，唯有如此，职业生涯这只“桶”才能有更大的容量。

二、职业生涯的修正与调整

（一）修正与调整的时机

大学生职业生涯规划的评估与调整，在相关影响因素没有发生重大变化的情况下，一般都是定期进行，如半年或一年进行一次评估或调整。对于定期的一年做一次的评估或调整，通常都会在制定职业生涯规划时就做好年度具体计划，有时还需要逐月进行修订。这时需要将职业生涯规划按照年、月、周细分为相应的具体计划，并做好职业生涯规划的评估与调整的总结工作，以便及时修正和核查策略和规划，保证规划的有效实施。

当发生影响因素的重大变化或意外变化等特殊情况时，如职位升迁、职业变更等，应随时评估职业生涯规划并做出相应调整，此时可以酌情缩短规划周期，做到事事有计划。

（二）修正与调整的主要内容

在进行职业生涯规划的评估之后，就要根据评估的结果进行修订。修订的内容主要有以下几个方面。

1. 修订职业目标

职业目标是综合考量自身和环境因素后设定的，最理想的职业目标是“高兴趣、高能力、高社会需求”。随着自身和社会环境的变化，我们要不断调整目标，使职业目标更加符合实际情况。

2. 修订生涯发展路线

当周围出现更适合自身发展的职业机会或选择时，大学生要认真考量这个机会是否也可以实现自己的人生目标和职业目标，如果适合，可以调整发展路线。

3. 修订行动计划

围绕职业目标制订的行动计划，在经过一段时间的实施之后，是顺利完成，还是完成得很困难，或者没有完成？如果完成行动计划让你越来越焦虑，那么此时我们需要停下来，修订行动计划。制订行动计划要强调“能完成、可持续”。

4. 调整心理状态

罗马不是一日建成的，目标的实现也不是一蹴而就的。“生涯”是朝向未来去冒险，即使努力准备也不一定会成功，但是在这个努力的过程中我们的生涯宽度会扩大，生涯“彩虹”会更绚烂，所以，即使失败也问心无愧。

总之，职业生涯规划是一个动态的过程，大学生要不断反省及修订自己的职业目标、发展路线和行动计划，为下一个阶段的发展做好准备。

技能训练

你如何对自己的职业生涯规划进行评估、修正与调整？

明德强技

打通高职院校就业“最后一公里”

做好职业生涯规划，对于高职院校学生来说，是打通就业“最后一公里”的关键。面对日益激烈的就业市场，一个明确、可行的职业生涯规划不仅能够帮助学生提前准备，提升竞争力，还能在求职过程中起到导航作用，确保学生顺利步入职业生涯的快车道。

首先，高职院校学生应深入了解自身兴趣、优势及行业趋势，以此为基础设定清晰的职业目标。通过参加职业规划讲座、行业交流会等活动，学生可以获取更多关于职业发展的信息，从而做出明智的选择。

其次，学生应积极参与实习实训，将理论知识与实践相结合，提升专业技能和职业素养。实习经历不仅能让学生更直观地了解职场环境，还能为简历增添亮点，提高就业竞争力。

同时，高职院校应加强与企业的合作，建立校企合作机制，为学生提供更多就业机会和职业发展平台。通过校企联合培养、订单式人才培养等方式，学生可以在校期间就与企业建立联系，为将来的就业打下坚实基础。

此外，学生还应注重培养自己的综合素质，如沟通能力、团队协作能力等，这些能力在职场中同样重要。通过参加社团活动、志愿服务等，学生可以锻炼自己的综合素质，提升人际交往能力。

总之，做好职业生涯规划是高职院校学生实现顺利就业的重要途径。通过深入了解自身、积极参与实习实训、加强校企合作以及培养综合素质等措施，学生可以更好地规划自己的职业生涯，打通就业的“最后一公里”，迈向成功的职业道路。

综合技能训练1

生涯人物访谈

请选取1～3个熟识的职场亲友或专业老师对自己感兴趣的职业进行访谈，访谈记录开篇需简要介绍访谈人，说明访谈的方式。参考以下生涯人物访谈提纲，做好访谈记录，记录的方式可以是访谈整理笔记、访谈微信或者QQ截图。

1. 您是如何找到这份工作的？
2. 就您的工作而言，您最喜欢什么？最不喜欢什么？
3. 您的职位是什么？您的主要职责是什么？
4. 从事此行业的人做些什么？
5. 工作地点一般在哪里？
6. 在行业内，先从什么样的工作岗位做起？
7. 工作场所有哪些特征？
8. 在工作方面，您每天都做些什么？
9. 您在做这份工作时，日常面临的问题是什么？什么最有挑战性？
10. 个人的主要成就是什么？最成功的是什么？
11. 目前还缺乏的必须改进的能力有哪些？如何改进？
12. 在组织中，能够将在同样一个岗位上成功和不成功区别开来的行为是什么？
13. 您认为做好这份工作应该具备哪些知识、技能和经验？

14. 您认为什么样的个人品质、性格和能力对做好这份工作来讲是重要的?
15. 这项工作需要的个人品质、性格和能力同别的工作要求有什么不同吗?
16. 学校中的哪些课程对这个行业比较有帮助?
17. 行业内,企业对刚进入该领域工作的员工一般会提供哪些培训?
18. 在您的工作领域里,初级职位和略高级别职位的薪水一般是什么水平?
19. 这个行业是否有季节性或地理位置的限制?
20. 据您所知,有什么专业杂志、行业网站或其他渠道能帮助我深入了解这个领域?
21. 您的熟人中有谁能够成为我下次采访的对象吗?可以说是您介绍的吗?
22. 这个行业存在的困难及前景如何?

综合技能训练2

在全国大学生职业规划大赛官网(网址:https://zgs.chsi.com.cn/)的首页处,点击“报名参赛”或“登录”进入登录页面。大赛平台为就业赛道中,有意向在企业就业的参赛选手提供“职业测评”功能,以帮助选手更好地了解行业和企业职能,选手可根据需要自主参与体验。同学们可登录官网自己做一下测评。

模块五 择业与求职

课前思考

回顾自己过往的兼职经历或社会实践，思考自己在这些经历中有哪些收获和不足。设想一下自己理想的工作场景和职业角色，列举你认为重要的职业素养和技能。通过这些自我反思，初步明确自己在择业与求职方面的优势和劣势。

学习目标

知识目标

- 了解择业的务实原则和影响因素。
- 掌握多种求职方法和渠道。
- 熟悉求职面试的类型、流程和技巧。

能力目标

- 能够根据自身情况和市场需求进行务实的择业选择。
- 能够运用多种方法和渠道获取求职信息并成功求职。
- 能够在面试中展现出良好的形象和能力，提高面试成功率。

素养目标

- 培养良好的职业素养和职业道德，树立正确的就业观。
- 提高自身综合素质，增强就业竞争力，为顺利就业打下基础。

知识框架

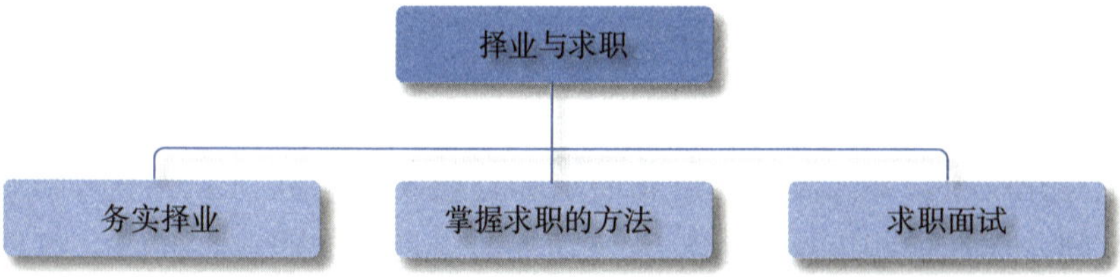

引例

张同学的择业困惑

张同学是某职业院校计算机专业的毕业生，随着毕业季的临近，他面临择业的问题。他成绩优异，具备扎实的专业知识和编程技能，同时也参与过一些项目实践，积累了一定的经验。然而，在选择工作时，一方面，他希望能够进入一家大型互联网企业，获得更好的发展平台和薪资待遇；另一方面，他又担心自己无法在激烈的竞争中脱颖而出，错过一些适合自己实际情况的就业机会。他不知道该如何在众多的选择中做出最适合自己的决策，这让他感到十分焦虑和迷茫。

简析

在择业过程中，很多大学生都会面临类似的选择困境。如何根据自身的实际情况和市场需求，做出务实的择业决策，是每个求职者都需要认真思考的问题。同时，掌握有效的求职方法和在面试中展现出自己的优势，也是成功求职的关键。

知识导航

单元一　务实择业

一、择业的务实原则

（一）了解自己，明确职业定位

在择业前，大学生需要对自己进行全面的了解，包括自己的兴趣爱好、专业技能、性格特点、价值观等。通过自我评估，明确自己的职业定位和发展方向，选择与自己匹配度高的职业。例如，性格外向、善于沟通交流的学生可能更适合从事市场营销、客户关系管理等工作；而性格内向、注重细节的学生则可能更适合从事技术研发、数据分析等岗位。

（二）结合市场需求，选择合适的职业

大学生在择业时，要充分考虑市场需求和行业发展趋势。了解不同职业的就业前景和发展空间，选择那些市场需求较大、发展前景良好的职业。同时，也要关注行业动态和政策变化，及时调整自己的择业方向。例如，随着互联网技术的快速发展，大数据、人工智能、云计算等领域的人才需求旺盛，相关专业的毕业生在择业时可以重点关注这些领域。

（三）考虑自身实际情况，制定合理的职业目标

大学生要结合自己的实际情况，包括学历背景、专业技能、工作经验、综合素质等，制定合理的职业目标。职业目标既要有一定的挑战性，又要符合自己的实际情况，避免盲目追求高薪、高职位，而忽视了自己的能力和经验。例如，对于刚毕业的大学生来说，可以从基层岗位做起，逐步积累经验和提升能力，再向更高的职位发展。

生涯故事

李明的择业之路

李明毕业于一所高职院校的机械设计与制造专业。在校期间，他的成绩中等偏上，谈不上特别优秀，但一直踏实努力，积极参加学校组织的各类实践活动和技能竞赛，有较为扎实的专业基础和一定的实践经验。

临近毕业，看着身边的同学纷纷向大城市的大企业投递简历，李明没有盲目跟风。他深知自己的学历背景和综合能力在激烈的就业竞争中并不占优势，于是决定务实择业。他仔细分析了自己的专业技能、兴趣爱好以及家乡的就业环境，最终选择回到家乡的一个小型机械加工厂工作。这家工厂虽然规模不大，但业务稳定，发展前景也不错。

李明从车间的一名普通技术工人做起，跟着经验丰富的老师傅们认真学习每一个操作流程和技巧。他不怕吃苦，脏活累活抢着干，遇到问题总是虚心请教，很快就熟练掌握了工厂里的各种机械设备操作，并且能够独立完成一些较为复杂的机械零部件加工任务。

在工作中，李明还充分发挥自己的创新思维，对一些生产工艺提出了优化建议，

帮助工厂提高了生产效率，降低了生产成本。他的表现得到了领导和同事们的高度认可，短短两年时间，就成为车间的技术骨干，薪资待遇也有了显著提升。

如今，李明不仅在工作中找到了自己的价值，还利用业余时间学习相关的管理和技术知识，为将来进一步的职业发展做准备。他用自己的实际行动证明了，只要脚踏实地，务实择业，在任何地方都能绽放出属于自己的光彩。

简析

李明的就业故事为我们树立了一个务实择业的榜样。他没有被大城市的光环和大企业的名气所影响，而是根据自身的实际情况，理性地选择回到家乡，从基层岗位做起。这种脚踏实地的精神值得每一个即将步入职场的大学生学习。同时，他在工作中不断学习、积极进取，通过自己的努力实现了职业晋升，也让我们明白，务实择业并不意味着没有发展前途，只要我们用心去经营自己的职业生涯，不断提升自己的能力，在任何岗位上都能创造出不平凡的业绩。

二、择业的影响因素

（一）个人因素

1. 学历与专业技能

在择业过程中，学历往往是一块敲门砖。不同学历层次的毕业生在就业市场上面临的机遇和挑战各不相同。例如，研究生学历在一些科研机构和大型企业的技术研发岗位竞争中更具优势，而高职院校毕业生则在实践操作技能方面有着独特专长，更受制造业、服务业等基层技术岗位的青睐。专业技能的掌握程度也直接决定了求职者能否胜任某一岗位。如计算机专业的学生，熟练掌握编程语言和软件开发技术，就能在众多 IT 企业中找到合适的软件工程师岗位；而会计专业的毕业生，具备扎实的财务核算和税务处理能力，才能在各类企业的财务部门立足。

2. 性格特点与职业兴趣

性格特点对择业有着重要影响。外向开朗的人可能更适合从事市场营销、公关等需要与人频繁沟通交流的工作，他们能够轻松地与客户建立良好的关系，拓展业务渠道；而内向沉稳的人则可能更倾向于选择研发、数据分析等相对安静、独立的工作环境，能够专注于自己的专业领域深入钻研。职业兴趣更是影响择业的重要因素之一。当一个人对某一职业充满兴趣时，他会更愿意投入时间和精力去学习相关知识和技能，在工作中也能保持较高的热情和积极性，从而更容易取得职业成就。比如，对绘画有浓厚兴趣的人，可能会选择从事平面设计、动画制作等与艺术创作相关的职业，即使面临再大的困难和挑战，也能坚持不懈地追求自己的梦想。

知识拓展

霍兰德职业测评：探索职业兴趣的科学之旅

一、起源与发展

霍兰德职业测评，这一在职业规划领域极具影响力的理念，由约翰·霍兰德（John L. Holland）在1959年提出。霍兰德基于对人格特质与职业环境相互作用的深入研究，开创性地提出了职业兴趣理论，为人们的职业选择提供了全新的视角和科学依据。该理论的核心理念是：人格类型决定职业倾向，而职业环境也反过来塑造人格特征。这一理念深刻地揭示了人格与职业之间的动态关系，强调了两者之间的相互匹配对于个人职业发展的重要性，为后续的职业测评和职业规划研究奠定了坚实的基础。

二、六大职业人格类型（RIASEC模型）

霍兰德职业测评将人格类型归纳为六大类，构建了著名的RIASEC模型。每种人格类型都有其独特的核心特征、典型职业以及偏好的工作环境（见模块一的单元三）。

三、类型交互关系

霍兰德职业测评不仅关注单一的人格类型，还深入研究了不同人格类型之间的交互关系，以更全面地反映个人的职业兴趣和职业适应性。

（一）六边形模型

霍兰德将六种人格类型按照一定的规律排列成一个六边形模型，通过这个模型可以直观地看出不同类型之间的兼容性。相邻类型之间的兼容性较高，例如现实型（R）与研究型（I）、研究型（I）与艺术型（A）等，这些类型之间在职业兴趣和工作方式上存在一定的相似性和关联性，容易在某些职业领域中相互融合。而对角类型之间的差异较大，例如现实型（R）与社会型（S）、研究型（I）与常规型（C）等，这些类型在职业兴趣和工作方式上存在较大的差异，通常需要在不同的职业环境中才能充分发挥各自的优势。

（二）复合代码

在实际应用中，多数人并非只具有单一的人格类型，而是会呈现2～3种主导类型，形成独特的复合代码。例如，一个人可能同时具有社会型（S）、企业型（E）和常规型（C）的特征，其复合代码为SEC。这种复合代码能够更准确地反映个人的职业兴趣多样性，帮助人们找到更符合自身特点的职业方向。例如，具有SEC复合代码的人可能适合从事人力资源管理、行政管理等既需要与人沟通协作，又需要具备组织协调能力和条理性的工作。通过深入了解霍兰德职业测评的起源与发展、六大职业人格类型及其交互关系，我们能够更清晰地认识自己的职业兴趣和优势，从而在职业选择和发展过程中做出更加明智的决策，找到真正适合自己的职业道路，实现个人价值与职业发展的完美融合。

（二）外部环境因素

1. 就业市场供需状况

就业市场的供需状况直接决定了不同专业的就业形势和薪资待遇水平。在经济快速发展时期，一些新兴产业如人工智能、大数据、新能源等对相关专业人才的需求急剧增加，这些专业的毕业生就业机会多，薪资待遇也相对较高；而传统制造业、钢铁等行业可能由于产能过剩等原因，对人才的需求减少，就业竞争压力较大。因此，毕业生在择业时需要密切关注就业市场的动态变化，了解所学专业的就业前景和发展趋势，以便做出更明智的职业选择。

2. 行业发展态势

不同行业的发展态势对择业也有着深远的影响。处于上升期的行业，如互联网、生物医药等，通常具有广阔的发展空间和良好的职业晋升机会，企业为了吸引和留住人才，会提供较为优厚的福利待遇和培训机会；而一些夕阳产业，如传统胶卷相机制造行业，由于市场萎缩，企业经营困难，职业发展前景也较为暗淡。所以，毕业生在选择职业时，应尽量选择那些具有发展潜力和良好前景的行业，为自己的职业发展打下坚实的基础。

3. 企业规模与性质

企业的规模和性质也会影响求职者的职业选择。大型企业通常具有较为完善的管理体系、丰富的资源和广阔的发展平台，能够为员工提供系统的培训和晋升机会，但竞争也相对激烈，对员工的学历、综合素质要求较高；中小企业则更加注重员工的实践能力和创新精神，能够给予员工更多的锻炼机会和发挥空间，但可能在福利待遇和稳定性方面稍逊一筹。国有企业、民营企业、外资企业等不同性质的企业在企业文化、管理模式、薪资待遇等方面也存在较大差异。国有企业一般具有较为稳定的工作环境和相对完善的福利保障体系，但晋升机制可能相对僵化；民营企业则更加灵活高效，对市场变化反应迅速，但工作压力可能较大；外资企业通常能够提供较为先进的管理理念和技术支持，有助于员工提升自身的专业素养和国际视野，但可能面临文化差异和语言沟通等方面的挑战。

（三）社会因素

1. 社会经济发展水平

社会经济发展水平直接影响着就业市场的繁荣程度和职业的多样性。在经济发达地区，产业结构较为完善，第三产业比重较高，能够提供丰富的就业岗位，涵盖金融、贸易、文化、教育等多个领域；而在经济相对落后地区，就业机会相对较少，主要集中在传统的农业、制造业等领域。此外，社会经济的发展还会带动新兴职业的出现，如随着互联网经济的兴起，电商运营、网络营销、网络主播等新兴职业应运而生，为求职者提供了更多的选择机会。

2. 政策法规

政府出台的各项就业政策和法规对择业也具有重要的引导和保障作用。例如，政府为了鼓励大学生到基层就业、到中小企业就业，会出台一系列优惠政策，如学费补偿、贷款代偿、就业补贴等，为毕业生提供了更多的就业选择和经济支持；同时，劳动法律法规的完善也保障了求职者的合法权益，规范了企业的用工行为，使求职者在择业过程中能够更加公平、公正地竞争，避免遭受不合理的待遇。

3. 社会文化观念

社会文化观念对择业的影响也不容忽视。在一些传统观念较为浓厚的社会环境中，人们可能更倾向于选择稳定、体面的职业，如公务员、教师、医生等，而对一些新兴职业或体力劳动密集型职业存在偏见；而在现代社会，随着人们观念的逐渐转变，创业、自由职业等新型就业方式越来越受到年轻人的青睐，社会对各种职业的包容度也不断提高。因此，毕业生在择业时需要充分考虑社会文化观念的影响，树立正确的择业观，根据自己的兴趣和能力选择适合自己的职业道路。

知识拓展

以下是一些择业影响因素的案例，这些案例可以帮助学生更具体地了解择业过程中可能遇到的各种情况和影响因素。

1. 个人因素

(1) 职业规划缺失导致频繁跳槽。

案例：小张，英语专业，大专毕业4年，在4个不同的城市换了5份工作，从事过医药销售、保险、教师等职业。由于在职业初期缺乏规划，跳槽过于随意和频繁，导致其职业生涯缺乏积累，目前对于自己的职业发展处于迷茫状态。

分析：小张的案例典型地反映了职业规划缺失对择业的影响。他没有明确的职业目标和发展方向，盲目追求高薪、好职位、好环境等外在因素，导致频繁跳槽，无法在某一领域深入发展。这不仅浪费了时间和精力，也使他在职业发展上失去了积累和提升的机会。

(2) 性格与职业不匹配。

案例：小李，属于感觉、情感、判断型，适合从事教师、客户、销售、外贸等职业。但他对自己的职业兴趣和价值观没有清晰的认识，选择了不适合自己的职业，导致在工作中缺乏激情和动力，最终频繁跳槽。

分析：小李的案例说明了性格与职业相匹配的重要性。小李没有充分了解自己的性格特点和职业兴趣，盲目选择职业，导致在工作中无法发挥自己的优势，也无法获得职业满足感。这提醒我们在择业时，要充分考虑自己的性格特点和职业兴趣，选择与之匹配的职业。

2. 外部环境因素

(1) 就业市场供需状况影响择业。

案例：某名校毕业生小董，专业对口，但对工作地点和岗位有苛刻要求，希望在大城市从事财会工作，每周工作五日，每日七小时工作制。然而，由于就业市场供需状况的影响，他未能找到符合自己要求的工作，最终错失了很多机会。

分析：小董的案例反映了就业市场供需状况对择业的影响。他没有充分考虑就业市场的实际情况，对工作地点和岗位有不切实际的期望，导致在择业过程中屡屡碰壁。这提醒我们在择业时，要充分了解就业市场的供需状况，合理调整自己的期望值，避免因期望过高而错失机会。

(2) 专业学习影响择业。

案例：孟同学，从大一开始积极投身于创业活动，并取得了一定的成效，但对专业学习敷衍了事。由于将大量的时间和精力投入创业中，出现几门学科挂科且被学校下发学业预警的情况。面临毕业时，他在家人的要求下准备考研，但无法沉下心来深入复习。

分析：孟同学的案例反映了专业学习对择业的影响。他对创业充满热情，但忽视了学业的重要性，导致在择业时面临困境。

3. 社会因素

(1) 社会文化观念影响择业。

案例：小王，来自云南，专业对口，但择业意向却是单位地点必须在昆明市，至于到昆明的什么单位、具体做什么工作都无关紧要。他过于向往大城市，忽视了大城市人才济济的一面，择业期望值居高不下，最终难以如愿。

分析：小王的案例反映了社会文化观念对择业的影响。他受到传统观念的影响，过于追求大城市的优越条件，忽视了实际的就业形势和自身的发展机会。这提醒我们在择业时，要树立正确的择业观，避免盲目追求大城市和高薪职位，而忽视了自身的发展潜力和实际需求。

(2) 新兴职业的崛起。

案例：楚同学，将爱好发展为职业，成为甜品店的店长。她凭借自己的兴趣和专业技能，成功实现了“兴趣变现”，在新兴职业中找到自己的发展机会。

分析：楚同学的案例反映了新兴职业对择业的影响。她没有拘泥于传统职业的选择，而是根据自己的兴趣和市场需求，选择了新兴职业。这提醒我们在择业时，要关注新兴职业的发展趋势，勇于尝试新的职业领域，实现自我价值。

4. 家庭因素

案例：小胡，高职大专毕业，本打算去大城市打拼，但因父母年事已高，身体欠佳，需要有人在家照顾，选择在老家找工作。然而，由于缺乏实际就业经验，对工作期望过高，一直找不到合适的工作，失业在家。

分析：小胡的案例反映了家庭因素对择业的影响。他因家庭原因选择留在老家，但缺乏实际就业经验，对工作期望过高，导致在择业过程中遇到困难。这提醒我们在择业时，要充分考虑家庭因素，合理调整自己的期望值，避免因家庭原因而影响自己的职业发展。

三、务实择业的策略

（一）制定合理的择业目标

根据自己的实际情况和市场需求，制定合理的择业目标。在当今竞争激烈的就业市场中，制定合理的择业目标至关重要。首先，要深入了解自己的兴趣、技能和价值观。问问自己，真正热爱做什么？擅长哪些领域？自己的核心价值观与哪些行业和企业文化相契合？这有助于明确择业方向，找到能激发热情且适合自身发展的岗位。

其次，要对目标行业和岗位进行充分调研。了解行业的发展趋势、前景以及岗位的职责、要求和晋升路径等。例如，若想进入互联网行业，需关注其技术创新动态、市场需求变化，以及不同岗位如开发、运营、设计等的具体技能需求。

最后，要结合自身实际情况，如学历、工作经验、专业技能等，设定切实可行的短期和长期择业目标。短期目标可以是在毕业后进入某类企业担任特定职位，积累经验；长期目标则可能是成为行业内的专家或管理者。同时，要保持灵活性，根据市场变化和自身成长适时调整目标，使择业目标始终具有适应性和前瞻性，这样才能在职业生涯中稳步前行，实现个人价值与职业发展的有机结合。

（二）拓宽择业渠道

不要局限于传统的就业渠道，要拓宽择业渠道，增加就业机会。除了参加校园招聘、网络招聘外，还可以通过实习、兼职、社会实践、人脉推荐等方式获取就业信息和机会。例如，利用假期参加企业实习，不仅可以积累工作经验，还可以了解企业的文化和工作环境，为择业提供参考。

（三）提升自身竞争力

在择业过程中，要不断提升自身的竞争力，提高自己的综合素质和能力。通过参加培训、考取证书、参加竞赛、发表论文等方式，提升自己的专业技能和综合素质。同时，也要注重培养自己的沟通能力、团队协作能力、创新能力、解决问题的能力等，这些能力在职场中同样重要。

（四）保持积极心态

择业过程中难免会遇到挫折和困难，要保持积极的心态，不要轻易放弃。遇到挫折时，要及时调整自己的心态，总结经验教训，继续努力寻找适合自己的工作。同时，也要树立正确的就业观，不要过于追求完美，要敢于尝试不同的职业和岗位，积累经验，为未来的职业发展打下基础，具体可以从以下方面来实施：

（1）相信自己的能力和价值。每个人都有自己独特的技能和优势，要充分认识到自己的潜力，并相信自己能够在职场中找到适合自己的位置。

（2）保持开放的心态。择业过程中可能会遇到各种意想不到的情况，要愿意接受新的机会和挑战，不要局限于自己的舒适区。

（3）学会从不同的角度看待问题，积极寻找解决方案。

（4）保持良好的自我调节能力。择业过程中可能会出现焦虑、压力等情绪，要学会通过适当的方式进行调节，如运动、阅读、与朋友交流等。

（5）保持积极的行动力。制定好择业策略后，要积极付诸行动，不断努力和尝试，相信自己最终能够实现自己的职业目标。

生涯故事

小娄的共享自习室创业之路

扫码看视频

小娄，某校经济管理学院毕业生，一个充满活力与创新精神的学生。在校期间，她展现了非凡的创业意识和组织能力，积极参加各类创业实践活动，为日后的创业之路奠定了坚实的基础。

随着考研热潮的不断升温，越来越多的同学加入考研大军中。然而，备考过程中，一个安静、舒适的学习环境成为许多同学的“奢望”。图书馆座位有限，常常需要早早排队等候；咖啡馆等公共场所又存在噪声干扰、消费压力等问题。小娄敏锐地捕捉到了这一市场需求，她意识到，如果能为考研的同学提供一个专注学习的空间，不仅能够解决他们的燃眉之急，还能实现自己的创业梦想。

小娄开始了创业之旅。首先，她对自己所在城市的考研市场进行深入调研，了解考研同学的需求和痛点。她发现，同学们不仅需要安静的学习环境，还需要一些学习资源和服务，如学习资料共享、学习计划指导等。掌握了这些信息后，小娄开始着手选址和装修。她选择一个交通便利、环境安静的地点作为自习室的地址，并精心设计了自习室的布局，设置了多个独立的学习区域，配备了舒适的桌椅和良好的照明设施。同时，她还设置了休息区，供同学们在学习之余放松身心。

在服务与管理方面，小娄同样下足了功夫。她制定了严格的学习管理制度，如禁止大声喧哗、禁止使用手机等，确保同学们能够在一个安静、专注的环境中学习。此外，她还提供一些增值服务，如免费的茶水和咖啡、定期的学习讲座等，让同学们在学习过程中感受到家的温暖。为了方便管理，小娄还开发了一套线上预约系统，同学们可以通过手机预约座位，大大提高了自习室的运营效率。

小娄的共享自习室自开业以来，受到了广大考研同学的热烈欢迎。许多同学表示，在这里学习效率大大提高，学习氛围浓厚，让他们能够更加专注地备考。小娄的自习室不仅帮助同学们实现了考研梦想，也为自己赢得了良好的口碑和经济效益。

简析

小娄的创业故事告诉我们，务实择业不仅仅是选择一份工作，更是结合自身实际，为社会创造价值的过程。作为新时代的大学生，我们应该学习小娄的创新精神和实干精神，勇于探索，敢于实践，将个人的职业发展与社会需求相结合，为实现中华民族伟大复兴的中国梦贡献自己的力量。

技能训练

结合自身实际情况，列出目前有意向的3～5个职业选择，针对每个职业，从“自我收益”（如薪资、社会地位、成就感等）、“自我代价”（如工作压力、时间成本、学习成本等）、“他人收益”（如对家人、朋友的影响）、“他人代价”（如对他人造成的不便或压力）四个维度进行评估打分，计算每个职业的总分。

单元二　求职方法

在当今竞争激烈的就业市场中，求职方法的重要性不言而喻。它不仅关乎求职者能否顺利获得心仪的工作，更是决定其职业发展起点的关键因素。小赵和小钱是同专业的同学，在求职季都渴望进入一家知名企业。小赵在求职前，深入了解目标企业的文化和岗位要求，精心准备了针对性的简历，突出自己在相关领域的实习经验和项目成果。他还通过参加企业宣讲会，与在企业工作的学长学姐交流，获取了宝贵的聘用要求信息，面试时表现出色，成功拿到了录用通知。而小钱则没有明确的求职方法，只是在网上盲目地投递大量简历，对企业的了解也仅停留在表面。面试时，面对考官的问题，他无法给出有针对性的回答，最终错失了许多机会。

这个案例告诉我们，掌握正确的求职方法，如同掌握了开启职场之门的钥匙。它能帮助我们在求职过程中有的放矢，提高求职成功率，为我们的职业生涯赢得一个良好的开端。我们应该如何获取就业信息呢？

一、求职信息的获取途径

（一）校园招聘

校园招聘是大学生求职的重要渠道之一。学校会定期举办校园招聘会、宣讲会等活动，邀请企业到校内招聘毕业生。参加校园招聘，可以了解到企业的招聘信息和岗位要求，与企业招聘人员面对面交流，增加就业机会。同时，学校也会发布一些企业的招聘信息和招聘简章，大学生要及时关注学校的就业信息网、微信公众号等平台，获取最新的校园招聘资讯。

（二）网络招聘

网络招聘是现代求职的主要方式之一。通过招聘网站、社交媒体平台、企业官网等渠道，可以获取大量的求职信息。常用的招聘网站有智联招聘、前程无忧、BOSS直聘等，这些网站汇聚了众多企业的招聘信息，求职者可以根据自己的需求进行筛选和投递简历。此外，一些专业的社交平台如领英，也为求职者提供了与企业招聘人员、行业专家交流的机会，有助于了解行业动态和企业需求。

（三）人际关系

人际关系在求职过程中起着重要的作用。通过老师、同学、校友、亲戚朋友等介绍，可以获取一些内部的求职信息和机会。例如，校友在企业工作，可能会推荐一些合适的岗位给学弟学妹；亲戚朋友在某个行业有丰富的人脉资源，可以为求职者提供一些有价值的信息和建议。因此，大学生要注重维护自己的人际关系网络，积极拓展人脉资源，为求职创造有利条件。

（四）实习与兼职

实习和兼职不仅可以积累工作经验，还可以为求职提供机会。在实习和兼职过程中，大学生可以了解企业的文化和工作环境，与企业的员工建立良好的关系，表现优秀者可能会获得企业的录用机会。同时，实习和兼职经历也可以丰富简历内容，提高求职竞争力。因此，大学生要积极参加实习和兼职活动，选择与自己专业相关或感兴趣的岗位，为未来的职业发展打下基础。

二、求职材料的准备

（一）简历的制作

简历是求职的敲门砖，一份优秀的简历能够吸引招聘人员的注意，增加面试机会。简历的内容要简洁明了、重点突出，包括个人基本信息、求职意向、教育背景、工作经历、项目经验、技能证书、获奖情况等。

1. 明确求职意向

在制作简历前，首先要明确自己的求职意向。求职意向要具体、明确，避免模糊和笼统。例如，不要写“销售类岗位”，而应写“医药销售代表”“化妆品销售专员”等具体职位。明确的求职意向能让招聘者快速了解你的职业方向和目标，从而判断你是否与岗位需求相匹配。

2. 挖掘个人经历

围绕求职意向，挖掘自己在校期间的学习经历、实习经历、社团活动经历、项目经历等。对于每一项经历，要详细描述自己的职责、所取得的成果以及所获得的技能和经验。例如，在描述实习经历时，可以写“在××公司实习期间，负责客户资料的收集与整理，通过电话沟通和实地走访，成功收集了××份有效客户资料，为公司后续业务拓展提供了有力支持，同时也锻炼了自己的沟通能力和信息收集能力”。

3. 突出个人优势

在简历中突出自己的个人优势，包括专业技能、综合素质、语言能力、获奖情况等。例如，如果你熟练掌握某种专业软件，可以写“熟练掌握 Adobe Photoshop 软件，能够独立完成图像处理、海报设计等工作”；如果你具备良好的团队协作能力，可以写“在××项目中，作为团队核心成员，与团队成员密切配合，成功完成了项目任务，展现出良好的团队协作能力和沟通能力”。

（二）简历的基本格式

1. 标题

简历的标题要简洁明了，一般直接写“个人简历”或“求职简历”即可。如果求职意向明确，也可以在标题中体现，例如“求职意向：市场营销专员简历”。

2. 个人信息

个人信息部分要包括姓名、性别、年龄、联系方式（电话、邮箱）、求职意向等基本内容。如果个人形象较好，也可以附上一张近期免冠照片。联系方式要确保准确无误，以便招聘者能够及时与你取得联系。

3. 教育背景

教育背景部分要按照时间顺序，从最高学历开始写起，包括学校名称、专业名称、入学时间和毕业时间等信息。如果在校期间成绩优异，可以列出主要课程成绩和排名情况；如果获得过奖学金、荣誉称号等，也要一并写上。

4. 工作经历

工作经历部分要按照时间顺序，从最近的工作经历开始写起，包括公司名称、职位名称、入职时间和离职时间等信息。对于每一项工作经历，要详细描述自己的工作职责、所取得的成果以及所获得的技能和经验。如果工作经历较少，也可以将实习经历和项目经历合并在一起写。

5. 个人技能

个人技能部分要列出自己所具备的专业技能、语言技能、计算机技能等。例如，如果你熟练掌握英语，可以写“英语：熟练掌握，具备良好的听说读写能力，通过大学英语六级考试”；如果你熟练使用办公软件，可以写“计算机技能：熟练使用 Microsoft Office 办公软件，包括 Word、Excel、PowerPoint 等，能够高效完成文档编辑、数据处理和演示文稿制作等工作”。

6. 自我评价

自我评价部分要简要总结自己的个人优势、职业目标和职业素养等。例如，“本人具备良好的沟通能力和团队协作能力，工作认真负责，积极主动，具备较强的学习能力和适应能力。希望能够在市场营销领域发挥自己的优势，为公司创造价值，实现个人职业目标”。

（三）简历的投递方式

1. 电子邮件投递

电子邮件投递是目前最常见的简历投递方式。在投递简历时，要注意以下几点：

（1）邮件主题要明确，一般写“求职意向－姓名－联系方式”即可，例如“市场营销专员－张三－138××××××××”。

（2）正文要简洁明了，开头要礼貌问候，然后简要介绍自己的求职意向和优势，最后附上简历附件，并注明附件名称。

（3）简历要选择常见的格式，如 PDF 或 Word 格式，避免使用特殊格式，以免招聘者无法正常打开。

2. 招聘网站投递

许多招聘网站都提供在线投递简历的功能。在投递简历时，要注意以下几点：

（1）确保个人信息准确无误。

（2）按照招聘网站的要求填写简历内容，注意格式和排版。

（3）在投递简历时，要仔细阅读岗位要求，确保自己的简历与岗位需求相匹配。

3. 现场投递

在招聘会或企业宣讲会等场合，也可以现场投递简历。在投递简历时，要注意以下几点：

（1）准备好纸质简历，简历要整洁、美观，避免褶皱和污渍。

（2）在投递简历时，要礼貌问候，并简要介绍自己的求职意向和优势。

（3）如果招聘者对你的简历感兴趣，要留下联系方式，以便后续沟通。

简历的制作、基本格式和投递方式是求职过程中的重要环节，只有掌握了这些基本知识和技能，才能提高求职成功率。

知识拓展

如何让你的简历脱颖而出?

在当今竞争激烈的就业市场中，一份优秀的简历是求职成功的关键。以下是一个让简历脱颖而出的案例，希望能为你的简历制作提供一些启发。

小林是一名计算机科学与技术专业的应届毕业生，他希望在毕业后能够进入一家知名的互联网公司工作。在求职过程中，他发现自己的简历在众多求职者中并不突出，于是他决定对简历进行优化，以提高自己的竞争力。

优化前的简历内容较为普通，主要包括个人信息、教育背景、实习经历和项目经验等部分。在描述实习经历和项目经验时，他只是简单地列举了工作内容和职责，没有突出自己的成果和优势。例如，在描述实习经历时，他写道："在××公司实习期间，参与了软件开发项目，负责编写代码和测试。"这样的描述过于笼统，无法让招聘者快速了解他的能力和价值。

优化后的简历则注重了以下几点：

（一）突出个人优势

在优化后的简历中，小林首先在开头部分增加了"个人优势"栏目，简要总结了自己的专业技能、项目经验和团队协作能力等优势。例如，他写道："具备扎实的计算机专业知识，熟练掌握 Java、Python 等编程语言，有丰富的软件开发项目经验，曾参与多个大型项目的开发，具备良好的团队协作能力和沟通能力。"

（二）量化成果

在描述实习经历和项目经验时，小林采用了量化成果的方式，具体说明了自己在项目中所取得的成绩和贡献。例如，他写道："在××公司实习期间，参与了××软件开发项目，负责编写核心代码和进行系统测试。通过优化算法，成功提高了系统运行效率 30%，为公司节省了大量成本。同时，积极参与团队协作，与团队成员共同解决了多个技术难题，确保项目按时完成。"

（三）针对性展示

针对不同的求职岗位，小林对简历内容进行了针对性的调整和展示。例如，在应聘软件开发工程师岗位时，他重点突出自己在软件开发方面的项目经验和技能；在应聘数据分析岗位时，他则强调自己在数据分析和处理方面的能力和经验。

经过优化后的简历，小林的求职效果得到了显著提升。他的简历在众多求职者中脱颖而出，吸引了多家知名互联网公司的关注。最终，他成功获得了自己心仪的工作机会。

一份优秀的简历需要突出个人优势、量化成果和针对性展示。在制作简历时，我们要认真分析自己的优势和特点，结合求职岗位的要求，有针对性地展示自己的能力和价值。同时，要注意简历的格式和排版，使其简洁明了、重点突出，让招聘者能够快速了解我们的优势和价值。只有这样，我们的简历才能在众多求职者中脱颖而出，为求职之路赢得更多的机会。

（四）求职信

求职信是求职者向企业表达求职意愿和介绍自己的重要材料。求职信的内容要真诚、具体、有针对性，包括自我介绍、求职动机、自身优势、对企业的了解和期望等。在撰写求职信时，要注意以下几点：

（1）针对性：根据不同的企业文化和岗位要求，撰写有针对性的求职信，表达自己对该企业和岗位的热爱和向往之情。

（2）真诚性：求职信的语言要真诚朴实，避免空洞无物的套话和虚话，让企业感受到自己的诚意和热情。

（3）具体性：在介绍自己的优势和特长时，要具体举例，用事实说话，增强说服力。

（4）简洁性：求职信的篇幅不宜过长，一般以 500 字左右为宜，突出重点内容，避免冗长烦琐。

生涯故事

尊敬的××公司××经理：

您好！我是一名商务英语专业的应届毕业生，非常荣幸有机会向您表达我的求职意愿，我渴望能加入贵公司，为公司的发展贡献自己的力量。

在大学期间，我系统学习了商务英语专业课程，包括国际贸易实务、商务谈判、英语翻译、英语写作等，具备扎实的英语语言基础和商务知识。通过大量的实践练习和项目参与，我熟练掌握了商务英语听说读写译的各项技能，能够熟练运用英语进行商务沟通和业务处理。

我对贵公司在行业内的卓越成就和良好声誉深感钦佩，尤其是［列举企业某项具体成就或特色业务］，让我看到了贵公司在商务领域的专业性和创新性。我深知贵公司注重人才培养和发展，这与我个人的职业规划高度契合，我相信在贵公司我能够得到充分的成长和发展空间。

我具备良好的沟通能力和团队协作精神，在校期间积极参与各类社团活动和小组项目，锻炼了自己与人沟通和协作的能力。同时，我具有较强的学习能力和适应能力，能够快速适应新环境和新工作，不断提升自己的专业技能和综合素质。

我真诚地希望能够在贵公司从事商务英语相关工作，如外贸业务员、商务翻译、国际商务助理等岗位，我将以饱满的热情和认真负责的态度投入工作中，为公司的发展贡献自己的力量。

感谢您在百忙之中审阅我的求职信，期待能够有机会参加贵公司的面试，进一步展示我的能力和优势。

此致

敬礼！

求职人：×××

××××年××月××日

简析

求职信是求职者向招聘方展示个人能力、职业匹配度及求职动机的核心材料。一篇优秀的求职信需兼具专业性与个性化，既要符合行业规范，又能凸显个人优势。

三、求职方法与技巧

（一）网络求职

1. 招聘网站

（1）主流招聘网站：比较知名的招聘网站有智联招聘、前程无忧、BOSS 直聘等。例如，在智联招聘上，求职者可以根据自己的专业和期望岗位，筛选出符合条件的职位，然后查看职位详情和公司介绍，如果感兴趣就可以直接投递简历。

（2）行业垂直招聘网站：不同的行业，有相应的垂直招聘网站。比如，拉勾网上汇聚了大量的互联网企业和相关职位，对于互联网行业的求职者来说，可以更方便地找到适合自己专业和经验的岗位。

2. 公司官网

直接关注目标公司的官网是获取招聘信息的重要途径。很多公司会在自己的官网上发布最新的招聘职位，而且这些职位信息往往更加准确和及时。例如，求职者如果对某家特定的互联网公司感兴趣，可以定期浏览该公司的官网，在招聘板块查找合适的岗位并按照要求投递简历。

3. 社交媒体平台

（1）领英：求职者可以在领英上关注自己感兴趣的公司和行业领袖，了解他们的动态和行业趋势，同时也可以通过领英的职位搜索功能找到合适的岗位，并直接与招聘人员互动。

（2）微博、微信公众号：某些大型企业在举办校园招聘或社会招聘时，会通过官方微博和微信公众号发布活动信息和职位详情，求职者可以第一时间了解并参与。

（二）校园招聘

1. 参加校园宣讲会

校园宣讲会是企业直接走进校园，向学生介绍公司情况、招聘岗位的活动。求职者可以通过参加宣讲会，深入了解企业文化和岗位要求，同时也有机会与企业招聘人员面对面交流，提问互动。例如，在宣讲会上，企业代表会详细介绍公司的业务范围、发展前景以及员工福利等，求职者可以借此机会评估自己是否适合该企业，并在互动环节中积极提问，展示自己的兴趣和热情。

提前做好求职准备，如了解宣讲会的企业信息、准备好简历和相关问题等。例如，在参加某知名互联网公司的校园宣讲会前，求职者可以提前查阅该公司的官网、新闻报道等，了解其最新的业务动态和企业文化，同时准备好自己的简历，并针对公司的招聘岗位准备一些相关问题，如岗位的职业发展路径、所需的技能和素质等，在宣讲会上可以向企业代表提问。

2. 投递校园招聘简历

学校就业指导中心通常会收集企业的校园招聘信息，并提供统一的简历投递渠道，求职者需要按照要求填写个人信息和求职意向，并上传符合格式要求的简历。同时，要注意简历的内容要突出自己的校园经历和与岗位相关的技能，投递时间要尽量提前，以增加被企业筛选到的机会。

（三）人际关系

1. 校友资源

校友在不同的企业和行业工作，他们可以为求职者提供内部信息、推荐机会等。例如，求职者可以通过学校的校友会、校友群等渠道，联系到在自己目标企业工作的校友，向他们咨询企业的招聘情况和岗位要求，甚至可以请他们帮忙推荐自己。

学校会定期举办校友返校活动、校友行业论坛等，求职者可以积极参加这些活动，与校友们交流互动，拓展人脉关系。在与校友建立联系时，要注意礼貌和真诚，表达自己的求职意愿和对校友的感谢。

2. 师长推荐

师长对自己的学生有一定的了解，他们可以向企业推荐优秀的学生。例如，求职者在学习和实践过程中表现出色，得到了老师的认可，老师可能会在自己的企业资源中为学生推荐合适的岗位。

求职者要与师长保持良好的沟通，展示自己的优势和潜力，以便获得推荐机会。例如，学生在课堂上积极发言、完成高质量的作业和项目，参加老师的科研课题等，都可以让老师看到自己的能力和潜力。同时，学生可以主动向老师请教职业规划和求职方面的问题，与老师建立更深入的交流和联系。

限制。例如，对于跨国企业招聘海外分支机构的岗位，或者求职者身处不同城市甚至不同国家的情况，视频面试可以方便地让双方进行交流，而不需要求职者长途跋涉去参加现场面试，极大地节省了时间和成本。

一、具体流程

1. 准备阶段

(1) 面试官和求职者都需要提前准备好设备，包括带有摄像头和麦克风的电脑或智能手机。确保网络连接稳定，因为网络卡顿会影响面试体验。

(2) 求职者要选择一个安静、整洁、光线良好的环境进行面试。背景最好简洁，避免杂乱的物品分散面试官的注意力。同时，要提前调试好设备，检查摄像头是否清晰、麦克风是否有杂音等。

(3) 面试官也会提前准备好面试问题，这些问题可能包括对岗位技能的要求、工作经验的询问、性格和团队协作能力等方面的考察内容。

2. 面试过程

(1) 面试开始后，双方通过视频软件（如腾讯会议、钉钉、Zoom 等）进行连接。求职者一般会先进行自我介绍，包括自己的教育背景、工作经历和主要技能等。

(2) 面试官会根据准备好的问题逐一提问。在这个过程中，双方可以通过视频进行眼神交流（尽量看着摄像头），就像在面对面交流一样。求职者回答问题时要注意语速适中、表达清晰，并且要结合自己的实际经验和岗位要求来回答。

(3) 有些视频面试还会包含一些特殊的环节，比如技术岗位可能会要求求职者在共享屏幕上进行代码编写或者解决技术问题的演示；创意类岗位可能会要求求职者展示自己的作品等。

3. 结束阶段

面试结束时，双方会进行简单的告别。求职者可以询问面试结果的大致反馈时间。面试官会记录下整个面试过程中的关键信息，包括求职者的回答要点、表现特点等，以便后续进行综合评估。

二、优点和缺点

1. 优点

(1) 高效便捷：如前面提到的，节省了时间和交通成本。企业可以在一天内安排多个不同地区的求职者进行面试，提高了招聘效率。

(2) 灵活性高：对于求职者来说，如果因为某些突发情况（如交通堵塞等）无法参加现场面试，视频面试提供了一种替代方案。而且求职者可以在自己熟悉的环境中进行面试，可能会减少紧张情绪。

(3) 可记录性：面试过程可以录制下来，方便面试官后续重新审视求职者的回答，不会因为现场记忆模糊而遗漏重要信息。

2. 缺点

(1) 技术问题：可能会受到网络不稳定、设备故障等技术因素的影响。例如，网络延迟可能导致沟通不畅，画面模糊或者声音中断会让面试体验变差。

（2）沟通效果可能受限：虽然视频面试可以进行眼神交流，但和面对面交流相比，还是可能会缺少一些微妙的肢体语言和现场氛围的感知。而且在视频中，双方可能会因为画面的局限而无法像在现场一样自然地观察到对方的整体状态。

三、面试中的基本技巧

（一）语言表达

在面试过程中，语言表达是非常重要的。要注意以下几点：

（1）清晰流畅：语言表达要清晰流畅，发音准确，语速适中，避免出现口头禅和重复语句。

（2）简洁明了：回答问题要简洁明了，直奔主题，避免冗长烦琐，突出重点内容。

（3）逻辑清晰：回答问题要有逻辑性，条理清晰，层次分明，让面试官能够清楚地了解自己的思路和观点。

（4）语言得体：语言表达要得体，注意礼貌用语，尊重面试官，避免使用过于随意或粗俗的语言。

（二）肢体语言

肢体语言也是面试中不可忽视的一部分。要注意以下几点：

（1）坐姿端正：面试时要坐姿端正，挺胸抬头，不要驼背或东倒西歪，展现出自己的精神风貌。

（2）眼神交流：与面试官进行适当的眼神交流，眼神要坚定、自信，不要躲闪或游离，表现出自己的诚意和热情。

（3）手势自然：手势要自然、大方，不要过于夸张或频繁，避免给面试官带来不好的印象。

（4）表情自然：表情要自然、微笑，展现出自己的亲和力和自信心，不要过于紧张或严肃。

（三）回答问题

在回答面试官的问题时，要注意以下几点：

（1）认真倾听：认真倾听面试官的问题，理解其意图和重点，不要急于回答，避免答非所问。

（2）思考后回答：在回答问题前，要进行适当的思考，组织好语言和思路，确保回答的内容准确、完整、有条理。

（3）突出重点：回答问题时要突出重点，结合自己的实际情况和优势，有针对性来证明自己的实践能力和解决问题的能力。

三、沟通能力欠佳

(1) 表达能力差：说话含糊不清，语速过快或过慢，声音过小或过大，影响面试官对信息的接收；表达缺乏条理，回答问题时逻辑混乱，抓不住重点，让面试官难以理解其意图。

(2) 肢体语言不当：面试过程中表情僵硬或过于丰富，眼神游离不定，坐姿不端正，小动作过多，给面试官留下不好的印象。

四、形象和礼仪问题

(1) 着装不得体：穿着过于随意或不符合公司文化和岗位要求，如穿拖鞋、短裤等参加正式面试，显得不够重视。

(2) 行为举止不礼貌：不敲门直接进入面试室，面试过程中打断面试官讲话，离开时不懂得致谢等，显示出缺乏基本的礼仪和素养。

五、心态和期望值问题

过于紧张或自信过度：面试时过于紧张，导致思维混乱，无法正常发挥；或者过于自信，态度傲慢，对面试官的问题不屑一顾，给面试官留下不好的印象。

期望值过高：对自己的能力和价值定位不准确，盲目追求高薪、高职或不切实际的工作内容，与公司的实际需求和岗位定位不符。

明德强技

树立正确的职业观，提升就业竞争力

在当今复杂多变的就业市场中，大学生面临前所未有的机遇与挑战。如何在激烈的竞争中脱颖而出，实现自己的职业理想，关键在于树立正确的职业观，并不断提升自身的就业竞争力。这不仅是一场知识与技能的较量，更是一次心态与观念的转变。

一、树立正确的职业观：明确方向，稳扎稳打

职业观是我们在职业道路上的指南针，它决定了我们的方向和目标。大学生在择业与求职过程中，首先要明确自己的职业目标和发展方向。这需要我们深入了解自己的兴趣、优势和价值观，找到与之契合的职业领域。例如，如果你对数据分析充满热情，且在数学和统计学方面表现出色，那么数据分析师或数据科学家可能是一个理想的职业选择。同时，我们也要关注社会需求和行业趋势，将个人兴趣与市场需求相结合。当今社会，科技发展日新月异，新兴行业如人工智能、大数据、新能源等领域对人才的需求旺盛。关注这些行业的发展动态，提前规划，学习相关知识

和技能，就能在未来的就业市场中抢占先机。

树立正确的职业观，还需要我们培养良好的职业素养和职业道德。职业素养包括责任心、敬业精神、团队合作能力、时间管理能力等。这些看似平凡的品质，却能在职场中为我们赢得尊重和信任。例如，在团队项目中，一个责任心强、善于沟通协作的成员，往往比单打独斗的“技术天才”更受欢迎。职业道德更是我们在职场中立足的根本。诚实守信、公正廉洁、遵守法律法规等原则，是我们必须坚守的底线。在实习和工作中，严格遵守企业的规章制度，尊重他人的知识产权，不抄袭、不作弊，以诚信的态度对待每一项工作，才能树立良好的职业形象，赢得他人的信任和尊重。

二、提升就业竞争力：多管齐下，全面发展

在明确了职业目标之后，提升就业竞争力就成为实现职业理想的必经之路。就业竞争力不仅包括专业知识和技能，还包括实践经验、综合素质和人际交往等多方面因素。

（一）专业知识与技能：筑牢根基

专业知识和技能是就业竞争力的核心。在大学期间，我们要充分利用学校资源，系统学习专业知识，掌握扎实的理论基础。同时，结合职业目标，主动学习相关技能。例如，如果你的职业目标是进入互联网行业，那么学习编程语言（如 Python、Java）、数据分析工具（如 Excel、SQL）等技能将大大提升你的竞争力。此外，考取相关的职业资格证书也是提升专业能力的有效途径。例如，计算机专业的学生可以考取计算机二级证书、软件工程师证书等，这些证书不仅是专业能力的证明，也是求职时的加分项。

（二）实践经验：知行合一

理论知识固然重要，但实践经验同样不可或缺。通过参加实习、实训、社会实践等活动，我们可以将所学知识应用到实际工作中，提升自己的实践能力和解决问题的能力。实习经历不仅让我们更直观地了解职场环境，还能为简历增添亮点，提高就业竞争力。例如，在一家互联网公司的实习中，你可能会参与到产品的开发、推广、运营等各个环节，通过与专业人员的交流和合作，快速提升自己的专业技能，同时也能了解行业内的最新动态和趋势。

（三）综合素质：全面发展

除了专业知识和实践经验，综合素质也是就业竞争力的重要组成部分。良好的沟通能力、团队协作能力、创新能力、领导能力等综合素质，能够为我们在职场中赢得更多的机会。通过参加社团活动、志愿者服务、演讲比赛、创新创业大赛等活动，我们可以锻炼自己的综合素质，提升人际交往能力。例如，在社团活动中担任组织者角色，策划和执行一场活动，不仅需要我们具备良好的沟通能力来协调各方资源，还需要我们有强烈的责任心来确保活动的顺利进行，同时在团队合作中，我们也能学会如何与不同性格、不同专业背景的人合作，共同完成目标。

（四）人际交往：拓展人脉

在职业发展过程中，人脉资源的重要性不言而喻。人脉不仅能为我们提供更多的职业信息和机会，还能在我们遇到困难时提供帮助和支持。大学生可以通过参加行业活动、利用社交平台等方式，结识来自不同企业和机构的专业人士，拓展自己的职场人脉。例如，通过参加行业研讨会、职业展会等活动，我们可以与企业招聘人员、行业专家等建立联系，了解行业动态和职业发展机会。在社交平台上，通过分享自己的学习和实践经验、参与行业讨论等方式，展示自己的专业素养和职业形象，吸引潜在雇主和职场人士的关注。同时，校友也是我们宝贵的人脉资源。通过学校校友会、校友活动等方式，与校友建立联系，了解他们的职业发展经历和成功经验，从中获得启发和借鉴。

三、总结：规划未来，迈向成功

树立正确的职业观和提升就业竞争力，是大学生在择业与求职过程中必须面对的重要课题。通过深入了解自己，明确职业目标，培养良好的职业素养和职业道德，积极参与实践活动，提升综合素质，拓展人脉资源，我们可以在激烈的就业市场中脱颖而出，实现自己的职业理想。在这个充满机遇与挑战的时代，只有不断提升自己，才能在职场中站稳脚跟，实现自己的人生价值。让我们以坚定的信念和不懈的努力，为自己的未来绘制一幅绚丽多彩的职业蓝图，迈向成功的职业道路。

综合技能训练

模拟面试实战

一、训练目标

本次模拟面试综合技能训练旨在全方位提升学生的面试能力，使学生深入了解面试流程，熟练掌握面试技巧，有效增强应变能力与心理素质，充分展现个人优势。

二、训练内容

（一）面试前的准备

1. 自我介绍与求职信。

撰写自我介绍：教授学生如何在1～2分钟内突出重点，结合实例介绍自己的实习经历、项目经验等。

求职信撰写：讲解求职信的格式和内容要点，包括开头、主体和结尾部分。通过范例学习和写作练习，帮助学生撰写个性化的求职信。

互评与反馈：组织学生进行自我介绍和求职信的互评，邀请专业导师进行点评和反馈，提供改进建议。

2. 面试技巧讲座。

面试流程与类型：讲解不同类型的面试流程，包括结构化面试、无领导小组讨论、压力面试等。通过案例分析，帮助学生了解每种面试类型的特点和应对策略。

常见问题与回答技巧：分享面试中常见的问题，如“请谈谈你的优缺点”“为什么选择我们公司”等，并提供有效的回答技巧和方法。

互动交流：设置互动环节，让学生就自己在面试过程中遇到的问题和困惑进行提问，面试官和导师现场解答，提供实用建议。

（二）模拟面试实战

1. 结构化面试模拟。

模拟场景：搭建真实的面试场景，学生面对专业面试官进行模拟面试。面试官将根据预先设计的问题进行提问，学生进行回答。

问题类型：涵盖行为面试问题（如“请举例说明你如何解决一个团队冲突”）、技术面试问题（如“请解释一下专业术语×××”）和情境面试问题（如“如果你遇到×××情况，你会怎么做?”）。

反馈与改进：每次模拟面试结束后，面试官提供详细的反馈，指出学生的优点和不足，并提供改进建议。学生可以根据反馈进行针对性的改进和练习。

2. 无领导小组讨论模拟。

模拟场景：将学生分成小组，每组5～8人，进行无领导小组讨论。讨论题目涵盖多种类型，如案例分析、问题解决、创意策划等。

角色分配：在讨论过程中，学生可以自行选择角色，如领导者、协调者、记录者、发言人等，通过角色扮演提升团队协作能力。

反馈与改进：讨论结束后，面试官对每个小组的表现进行点评，指出团队协作中的优点和不足，并提供改进建议。学生可以根据反馈进行针对性的改进和练习。

3. 压力面试模拟。

模拟场景：搭建压力面试场景，面试官通过提问、质疑、打断等方式，模拟高压环境，考验学生的心理素质和应变能力。

问题类型：涵盖挑战性问题（如“你为什么觉得自己比其他候选人更适合这个职位?”）、压力性问题（如“你有没有遇到过失败的经历？请详细说明”）等。

反馈与改进：每次模拟面试结束后，面试官提供详细的反馈，指出学生在压力环境下的表现，提供应对压力的技巧和方法。学生可以根据反馈进行针对性的改进和练习。

（三）面试复盘与总结

1. 组织学生进行面试复盘会议，分享自己的面试经历和感受，讨论面试中的成功经验和不足之处。

2. 指导学生撰写面试总结报告，包括面试表现、反馈意见、改进措施。

模块六 就业权益与职业保障

课前思考

大学生择业面临着政策导向、就业环境、就业市场，以及职业兴趣、教育背景等问题。当你真正迈向社会，作为初入职场的劳动者，在求职和就业过程中，你是否了解自己的权益？是否遇到过不公平的待遇或权益受损的情况？将会面临什么法律风险？如何保障自己的合法权益？如何有效降低这些风险？请结合自身经历或身边同学的经历，思考如何在求职和就业中维护自己的合法权益。

学习目标

知识目标

- 明确就业权益的定义和内容。
- 熟悉劳动争议的主要类型及其表现形式。
- 了解违约责任的定义和劳动维权的途径。

能力目标

- 能够识别求职和就业过程中的权益受损情况。
- 掌握劳动争议的维权途径和方法，能够依法维护自身权益。
- 学会应对招聘陷阱、实习期纠纷、试用期纠纷等常见问题。

素养目标

- 树立正确的法律观念，增强维护自身合法权益的意识。
- 在维护自身权益的同时，遵守职业道德，尊重用人单位的合法权益。
- 关注就业环境的公平性，为营造良好的就业市场环境贡献力量。

知识框架

- 就业权益与职业保障
  - 就业权益与权益保护
  - 劳动争议与法律保护
  - 违约责任与维权方式

引例

田同学与王同学的困惑

田同学即将大学毕业，通过网络招聘广告应聘到一家教育公司。面试通过后，公司要求上岗前缴纳 5 000 元保证金，约定正式录用后退还。试用期结束，公司未录用田同学，并以上岗培训费用为由扣除部分保证金。

王同学大学毕业后应聘进入一家科技公司工作，与公司未签订劳动合同。10 个月后，因公司经营不善拖欠工资，王同学要求与公司解除劳动关系并支付拖欠工资，公司以未签订劳动合同为由拒绝支付。

田同学与王同学都比较困惑：应该如何维护自身权益？应当通过什么途径？是否需要法律援助？他们不知道如何选择。

简析

田同学与王同学的遭遇是大学生在求职和就业过程中常见的权益受损问题之一。大学生在实习及求职、就业过程中，由于缺乏社会经验，容易陷入各种就业权益受侵害的陷阱，了解就业权益和法律保护机制，掌握维权途径和方法，是大学生顺利就业的重要保障。学校和社会应加强对大学生的法律教育和就业指导，毕业生在求职过程中，也应当增强法律意识、掌握应对策略，并在权益受损时及时维权。

知识导航

单元一　就业权益与权益保护

就业权益是劳动者在求职和就业过程中依法享有的基本权利，它不仅关系个人的职业发展和生活质量，更是社会公平与正义的重要体现。然而，由于缺乏经验、信息不对称以及法律意识淡薄，许多大学生在就业过程中往往容易忽视自身权益，甚至遭受侵权。因此，了解就业权益的内涵、内容以及保护机制，对于每一位即将步入职场的大学生来说至关重要。

一、就业权益概述

（一）就业权益的定义

就业权益是指劳动者在求职、就业和职业发展过程中依法享有的权利和收益。这些权益不仅包括劳动报酬、工作时间、休息休假等基本权利，还涵盖就业平等、职业培训、社会保险等保障性权利。就业权益是一种合法权益，旨在保障劳动者在求职、就业、职业发展等过程中不受不公正对待，同时确保其基本劳动权益得到尊重和维护，受到国家法律保护。

生涯故事

鲁班巧设“藏缺计”

鲁班是中国历史上著名的工匠和发明家，被称为“工匠始祖”。相传有一年，鲁班得到一个大工程，他带领工匠师傅们夜以继日劳动，建造起一座漂亮的建筑。可是工程完成后，雇主却挑三拣四，借口建筑存在瑕疵，拒绝支付剩余的工钱，鲁班和工匠们商量，决定用技能与智慧维护自己的劳动权益，他们故意说在建筑的某个部位留下了瑕疵，然后告诉雇主：“只有发现这个瑕疵，才能解决建筑风险。”雇主出于担心找人去查看，但检查不出任何瑕疵。最终，雇主不得不求教于鲁班，并承认错误，支付了全部劳动报酬。

简析

劳动者应通过智慧和团结维护自己的权益。鲁班和工匠们正是用智慧解决了问题，维护了自己的尊严。

鲁班巧设“藏缺计”

（二）就业权益辨析

1. 就业权益与劳动权益的关系

就业权益与劳动权益密切相关，但二者有所区别。就业权益更侧重于求职和入职阶段的权利，如平等就业权、知情权等；劳动权益则侧重于劳动关系存续期间的权利，如劳动报酬权、劳动保护权等。

2. 权益和义务的关系

权利和义务是相辅相成、相互依存、相互制约，没有无义务的权利，也没有无权利的义务。劳动者的就业权益是与劳动者的就业责任和义务相适应的，就业权益、责任、义务是对应的。

（三）大学生就业权益的特点

在大学生就业过程中，由于我国毕业生数量巨大，就业时间集中度高，大学生又往往缺乏社会经验，容易成为就业权益受侵害的高发群体。特别是每年毕业季的前后一段时期，大学生就业权益显现出阶段性、过渡性、多元性、频发性的特点，这些特点反映出大学生就业市场的特殊性。

二、就业权益的内容

（一）求职过程中的权益

1. 就业信息知情权

大学生有权及时、全面地获取就业信息，用人单位或中介机构在招聘过程中应如实提供工作内容、工作条件、工作地点、职业危害、安全生产状况、劳动报酬等基本情况，以及毕业生要求了解的其他情况。信息发布应该面向全体求职学生，不得隐瞒或虚假宣传。

2. 自主平等择业权

大学生有权根据自身意愿，自主决定就业与否、就业时间、就业岗位、就业形式等问题，不得强制或限制其就业选择。求职过程中享有平等的就业机会，用人单位不得因民族、年龄、性别等因素进行歧视。

3. 接受就业援助权

大学生有权获得来自政府、社会和学校的就业指导与服务。高校应提供就业信息、职业规划指导、就业推荐等服务。高校应公平、公正地推荐毕业生就业，不得因毕业生个人因素影响推荐机会。

4. 接受劳动就业训练的权利

劳动者在就业之前，有权选择并接受相关职业技能培训，这是我国宪法赋予公民的权益。高等职业教育某种程度上是就业教育，其专业和课程围绕着职业能力的培养和训练而开设，很多高职院校推行“双证书”做法，毕业生可取得职业资格证书，为毕业生择业就业创造了很好的条件。

5. 接受就业援助的权利

对于部分毕业生因为家庭经济状况、身体状况以及自然灾害等原因而导致的就业困难，各级人民政府建立健全就业援助制度，采取税费减免、贷款贴息、社会保险补贴、岗位补贴等办法，通过公益性岗位安置等途径，实行优先扶持和重点帮助。

知识拓展

就业歧视面面观

1. 性别歧视：性别歧视是平等就业权中常见的问题。例如，某些公司明确表示只招聘男性，或者在面试过程中对女性提出不合理的要求。

2. 年龄歧视：年龄歧视是求职过程中常见的问题。一些公司对年龄有严格限制，如“35 岁以下”，这可能对一些经验丰富的求职者造成不公平待遇。

3. 民族歧视：民族歧视在某些地区也存在。例如，某些公司明确表示不招聘某民族的求职者，这种行为严重违反了平等就业权。

（二）就业之后的权益

1. 劳动报酬权

劳动者有权要求获得合法的、正当的劳动收益，包括工资收益和福利待遇等，用人单位不得克扣或无故拖欠工资。

2. 休息休假权

劳动者享有法定的休息日、节假日和带薪年休假，这对于其恢复劳动能力、维护身心健康是必要的保证。

3. 劳动保护权

劳动者在从业过程中或劳动过程中，人身安全不能受到侵害，人身安全应该得到保障。劳动者有权获得符合国家规定的劳动安全卫生条件和必要的劳动保护用品。

4. 社会保险权

劳动者有权享受养老保险、医疗保险、失业保险、工伤保险和生育保险。

5. 职业培训权

劳动者有权获得职业技能培训，提升自身素质和能力。

三、就业权益的保护

（一）就业权益保护的重要性

1. 维护劳动者合法权益

就业权益保护的核心在于维护劳动者的合法权益。劳动者在求职和就业过程中，往往处于相对弱势的地位，容易受到用人单位的不公平对待。例如，用人单位可能在招聘过程中设置歧视性条件，或者在劳动关系存续期间克扣工资、不缴纳社会保险等。通过法律和制度的保障，可以有效防止这些侵权行为的发生，确保劳动者的基本权益得到尊重和保护。

2. 促进就业市场的公平竞争

就业权益保护机制的完善，有助于营造公平、透明的就业市场环境。当劳动者的权益得到充分保障时，他们能够更加自信地参与市场竞争，选择适合自己的职业和岗位。同时，用人单位也会更加注重自身的行为规范，避免因侵权行为而面临法律风险。这种公平竞争的环境不仅有利于劳动者，也有利于用人单位，能够促进整个就业市场的健康发展。

3. 维护社会稳定

就业权益保护对于维护社会稳定具有重要意义。当劳动者的基本权益得不到保障时，可能会引发社会矛盾和不稳定因素。例如，劳动者因工资被克扣或劳动条件恶劣而采取极端行为，不仅会损害自身利益，还可能影响社会的和谐稳定。通过建立健全的就业权益保护机制，可以有效化解这些潜在的社会矛盾，促进社会的和谐发展。

4. 提升劳动者的就业信心

当劳动者知道自己的权益受到法律保护时，会更加积极地参与就业活动，提升自身的就业信心。这种信心不仅有助于劳动者更好地适应工作岗位，还能够激发他们的工作积极性和创造力，从而提高整体劳动生产率。此外，就业权益保护机制的完善也能够吸引更多的优秀人才进入劳动力市场，为经济发展注入新的活力。

（二）就业权益保护的法律依据

1. 国家层面的法律法规

（1）《中华人民共和国劳动法》（以下简称《劳动法》）。

这是我国劳动领域的基本法，全面规定了劳动者的各项权益和用人单位的义务。它涵盖了劳动报酬、工作时间、休息休假、劳动保护、社会保险等多个方面，为劳动者提供了全面的法律保障。例如，《劳动法》明确规定，用人单位应当按时足额支付劳动者工资，不得克扣或无故拖欠；劳动者享有法定的休息日和节假日，用人单位应当安排劳动者休息休假。

（2）《中华人民共和国劳动合同法》（以下简称《劳动合同法》）。

该法进一步细化了劳动关系的建立、履行、变更、解除和终止等内容。它强调了劳动合同的重要性，要求用人单位与劳动者签订书面劳动合同，并明确规定了合同的必备条款。例如，《劳动合同法》规定，用人单位自用工之日起一个月内应当与劳动者签订书面劳动合同，否则需支付双倍工资。此外，该法还对试用期、经济补偿金等作出详细规定，进一步保障了劳动者的权益。

（3）《中华人民共和国就业促进法》（以下简称《就业促进法》）。

该法主要针对就业过程中的平等就业权、自主择业权等权利进行了规定。它禁止用人单位在招聘过程中设置歧视性条件，保障劳动者享有平等的就业机会。例如，《就业促进法》明确规定，用人单位不得因劳动者的性别、民族、宗教、年龄等原因拒绝录用，否则将承担相应的法律责任。

（4）《中华人民共和国社会保险法》（以下简称《社会保险法》）。

该法为劳动者的社会保险权益提供了明确的法律依据。它规定了用人单位和劳动者应当依法参加社会保险，缴纳社会保险费。例如，《社会保险法》要求用人单位自用工之日起三十日内为劳动者办理社会保险登记，确保劳动者能够享受养老保险、医疗保险、失业保险、工伤保险和生育保险等福利。

（5）《工资支付暂行规定》。

劳动部（1998 年更名为中华人民共和国劳动和社会保障部）为配合《劳动法》的贯彻实施，充分保障劳动者通过劳动获得劳动报酬的合法权益，规范用人单位的工资支付行为而制定。其后，又印发《对〈工资支付暂行规定〉有关问题的补充规定》。

（6）《关于确立劳动关系有关事项的通知》。

劳动和社会保障部（2008 年划入中华人民共和国人力资源和社会保障部）针对解决一些用人单位招用劳动者不签订劳动合同、引发劳动争议、劳动者合法权益难以维护等问题而发布。

（7）《劳动保障监察条例》（以下简称《条例》）。

为贯彻实施劳动和社会保障法律、法规和规章，规范劳动保障监察工作，维护劳动者的合法权益，根据《劳动法》和有关法律而制定。《条例》对劳动保障监察的适用范围、职责义务、监察事项、案件管辖、方式程序、法律责任等方面作了明确规定。

2. 地方性法规和政策

除国家层面的法律法规外，各地还根据实际情况制定了地方性法规和政策，进一步细化和落实就业权益保护措施。例如，一些地方出台了针对农民工工资支付的专项规定，要求用人单位设立农民工工资专用账户，确保农民工工资按时足额发放。这些地方性法规和政策在国家法律法规的基础上，进一步完善了就业权益保护体系，为劳动者提供了更具体的保障。

3. 国际公约和标准

我国作为国际劳工组织的成员国，积极履行国际公约和标准，保障劳动者的权益。例如，《国际劳工组织宪章》和《国际劳工公约》中关于劳动报酬、劳动保护、职业培训等方面的规定，为我国就业权益保护提供了国际视角和参考标准。我国在制定和实施相关法律法规时，也充分考虑了国际公约的要求，确保国内法律与国际标准相衔接。

技能训练

查找就业权益与权益保护方面的问题答案

以下是根据本单元内容设计的 10 道简答题，这些简答题涵盖了就业权益的定义、内容、保护机制以及相关法律法规，能够帮助学生系统地理解和掌握本单元的核心知识点。

1. 就业权益的定义是什么？它包括哪些主要内容？

2. 就业权益与劳动权益的区别是什么？
3. 大学生就业权益的特点有哪些？
4. 求职过程中，大学生享有哪些主要的就业权益？
5. 就业之后，劳动者享有哪些主要的权益？
6. 就业权益保护的重要性体现在哪些方面？
7. 《劳动法》对劳动报酬权有哪些具体规定？
8. 《就业促进法》如何保障劳动者的平等就业权？
9. 劳动者在就业过程中如何维护自己的权益？
10. 地方性法规和政策在就业权益保护中起到什么作用？

单元二　劳动争议与法律保护

劳动争议是劳动关系中常见的问题，无论是初入职场的大学生，还是经验丰富的职场人士，了解劳动争议的类型和法律保护机制都至关重要。通过增强法律意识、保留证据、及时维权等措施，劳动者可以有效保护自己的合法权益。同时，用人单位也应规范管理，避免因违法行为引发劳动争议。只有双方共同努力，才能构建和谐稳定的劳动关系，促进就业市场的健康发展。

一、劳动争议概述

（一）劳动争议的概念

劳动争议是指劳动关系当事人之间因劳动权利和义务发生分歧而引发的纠纷。劳动关系是指用人单位与劳动者之间，在劳动过程中发生的社会关系。劳动争议的产生，往往是因为双方在劳动权利和义务的履行过程中，对法律规定或合同约定的理解存在差异，一方或者双方未能履行其应尽的义务。

（二）劳动争议的特点

（1）主体特定性：劳动争议的主体一方是用人单位，包括企业、个体经济组织、民办非企业单位等；另一方是劳动者，即与用人单位建立劳动关系的自然人。

（2）内容特定性：劳动争议的内容主要围绕劳动权利和义务展开，如劳动报酬、工作时间、社会保险、劳动保护等。

（3）解决方式的多样性：劳动争议可以通过协商、调解、仲裁和诉讼等多种途径解决。

（三）劳动争议产生原因

劳动争议的产生通常有以下几种原因：

（1）法律法规不熟悉：刚入职的大学生对劳动法律法规不熟悉，容易在签订劳动合同、工资支付、加班费计算等方面与用人单位产生分歧。

（2）合同条款不合理：用人单位可能在劳动合同中设置不合理条款，如试用期过长、工资低于法定标准、加班无加班费等，导致劳动者的权益受损。

（3）管理不规范：用人单位内部管理不规范，如未按时缴纳社会保险、未安排休息休假、未提供必要的劳动保护等，容易引发劳动争议。

（4）沟通不畅：劳动者与用人单位之间缺乏有效沟通，导致误解和矛盾升级，最终演变为劳动争议。

二、劳动争议的主要类型

对于刚入职的大学生来说，劳动争议可能涉及劳动关系确认、劳动合同订立、劳动报酬、社会保险与公积金、工作时间与休假时间、工伤认定与赔偿等多个方面。劳动争议的产生不仅影响劳动者的合法权益，也可能对用人单位的正常运营造成不利影响。

（一）劳动关系确认纠纷

1. 纠纷描述

劳动关系确认纠纷是指劳动者与用人单位之间是否存在劳动关系的争议。对于刚入职的大学生来说，这种纠纷可能发生在用人单位未签订劳动合同或未明确劳动关系的情况下。

具体表现举例：

（1）用人单位未与劳动者签订书面劳动合同，但劳动者已实际提供劳动。

（2）用人单位以“劳务关系”“实习关系”等名义规避劳动关系，拒绝承担劳动法规定的义务。

（3）劳动者与用人单位对劳动关系的起始时间、工作内容等存在争议。

2. 相关法律依据

（1）《劳动合同法》第 7 条规定，用人单位自用工之日起即与劳动者建立劳动关系。第 10 条规定，建立劳动关系，应当订立书面劳动合同。

（2）《关于确立劳动关系有关事项的通知》中明确了用人单位未签订书面劳动合同但存在劳动关系的情形，如劳动者受用人单位管理、从事用人单位安排的有报酬的劳动等。

3. 维权应对建议

（1）劳动者应保留入职证明、工资条、工作邮件等证据，证明与用人单位存在劳动关系。

（2）如果用人单位拒绝签订劳动合同，劳动者可以向劳动监察部门投诉，要求用人单位补签劳动合同并支付双倍工资。

（二）劳动合同订立纠纷

1. 纠纷描述

劳动合同订立纠纷涉及劳动合同的签订形式、条款内容、合同无效或可撤销等问题。刚入职的大学生可能因缺乏经验，在签订劳动合同时未仔细阅读条款，导致自身权益受损。

具体表现举例：

（1）用人单位提供的劳动合同条款不合理，如试用期过长、工资低于法定标准等。

（2）用人单位未与劳动者协商一致，单方面制定合同条款，导致劳动者权益受损。

（3）劳动合同中存在“霸王条款”，如“劳动者自愿放弃社会保险”“加班无加班费”等。

2. 相关法律依据

（1）《劳动合同法》第 17 条规定，劳动合同应当具备以下条款：用人单位的名称、住所和法定代表人或者主要负责人；劳动者的姓名、住址和居民身份证或者其他有效身份证件号码；劳动合同期限；工作内容和工作地点；工作时间和休息休假；劳动报酬；社会保险；劳动保护、劳动条件和职业危害防护；法律、法规规定应当纳入劳动合同的其他事项。

（2）《劳动合同法》第 26 条规定，下列劳动合同无效或者部分无效：以欺诈、胁迫的手段或者乘人之危，使对方在违背真实意思的情况下订立或者变更劳动合同的；用人单位免除自己的法定责任、排除劳动者权利的；违反法律、行政法规强制性规定的。

3. 维权应对建议

（1）劳动者在签订劳动合同时应仔细阅读条款，特别是涉及工资、工作时间、社会保险等关键内容。

（2）如果发现合同条款不合理，劳动者应及时与用人单位协商修改，必要时可以咨询法律专业人士。

（3）如果用人单位拒绝修改不合理条款，劳动者可以向劳动监察部门投诉，要求用人单位改正违法行为。

（三）劳动报酬纠纷

1. 纠纷描述

劳动报酬纠纷是劳动争议中最常见的类型之一，涉及工资、奖金、加班费等劳动报酬问题。刚入职的大学生可能因对工资支付标准、加班费计算方式等不熟悉，而与用人单位发生争议。

具体表现举例：

（1）用人单位未按约定支付工资，克扣或无故拖欠劳动者工资。

（2）用人单位未支付加班费，或加班费计算标准不符合法律规定。

（3）用人单位未支付奖金、津贴等劳动报酬，或支付标准低于约定金额。

2. 相关法律依据

（1）《劳动法》第 50 条规定，工资应当以货币形式按月支付给劳动者本人，不得克扣或者无故拖欠劳动者的工资。

（2）《劳动合同法》第 30 条规定，用人单位应当按照劳动合同约定和国家规定，向劳动者及时足额支付劳动报酬。用人单位拖欠或者未足额支付劳动报酬的，劳动者可以依法向当地人民法院申请支付令，人民法院应当依法发出支付令。

（3）《工资支付暂行规定》第 13 条规定，用人单位依法安排劳动者在日法定标准工作时间以外延长工作时间的，按照不低于劳动合同规定的劳动者本人小时工资标准的 150％支付劳动者工资；安排劳动者在休息日工作，而又不能安排补休的，按照不低于劳动合同规定的劳动者本人日或小时工资标准的 200％支付劳动者工资；安排劳动者在法定休假节日工作的，按照不低于劳动合同规定的劳动者本人日或小时工资标准的 300％支付劳动者工资。

3. 维权应对建议

（1）劳动者应保留工资条、银行流水、加班申请单等证据，证明用人单位未支付或未足额支付劳动报酬的事实。

（2）如果用人单位未支付工资或加班费，劳动者可以向劳动监察部门投诉，要求用人单位支付应得的劳动报酬。

（3）劳动者也可以向劳动争议仲裁委员会申请仲裁，要求用人单位支付工资、加班费及赔偿金。

（四）社会保险与公积金纠纷

1. 纠纷描述

社会保险与公积金纠纷是指用人单位未依法为劳动者缴纳社会保险或住房公积金而引发的争议。刚入职的大学生可能因缺乏经验，未及时关注社会保险和公积金的缴纳情况，导致自身权益受损。

具体表现举例：

（1）用人单位未为劳动者缴纳社会保险，导致劳动者无法享受医保、养老等福利。

（2）用人单位未为劳动者缴纳住房公积金，影响劳动者购房贷款等权益。

（3）用人单位未按时足额缴纳社会保险和住房公积金，导致劳动者权益受损。

2. 相关法律依据

（1）《社会保险法》第 58 条规定，用人单位应当自用工之日起三十日内为其职工向社会保险经办机构申请办理社会保险登记。未办理社会保险登记的，由社会保险经办机构核定其应当缴纳的社会保险费。

（2）《住房公积金管理条例》第 15 条规定，单位录用职工的，应当自录用之日起 30 日内向住房公积金管理中心办理缴存登记，并持住房公积金管理中心的审核文件，到受委托银行办理职工住房公积金账户的设立或者转移手续。

3. 维权应对建议

（1）劳动者应了解社会保险和公积金的相关规定，定期查询自己的社保和公积金缴纳情况。

（2）如果用人单位未缴纳社会保险和公积金，劳动者可以向劳动监察部门投诉，要求用人单位补缴。

（3）劳动者也可以向劳动争议仲裁委员会申请仲裁，要求用人单位支付未缴纳社保和公积金的赔偿金。

（五）工作时间与休假时间纠纷

1. 纠纷描述

工作与休假时间纠纷涉及工作时间、休息休假等权益。刚入职的大学生可能因对工作时间安排、加班制度等不熟悉，而与用人单位发生争议。

具体表现举例：

（1）用人单位安排劳动者每周工作超过 40 小时，未支付加班费。

（2）如果用人单位未安排休息休假或未支付加班费，劳动者可以向劳动监察部门投诉，要求用人单位改正违法行为。

（3）劳动者也可以向劳动争议仲裁委员会申请仲裁，要求用人单位支付加班费及未休息休假工资。

2. 相关法律依据

（1）《劳动法》第 38 条规定，用人单位应当保证劳动者每周至少休息一日；第 45 条规定，国家实行带薪年休假制度。

（2）《劳动合同法》第 31 条规定，用人单位应当严格执行劳动定额标准，不得强迫或者变相强迫劳动者加班。

3. 维权应对建议

（1）劳动者应了解工作时间、休息休假的相关规定，保留加班申请单、考勤记录等证据。

（2）如果用人单位未安排休息日或未支付加班费，劳动者可以向劳动监察部门投诉，要求用人单位改正违法行为。

（3）劳动者也可以向社保稽核部门或公积金管理中心投诉，要求用人单位补缴未缴纳社保和公积金。

（六）工伤认定与赔偿纠纷

1. 纠纷描述

工伤认定与赔偿纠纷是指劳动者因工作原因受伤后，用人单位与劳动者之间就工伤认定和赔偿金额产生的争议。刚入职的大学生可能因对工伤认定程序、赔偿标准等不熟悉，而与用人单位发生争议。

具体表现举例：

（1）用人单位未及时为劳动者申请工伤认定，导致劳动者无法享受工伤待遇。

（2）用人单位拒绝支付工伤赔偿，或支付的赔偿金额低于法定标准。

（3）劳动者对工伤认定结果有异议，认为用人单位未如实申报工伤情况。

2. 相关法律依据

（1）《工伤保险条例》第 14 条规定，职工有下列情形之一的，应当认定为工伤：

①在工作时间和工作场所内，因工作原因受到事故伤害的；

②工作时间前后在工作场所内，从事与工作有关的预备性或者收尾性工作受到事故伤害的；

③在工作时间和工作场所内，因履行工作职责受到暴力等意外伤害的；

④患职业病的；

⑤因工外出期间，由于工作原因受到伤害或者发生事故下落不明的；

⑥在上下班途中，受到非本人主要责任的交通事故或者城市轨道交通、客运轮渡、火车事故伤害的；

⑦法律、行政法规规定应当认定为工伤的其他情形。

（2）《工伤保险条例》第 30 条规定，职工因工作遭受事故伤害或者患职业病进行治疗，享受工伤医疗待遇。

（3）《工伤保险条例》第 33 条规定，职工因工作遭受事故伤害或者患职业病需要暂停工作接受工伤医疗的，在停工留薪期内，原工资福利待遇不变，由所在单位按月支付。停工留薪期一般不超过 12 个月。伤情严重或者情况特殊，经设区的市级劳动能力鉴定委员会确认，可以适当延长，但延长不得超过 12 个月。

（4）《工伤保险条例》第 35 条规定，职工因工致残被鉴定为一级至四级伤残的，保留劳动关系，退出工作岗位，享受以下待遇：从工伤保险基金按伤残等级支付一次性伤残补助金（具体标准参与该条例）；从工伤保险基金按月支付伤残津贴（具体标准参与该条例）；工伤职工达到退休年龄并办理退休手续后，停发伤残津贴，按照国家有关规定享受基本养老保险待遇。基本养老保险待遇低于伤残津贴的，由工伤保险基金补足差额。

《工伤保险条例》第 36 条规定了职工因工致残被鉴定为五级、六级伤残享受的待遇，第 37 条规定了职工因工致残被鉴定为七级至十级伤残享受的待遇。

3. 维权应对建议

（1）劳动者在工作中受伤后，应立即向用人单位报告，并要求用人单位在 30 日内向劳动保障行政部门申请工伤认定。如果用人单位拒绝申请，劳动者或其近亲属、工会组织可以在事故发生之日起一年内直接申请工伤认定。

（2）劳动者应保留工伤诊断证明、医疗费用单据、工伤认定书等相关证据，以备后续申请工伤赔偿时使用。

（3）如果用人单位拒绝支付工伤赔偿，劳动者可以向劳动监察部门投诉，或者向劳动争议仲裁委员会申请仲裁，要求用人单位支付工伤医疗费、伤残津贴、一次性伤残补助金等费用。

（七）其他纠纷

1. 纠纷描述

除上述常见类型外，劳动争议还可能涉及职业培训、竞业限制、劳动保护等多个方面。刚入职的大学生应了解这些权益，避免因不熟悉法律规定而遭受损失。

具体表现举例：

（1）用人单位未为劳动者提供必要的职业培训，导致劳动者无法胜任工作。

（2）用人单位与劳动者签订竞业限制协议，但未支付竞业限制补偿金。

（3）用人单位未提供符合国家规定的劳动保护用品，导致劳动者在工作中受伤。

2. 相关法律依据

（1）《劳动法》第 68 条规定，用人单位应当建立职业培训制度，按照国家规定提取和使用职业培训经费，根据本单位实际，有计划地对劳动者进行职业培训。

（2）《劳动合同法》第 23 条规定，用人单位与劳动者可以在劳动合同中约定保守用人单位的商业秘密和与知识产权相关的保密事项。对负有保密义务的劳动者，用人单位可以在劳动合同或者保密协议中与劳动者约定竞业限制条款，并约定在解除或者终止劳动合同后，在竞业限制期限内按月给予劳动者经济补偿。

（3）《劳动法》第 54 条规定，用人单位必须为劳动者提供符合国家规定的劳动安全卫生条件和必要的劳动防护用品，对从事有职业危害作业的劳动者应当定期进行健康检查。

3. 维权应对建议

（1）劳动者应了解职业培训、竞业限制、劳动保护的相关规定，要求用人单位履行相应义务。

（2）如果用人单位未履行义务，劳动者可以向劳动监察部门投诉，或者向劳动争议仲裁委员会申请仲裁，要求用人单位提供职业培训、支付竞业限制补偿金、提供劳动保护用品等。

三、劳动争议的法律保护

（一）劳动争议的维权途径

1. 协商解决

协商是解决劳动争议的首要方式。劳动者与用人单位可以通过平等协商，达成和解协议。协商过程中，劳动者应明确自身权益，提出合理诉求。如果协商未果，可以寻求其他途径解决。

（1）劳动者应主动与用人单位的相关部门（如人力资源部门）沟通，表达自己的诉求和理由。

（2）双方可以签订书面和解协议，明确各自的权利义务，避免后续纠纷。

2. 向劳动监察部门投诉

劳动者在权益受损时，可以向劳动监察部门投诉。劳动监察部门将对用人单位进行调查，责令其改正违法行为，并给予行政处罚。例如，劳动者发现公司未缴纳社会保险，可以通过向劳动监察部门投诉要求公司补缴。

（1）劳动者应准备相关证据，如劳动合同、工资条、考勤记录等，向劳动监察部门提交投诉材料。

（2）劳动监察部门应在规定时间内进行调查，并根据调查结果对用人单位进行处理。

知识拓展

劳动监察

劳动监察是指劳动行政部门依法对用人单位遵守劳动法律法规情况进行监督检查的活动。劳动监察的主要作用是预防和纠正用人单位的违法行为，保障劳动者的合法权益。通过定期或不定期的检查，劳动监察部门可以及时发现用人单位存在的问题，并责令其改正。例如，劳动监察部门可以对用人单位的工资支付、工作时间、劳动保护等情况进行检查，确保用人单位的行为符合法律规定。

3. 劳动争议仲裁

劳动争议仲裁是解决劳动争议的重要途径。劳动者可以向劳动争议仲裁委员会申请仲裁，仲裁委员会将依法审理案件，作出裁决。仲裁裁决具有法律效力，双方当事人应当履行。

（1）劳动者应在劳动争议发生之日起一年内向劳动争议仲裁委员会提交仲裁申请。

（2）仲裁委员会会在受理申请后的 60 日内作出裁决。劳动者应准备好相关证据，参加仲裁庭审。

知识拓展

劳动仲裁

劳动仲裁的裁决具有法律效力，双方当事人应当履行。如果用人单位或劳动者对仲裁裁决不服，可以在规定期限内向人民法院提起诉讼。例如，用人单位对支付加班工资的仲裁裁决不服，可以在收到裁决书之日起 15 日内向人民法院提起诉讼。逾期不起诉的，仲裁裁决书将发生法律效力，用人单位或劳动者拒不履行的，对方可以申请人民法院强制执行。

4. 诉讼

如果劳动者对仲裁结果不服，可以在规定期限内向人民法院提起诉讼。人民法院将依法审理案件，作出判决。劳动者在诉讼过程中应提供充分证据，证明自身权益受损。

（1）劳动者应在收到仲裁裁决书之日起 15 日内向人民法院提起诉讼。

（2）人民法院应在立案后的6个月内作出判决。劳动者应准备好相关证据，参加庭审。

知识拓展

法律援助

法律援助是指由政府设立的法律援助机构组织法律援助人员，为经济困难或特殊案件的当事人提供免费法律服务的活动。法律援助的服务内容包括法律咨询、代理诉讼、仲裁等。法律援助机构将根据劳动者的需求，指派律师或法律工作者为其提供相应的法律服务。例如，劳动者因用人单位未支付工资申请法律援助后，法律援助机构将指派律师为其提供法律咨询，帮助其了解法律程序和维权途径。如果需要，律师还可以代理劳动者向劳动争议仲裁委员会申请仲裁或向人民法院提起诉讼。

（二）劳动争议的预防与应对

1. 增强法律意识

刚入职的大学生应增强法律意识，了解《劳动法》《劳动合同法》等法律法规，明确自身权益。在求职和入职过程中，应仔细阅读劳动合同条款，了解工资支付标准、工作时间安排、社会保险缴纳等情况。

（1）劳动者可以通过阅读法律书籍、参加法律培训、咨询法律专业人士等方式，增强法律意识。

（2）在签订劳动合同时，应仔细阅读合同条款，特别是涉及自身权益的部分，如工资、加班费、社会保险等。

2. 保留证据

劳动者入职期间应保留相关证据，如劳动合同、工资条、考勤记录、工作邮件等。这些证据在维权时具有重要作用，能够帮助劳动者证明侵权行为的存在。

（1）劳动者应定期整理和保存相关证据，特别是涉及工资支付、加班时间、社会保险缴纳等方面的证据。

（2）如果发现用人单位存在违法行为，应及时收集相关证据，如录音、录像、证人证言等。

3. 及时维权

劳动者在遇到侵权行为时，应及时向劳动监察部门投诉或向劳动争议仲裁委员会申请仲裁。拖延时间可能导致证据丢失或错过维权时效，增加维权难度。

（1）劳动者应在发现问题后的第一时间采取行动，向劳动监察部门投诉或申请仲裁。

（2）劳动者应了解相关法律法规规定的时效期限，避免因超过时效而无法维权。

4. 用人单位的规范管理

用人单位应建立健全的管理制度，规范用工行为，避免因违法行为而面临法律风险。例如，用人单位应与劳动者签订书面劳动合同，按时足额支付工资，缴纳社会保险等。

(1) 用人单位应定期对内部管理制度进行审查，确保符合法律法规的要求。

(2) 用人单位应加强对人力资源管理人员的培训，增强其法律意识和管理水平。

技能训练

劳动争议处理模拟

训练 1：劳动争议案例分析

(1) 问题：设计并提供几个关于劳动纠纷的案例。

(2) 任务：要求学生分析纠纷产生的原因，判断该案例属于哪种劳动争议类型，提出解决该纠纷的途径，并讨论：如何预防纠纷的发生；劳动者在遇到此类纠纷时，应如何收集证据以维护自己的权益。

(3) 目标：帮助学生熟悉劳动争议的主要类型，掌握劳动争议的法律保护途径。

训练 2：劳动仲裁申请书撰写

(1) 问题：设计一场劳动仲裁争议。

(2) 任务：要求学生撰写一份劳动仲裁申请书，内容包括申请人和被申请人的基本信息、仲裁请求、事实与理由以及相关证据清单。

(3) 目标：培养学生运用法律知识解决实际问题的能力，提高法律文书撰写水平。

训练 3：劳动争议预防措施制定

(1) 问题：模拟一家用人单位工会讨论制定劳动争议预防措施。

(2) 任务：让学生分组讨论，制定一份劳动争议预防措施清单，内容包括企业应如何规范用工行为以及劳动者应如何维护自身权益。

(3) 目标：引导学生从企业和劳动者两个角度思考劳动争议的预防，增强法律意识和维权意识。

单元三　违约责任与维权方式

大学生就业过程中，违约现象仍然时有发生。无论是用人单位的招聘陷阱、实习期与试用期的纠纷，还是毕业生因个人原因导致的违约，这些情况都可能对个人的职业发展造成不利影响。明确违约责任的定义、了解大学生就业过程中常见的违约情形，以及掌握有效的维权方式，是每一位大学生在求职和就业过程中必须具备的能力。

一、违约责任与劳动维权概述

（一）违约责任的定义

违约责任是指当事人一方不履行合同义务或履行合同义务不符合约定时，应当承担的法律责任。在劳动关系中，用人单位或劳动者违反劳动合同约定，需承担相应的违约责任。例如，用人单位未按约定支付工资、未缴纳社会保险，或劳动者违反竞业限制协议等行为，都属于违约行为。

（二）劳动维权的定义

劳动维权是指劳动者通过合法途径维护自身劳动权益的行为。劳动者在权益受损时，可以通过协商、投诉、仲裁或诉讼等方式，要求用人单位履行义务或承担法律责任。劳动维权的目的是确保劳动者的合法权益得到保护，促进劳动关系的和谐稳定。

《劳动法》第十章专门对劳动争议进行了规定，其中第 77 条规定，用人单位与劳动者发生劳动争议，当事人可以依法申请调解、仲裁、提起诉讼，也可以协商解决。《劳动合同法》第 77 条规定，劳动者合法权益受到侵害的，有权要求有关部门依法处理，或者依法申请仲裁、提起诉讼；第 78 条规定，劳动者申请仲裁、提起诉讼的，工会依法给予支持和帮助。

（三）违约责任与劳动维权的关系

违约责任与劳动维权密切相关。违约责任是劳动维权的重要依据之一。当用人单位或劳动者违反劳动合同约定时，受损方可以通过追究违约责任来维护自身权益。劳动维权不仅是维护劳动者合法权益的重要手段，也是促进用人单位规范用工行为的重要保障。

（1）违约责任是劳动维权的法律依据：劳动者在权益受损时，可以通过追究用人单位的违约责任，要求其履行合同义务或承担赔偿责任。

（2）劳动维权是实现违约责任的重要途径：劳动者可以通过协商、投诉、仲裁或诉讼等方式，要求用人单位承担违约责任，维护自身合法权益。

（3）两者共同促进劳动关系的和谐稳定：通过明确违约责任和提供劳动维权途径，可以有效减少劳动争议的发生，促进劳动关系的和谐稳定。

生涯故事

就业协议书的“变脸”陷阱

小王与一家公司签订了就业协议书，约定毕业后入职该公司，担任市场营销专员，月薪6 000元。毕业后，小王发现公司提供的岗位与协议不符，拒绝入职。公司要求小王支付违约金，双方因此产生纠纷。

简析

劳动者应积极运用法律手段维权，同时注重事前防范（如签订协议、留存证据），以维护自身职业发展的公平环境。

知识拓展

就业协议书（三方协议）是《全国普通高等学校毕业生就业协议书》的简称，根据教育部教学司函［2023］1号文件要求，2024届起新版协议将统一命名为《高校毕业生就业协议书》，它是明确毕业生、用人单位和学校三方在毕业生就业工作中的权利和义务的书面表现形式，如果不签署三方协议，毕业后档案默认被学校派遣回原籍（生源地）。

就业协议书（三方协议）在毕业生到单位报到、用人单位正式接收后自行终止。应届大学毕业生需注意从就业协议到劳动合同的无缝衔接，入职后及时签署劳动合同（建议入职当天签署劳动合同）。

（四）试用期纠纷

试用期纠纷是指劳动者在试用期内与用人单位之间因试用期期限、工资待遇、解除条件等问题产生的争议。常见的试用期纠纷包括：

（1）试用期过长：用人单位约定的试用期超过法定期限。

（2）试用期工资过低：用人单位支付的试用期工资低于法定标准。

（3）试用期内无理辞退：用人单位在试用期内无正当理由辞退劳动者，或未提供充分证据证明劳动者不符合录用条件。

生涯故事

试用期的"廉价陷阱"

小赵入职一家公司，双方约定试用期为 6 个月，试用期工资为正式工资的 60%。试用期结束后，公司以"表现不佳"为由解雇了小赵，并且未支付足额工资。小赵多次与公司沟通未果，遂向劳动争议仲裁委员会申请仲裁。

简析

本案中公司存在试用期长度违法、工资标准违法、违法解除劳动合同、拖欠工资等多重侵权行为。小赵通过劳动仲裁可主张补发工资、赔偿金等权益。劳动者需在入职时明确合同条款，留存证据，遇侵权时果断运用法律武器维护自身利益，同时推动企业规范用工行为。

（五）劳动合同纠纷

劳动合同纠纷是指劳动者与用人单位在劳动合同的订立、履行、变更、解除或终止过程中产生的争议。常见的劳动合同纠纷包括：

（1）未签订劳动合同：用人单位未与劳动者签订书面劳动合同，导致劳动者权益受损。

（2）合同条款不合理：劳动合同中的条款不合理，如工资低于法定标准、加班无加班费、未缴纳社会保险等。

（3）合同变更未协商一致：用人单位单方面变更劳动合同内容，未与劳动者协商一致。

生涯故事

"裸奔"的劳动关系

小陈入职一家公司后，公司未与其签订书面劳动合同，也未为其缴纳社会保险。工作 3 个月后，小陈要求公司补签劳动合同并补缴社会保险，公司拒绝。小陈遂向劳动监察部门投诉，要求公司支付双倍工资并补缴社会保险。

简析

本案中公司未签劳动合同、未缴社保的行为严重违反《劳动合同法》和《社会保险法》。小陈通过向劳动监察部门投诉可高效主张双倍工资与社保补缴，若企业拒不执行，还可通过仲裁或诉讼进一步追责。此案警示劳动者需警惕企业“口头用工”陷阱，同时推动企业依法规范用工，避免因小失大。

（六）毕业生违约

毕业生违约是指大学生在就业过程中因自身原因违反就业协议或劳动合同的行为。常见的毕业生违约情形包括：

（1）拒绝入职：毕业生因个人原因拒绝入职，用人单位可要求其承担违约责任。

（2）违反竞业限制协议：毕业生在离职后违反竞业限制协议，从事与原单位竞争的业务。

（3）提前离职：毕业生在合同未到期时提前离职，用人单位可要求其支付违约金。

生涯故事

被违约金“绑定”的小刘

小刘与一家公司签订了就业协议书，约定毕业后入职该公司，担任技术岗位。毕业后，小刘因个人原因拒绝入职，公司要求其支付违约金。小刘认为公司未明确告知违约责任，拒绝支付违约金，双方因此产生纠纷。

简析

本案核心在于就业协议书中违约金条款的效力与合理性认定。若条款合法有效且公司能证明实际损失，小刘需承担违约责任；若条款存在瑕疵或违约金过高，小刘可通过法律途径主张调整或免除。此案警示求职者需谨慎签约，企业则应规范协议内容，避免法律风险。

三、大学生就业常见违约情形的维权

（一）招聘陷阱的维权

1. 识别招聘陷阱

（1）虚假职位描述：仔细阅读招聘广告，了解职位要求、工作内容、薪资待遇等信息。如果发现职位描述过于模糊或夸大，应提高警惕。

（2）收取不合理费用：用人单位要求交纳培训费、押金、保证金等费用，应要求其提供合法的收费依据。如果费用不合理或无合法依据，应拒绝交纳。

（3）涉嫌非法传销：如果发现用人单位要求参与销售活动或发展下线，应立即停止应聘，并向劳动监察部门或公安机关举报。

2. 维权途径

（1）向劳动监察部门投诉：如果遇到招聘陷阱，可以向当地劳动监察部门投诉，要求其对用人单位进行调查处理。

（2）向公安机关报案：如果发现用人单位涉嫌非法传销或其他违法犯罪行为，应及时向公安机关报案，维护自身合法权益。

知识拓展

招聘欺诈典型案例

人力资源社会保障部、中央网信办、教育部2025年5月联合发布招聘欺诈典型案例，揭示不法分子的惯用手法和话术套路。

识破“黑职介”：诈骗团伙成立专门公司，以能帮助获取央国企及党政事业单位招工、招干为名，通过制作虚假劳动合同、就业协议，并与学校兼职老师串通，虚拟组织考试、提供岗前培训等，对求职者实施诈骗。通过中介机构求职应首先核验其合法证照，对其发布的招聘岗位可通过官网、官微等多种渠道查询核实。

辨明虚假招聘：不法分子通过社交平台账号发布“××集团急招几万人，不限专业，报名就能进”“急招4万大学生入编”等信息，故意夸大招聘人数、薪酬福利等，同时以不限专业学历、不用笔试等吸引眼球，故意编造虚假招聘信息，达到引流牟利等非法目的。求职者要警惕“话术引流”，切勿轻听轻信。

严防“招转培”：求职者参加求职招聘活动要警惕中介机构以招聘为名变相招生，被坑骗培训费。如就业权益受到侵害，请保存相关证据，及时向当地人社部门投诉反映。如遇求职诈骗或个人财物、人身安全受到侵害，立即向公安机关报警。

远离“招转贷”：在求职者通过面试后，诱导求职者签订相关合作协议、租赁合同、运输承包合同等，向求职者收取高额设备租赁费，诱导无支付能力的应聘人员签订贷款协议。求职者对以各种理由要求租用、购买各类工作设备或交钱、贷款才能够安排岗位的，应果断拒绝，以免上当受骗。

抵制违规收费：对于将先交费作为条件的招聘或入职前收取保证金、办证费、服装费、资料费等都需要谨慎对待，核实有无收费的法律依据。如交费一定要求出具正规发票并加盖单位公章，为可能发生的纠纷维权保留证据。

打破就业歧视：对于招聘过程中发现的性别、户籍、地域、民族等形式就业歧视，可及时向当地人社部门投诉反映。

拒绝“毒馅饼”：不法分子通过注册公司、入驻写字楼等方式包装成正式公司，或在网络平台精准投放兼职刷单、网络客服等招聘广告，利用时间灵活、高额回报等话术层层设局，诱骗求职心切的被害人成为赌博、传销、诈骗等的“工具人”。求职者对“活少钱多”“躺平稳赚”等“好事”要提高警惕。

防范信息泄露：对于点击进入链接后要求加QQ、微信等方式进一步“单聊”“详谈”及下载App等，求职者应高度警惕，不要轻易泄露银行卡、网银等密码信息。

（二）实习期间纠纷的维权

1. 明确实习协议内容

实习期纠纷往往源于实习协议内容不明确或未签订实习协议。刚入职的大学生应确保在实习协议中明确以下内容：

（1）实习期限：明确实习的起止日期，避免实习单位随意延长实习期限。

（2）实习报酬：明确实习报酬的支付标准和支付时间，确保实习报酬不低于当地最低工资标准。

（3）工作内容：明确实习岗位和工作职责，避免实习单位随意变更工作内容或安排与实习岗位无关的工作。

（4）工作时间：明确实习期间的工作时间安排，确保实习单位遵守劳动法律法规，不安排过度加班。

（5）实习终止条件：明确实习终止的条件和程序，确保双方权益。

2. 维权途径

大学生实习期间，与用人单位不存在正式的劳动关系，实习期争议不属于劳动争议范畴，不适用劳动法律法规的规定，劳动仲裁一般也不受理，但可通过其他途径进行投诉和维权。如果实习单位违反实习协议，实习生可以通过以下途径维权：

（1）协商解决：首先与实习单位的相关部门（如人力资源部门）沟通，表达自己的诉求和理由，争取达成和解。

（2）向学校反映：如果实习生是通过学校安排的实习，可以向学校反映情况，请求学校介入协调。

（3）向上级单位反映：向实习单位的主管部门或相关行业监管机构进行投诉

（4）向劳动监察部门投诉：如果协商未果，可以向当地劳动监察部门投诉，要求其对实习单位进行调查处理。

（5）寻求法律援助：通过法律途径追究实习单位的责任。

（6）其他途径：实习生还可以通过媒体曝光不公平待遇，引起社会关注和舆论压力，促使实习单位改正不当行为。

（三）就业协议书（三方协议）纠纷的维权

1. 了解就业协议书的功能及法律性质

《全国普通高等学校毕业生就业协议书》不同于劳动合同，二者在法律性质上存在着根本差异，见表6-1。就业协议书属于民事合同范畴，其纠纷解决主要适用《中华人民共和国民法典》合同编相关规定。

表 6-1　法律性质差异

术语	签约主体	法律效力阶段	主要功能
就业协议书	学生＋用人单位＋学校	签约后至劳动合同订立前	确立就业意向/档案派遣
劳动合同	劳动者＋用人单位	实际用工开始	确立劳动关系/明确权利义务

知识拓展

《民法典》和《劳动法》

《民法典》和《劳动法》是两部独立的法律体系，它们在调整对象、立法目的、原则和内容、法律规范特点等方面均存在显著差异。

《民法典》遵循自愿、公平、诚实信用等原则，强调民事主体在民事活动中的自主性和诚信性。这些原则体现了民法对民事主体权利的保护和对民事活动的规范。

《劳动法》遵循倾斜保护原则，即在劳动者与用人单位之间发生利益冲突时，法律更倾向于保护劳动者的权益。这是因为劳动者在劳动关系中往往处于弱势地位，需要法律的特别关照。

2. 掌握就业协议书的签订规范

规范的就业协议（三方协议）应当包含以下核心条款：

（1）工作岗位和职责：明确入职后的岗位名称和主要工作职责，避免用人单位随意变更岗位。

（2）薪资待遇：明确工资标准、支付方式和支付时间，确保薪资待遇符合法律规定。

（3）工作地点：明确工作地点，避免用人单位随意变更工作地点。

（4）违约责任：明确双方的违约责任，包括违约金的金额和支付方式。

（5）特殊约定条款：

1）升学/考公等特殊情况的解约条件。

2）协议变更的书面要求（如“任何修改需三方书面确认”）。

3）争议解决方式（约定管辖法院或仲裁机构）。

3. 维权途径

如果用人单位违反就业协议，大学生可以通过以下途径维权：

（1）协商解决：与用人单位协商，要求其履行协议或赔偿损失。

（2）向学校反映：如果就业协议是通过学校签订的，可以向学校反映情况，请求学校介入协调。

（3）向行政部门反映：向企业所在地主管部门申请行政调解。

（4）民事诉讼：可向企业所在地或合同履行地管辖法院提起诉讼，要求继续履行或者解除协议，并加以赔偿损失。

(5) 申请劳动仲裁：如果协商未果，且学生已经实际到岗工作，争议升级为劳动关系争议，可以向用人单位所在地劳动争议仲裁委员会申请仲裁，要求用人单位履行协议或支付赔偿金。

生涯故事

被“调岗”的应届毕业生

某高校毕业生小李与A公司签订就业协议书后，公司单方将工作地点从“上海”变更为“石家庄”。小李采取以下措施来维护自身权益：

1. 收集就业协议约定工作地点及公司单方变更工作地点的书面证据；

2. 寻求学校帮助调解，与用人单位进行协商，明确表达自己的诉求，争取达成双方都能接受的解决方案，如调整工作地点、提供交通补贴等；

3. 协商不成，小李向人民法院提起诉讼，法院依据《民法典》第533条情势变更原则，判决解除协议并由公司承担缔约过失责任。

简析

本案通过司法判决明确用人单位单方变更就业协议核心条款的违法性，并创新性援引情势变更原则维护劳动者权益。该案警示企业尊重契约精神，同时为毕业生维权提供范本——强化证据意识、善用民事法律工具，可有效应对就业市场中的强势方侵权行为。

(四) 试用期纠纷的维权

1. 了解试用期及法律规定

试用期是用人单位与劳动者相互了解和考察的期限，但试用期的期限、工资待遇等应符合法律规定：

(1) 试用期期限：劳动合同期限三个月以上不满一年的，试用期不得超过一个月；劳动合同期限一年以上不满三年的，试用期不得超过二个月；三年以上固定期限和无固定期限的劳动合同，试用期不得超过六个月。

(2) 试用期工资：试用期工资不得低于本单位相同岗位最低档工资或者劳动合同约定工资的80%，并不得低于用人单位所在地的最低工资标准。

(3) 录用条件：用人单位应明确告知劳动者试用期的录用条件，并提供考核标准。

2. 维权途径

如果用人单位违反试用期规定，劳动者可以通过以下途径维权：

(1) 协商解决：与用人单位协商，要求其支付应得的试用期工资或解除劳动合同。

（2）向劳动监察部门投诉：如果用人单位未支付试用期工资或违法解除劳动合同，可以向劳动监察部门投诉，要求其对用人单位进行调查处理。

（3）申请劳动仲裁：如果协商未果，可以向劳动争议仲裁委员会申请仲裁，要求用人单位支付试用期工资、加班费或赔偿金。

生涯故事

小杨的工资维权之路

小杨入职一家公司，双方约定试用期为3个月，试用期工资为正式工资的60%。试用期结束，公司以不符合录用条件为由辞退了小杨，并且未支付足额试用期工资。小杨向劳动争议仲裁委员会申请仲裁，仲裁委员会认定公司未支付试用期工资的行为违法，责令公司支付小杨应得的试用期工资及赔偿金。

简析

本案中公司因试用期工资违法、拖欠工资及可能违法解除劳动合同，最终承担补发工资、赔偿金等责任。劳动者需在入职时审阅合同条款，留存证据，遇侵权时及时维权。企业则需合规经营，避免因小失大。

需要注意，一旦试用期结束，用人单位及劳动者双方就进入正式的劳动关系阶段，此时再以不符合录用条件为由解除劳动合同，就属于违法解除。

（五）劳动合同纠纷的维权

1. 签订规范的劳动合同

（1）劳动合同是劳动者与用人单位确立劳动关系、明确双方权利和义务的协议，也是劳动者与用人单位之间权利义务的法律依据。建立劳动关系，应当订立书面劳动合同。

（2）劳动合同应当具备以下条款：用人单位的名称、住所和法定代表人或者主要负责人；劳动者的姓名、住址和居民身份证或者其他有效身份证件号码；劳动合同期限；工作内容和工作地点；工作时间和休息休假；劳动报酬；社会保险；劳动保护、劳动条件和职业危害防护等。

（3）已建立劳动关系，未同时订立书面劳动合同的，应当自用工之日起一个月内订立书面劳动合同。用人单位自用工之日起超过一个月不满一年未与劳动者订立书面劳动合同的，应当向劳动者每月支付两倍的工资。

2. 维权途径

如果用人单位违反劳动合同，劳动者可以通过以下途径维权：

（1）协商解决：与用人单位协商，要求其履行合同义务或支付赔偿金。

（2）向劳动监察部门投诉：如果用人单位未支付工资、未缴纳社会保险或违法解除劳动合同，可以向劳动监察部门投诉，要求其对用人单位进行调查处理。

（3）申请劳动仲裁：如果协商未果，可以向劳动争议仲裁委员会申请仲裁，要求用人单位履行合同义务或支付赔偿金。

（4）提起诉讼：如果对仲裁结果不服，可以在规定期限内向人民法院提起诉讼，维护自身合法权益。

生涯故事

小陈的工资与社保维权全记录

小陈入职一家公司后，公司未与其签订书面劳动合同，也未为其缴纳社会保险。工作3个月后，小陈要求公司补签劳动合同并补缴社会保险，公司拒绝。小陈多次与公司沟通未果，遂向劳动监察部门投诉，要求公司支付双倍工资并补缴社会保险。

小陈向劳动监察部门投诉后，劳动监察部门对该公司进行了调查，发现公司确实存在未签订劳动合同和未缴纳社会保险的违法行为。劳动监察部门责令公司补签劳动合同，并为小陈补缴社会保险。

小陈同时向劳动争议仲裁委员会申请仲裁，要求公司支付双倍工资。仲裁委员会经审理，认定公司未签订劳动合同的行为违法，责令公司支付小陈双倍工资。

在仲裁过程中，小陈因经济困难无法聘请律师，遂向法律援助机构申请法律援助。法律援助机构指派律师为小陈提供免费法律服务，帮助其维护合法权益。

小陈最终获得了应得的双倍工资，并成功补缴了社会保险。公司因未签订劳动合同和未缴纳社会保险的行为，被劳动监察部门处以罚款，并被责令对相关责任人进行培训，确保今后不再发生类似行为。

简析

小陈通过劳动监察、仲裁与法律援助的联动，全面维护了劳动者自身的合法权益，也为劳动者提供了“证据留存＋行政投诉＋司法救济”的维权范本。

本案中，劳动监察和劳动仲裁是两种不同但相互补充的劳动争议解决机制，各自适用于不同的情况和需求。用人单位存在明显的违法行为，如不签订劳动合同、不缴纳社保等，适用于劳动监察处理；因订立、履行劳动合同发生的争议，以及因劳动报酬、工伤医疗费、经济补偿等发生的争议适用于劳动仲裁解决。

（六）毕业生违约的维权

1. 拒绝入职的违约责任

毕业生拒绝入职是指在签订就业协议或劳动合同后，因个人原因未按约定时间入职的行为。这种行为可能构成违约，用人单位有权要求毕业生承担违约责任。

2. 违反竞业限制协议的违约责任

竞业限制是指劳动者在离职后一定期限内，不得从事与原单位竞争的业务。违反竞业限制协议的行为可能构成违约，用人单位有权要求劳动者支付违约金。

用人单位与劳动者可以在劳动合同中约定保守用人单位的商业秘密和与知识产权相关的保密事项。对负有保密义务的劳动者，用人单位可以在劳动合同或者保密协议中与劳动者约定竞业限制条款，并约定在解除或者终止劳动合同后，在竞业限制期限内按月给予劳动者经济补偿。劳动者违反竞业限制约定的，应当按照约定向用人单位支付违约金。用人单位应按约定支付竞业限制经济补偿，否则劳动者有权解除竞业限制协议。

生涯故事

小张的“跳槽”风波

小张在一家科技公司工作，离职时与公司签订了竞业限制协议，约定离职后两年内不得从事与公司竞争的业务。离职后，小张加入了一家竞争对手公司，公司发现后要求其支付违约金。小张认为竞业限制协议不合理，拒绝支付违约金，双方因此产生纠纷。

简析

小张需要甄别竞业限制的合理性，竞业限制协议应合理设定限制期限和范围，避免对劳动者的职业发展造成过度限制。若协议约定的竞业限制期限超过 2 年，根据法律规定，超出部分应认定为无效。若公司未按照约定支付经济补偿，或补偿标准明显低于劳动者因履行竞业限制义务所遭受的损失，协议也可能被认定为不合理。

3. 提前离职的违约责任

提前离职是指劳动者在合同期限未满时单方面解除劳动合同的行为。这种行为可能构成违约，用人单位有权要求劳动者支付违约金。

劳动者提前 30 日以书面形式通知用人单位，可以解除劳动合同。劳动者在试用期内提前 3 日通知用人单位，可以解除劳动合同。

用人单位为劳动者提供专项培训费用，对其进行专业技术培训的，可以与该劳动者订立协议，约定服务期。劳动者违反服务期约定的，应当按照约定向用人单位支付违约金。违约金的数额不得超过用人单位提供的培训费用。用人单位要求劳动者支付的违约金不得超过服务期尚未履行部分所应分摊的培训费用。

生涯故事

离职违约金之争

小李与一家公司签订了为期三年的劳动合同，工作一年后因个人原因提出离职。公司要求其支付违约金，小李认为公司未提供足够的培训机会，拒绝支付违约金，双方因此产生纠纷。

简析

小李需要履行提前通知的义务，提前30日以书面形式通知公司，说明离职意愿和预计离职日期，并保留好相关证据。离职前，小李需要完成工作交接，确保不影响公司的正常运营。同时，小李需要明确，劳动者违反服务期约定的，应当按照约定向用人单位支付违约金，但违约金的数额不得超过用人单位提供的培训费用。

知识拓展

当不方便采用其他维权方式时，可以尝试通过电话或信件等渠道反映问题。

拨打投诉电话时，应提供明确的被投诉人、投诉请求、事实和理由等相关信息，便于相关部门更好处理。

相关投诉举报电话：

12345 政务服务便民热线，解决各类咨询、求助、投诉、举报和意见建议等。

12348 法律援助中心热线，解答法律咨询，指导和接受法律援助申请。

12333 全国人力资源和社会保障服务电话，处理就业、社保、劳动关系问题。

12338 妇女维权公益服务热线，为妇女提供法律等方面咨询，受理有关投诉。

12377 中央网信办违法和不良信息举报中心热线，举报非法信息。

12388 全国纪检监察机关统一举报电话，受理对党员和国家公务员违纪行为的投诉。

技能训练

违约责任与维权模拟

训练 1：违约案例分析与讨论

（1）问题：提供一个关于招聘、就业期间纠纷的案例（如招聘陷阱、试用期纠纷等）。

（2）任务：要求学生分析该案例，厘清涉及的违约责任问题，判断用人单位和毕业生（实习生）分别存在哪些违约行为，提出相应的维权措施，并讨论哪些问题是可以预先避免的。

（3）目标：帮助学生理解违约责任与劳动维权的概念，掌握大学生就业常见违约情形的维权方法。

训练 2：就业协议书审核与修改

（1）任务：设计并提供存在不同缺陷及问题的就业协议书样本。

（2）要求：学生结合教材内容，审核该协议书中的条款，找出可能存在的问题，并提出修改建议。

（3）目标：培养学生对就业协议书的审核能力，增强法律意识和风险防范意识。

训练 3：维权策略制定

（1）问题及任务：让学生分组讨论并制定一份针对大学生就业常见违约情形的维权策略，内容包括常见不同违约情形下的维权步骤、所需证据以及可能面临的法律风险。

（2）目标：引导学生将理论知识与实际问题相结合，提高解决问题的能力。

明德强技

就业权益保护的实践与思想政治教育相融合

青年是国家的未来和民族的希望，要引导青年树立正确的价值观和职业观。立足新的历史进程，我们必须深刻把握大学生成长发展的时代背景和现实需求，切实推进思想政治教育。当前形势下，我们要充分做好高校学生就业思想政治教育工作，特别是做好毕业生就业思想政治教育工作。

思想政治教育是高校落实立德树人根本任务的核心环节，高校教育要培养大学生扎实的专业知识和技能，同时，还要结合思想政治教育，深化大学生的就业认知，引导大学生树立正确的就业观、职业观和法治意识，帮助大学生“明德强技”，在择业就业过程中增强认知度、实现自我提升，为未来的职业生涯发展提供助力、奠定基础。

就业权益保护与职业保障是高校毕业生顺利就业和稳定发展的重要保障，本模块侧重于就业权益及法律法规的分析，思政教育着重于塑造大学生健全的人格和完善的认知，两者有机结合，能够帮助毕业生掌握就业权益保护和职业保障的相关知识，促进高质量就业，还能增强大学生法治意识和社会责任感，树立正确的人生观、价值观。

高校毕业生是国家宝贵的人才资源，是当前保就业稳就业的重点群体，更是以中国式现代化全面推进中华民族伟大复兴的生力军，要不断锤炼自身本领，将个人发展与国家需求紧密结合。高校教育也应在立德树人的基础上帮助大学生树立理性的择业观，为国家培育出思想与能力兼优的新时代人才。

综合技能训练

就业权益保护与职业保障的综合应用

训练1：案例分析与解决方案制定

（1）问题：提供一个复杂的就业权益保护与劳动维权综合案例，涉及多个单元的知识点，如求职过程中的侵权行为、劳动争议纠纷以及违约责任问题。（例：小赵在求职过程中遭遇了招聘陷阱，入职后发现经常超时加班，且公司未为其缴纳社会保险。）

（2）任务：要求学生分组讨论，分析案例中的问题，并制定一份详细的解决方案，内容包括问题分析、法律依据、维权步骤和预防措施。

（3）目标：综合运用教材中的知识，培养学生分析问题和解决问题的能力。

训练2：模拟劳动仲裁庭

（1）问题：结合教材中的“劳动争议的主要类型”和“劳动争议的法律保护”，设计一个劳动争议案例。

（2）任务：模拟一个劳动仲裁庭场景，安排学生分别扮演仲裁员、申请人、被申请人及其代理人等角色，进行庭审模拟。要求学生在模拟过程中严格遵循劳动仲裁程序，运用法律知识进行辩论和裁决。

（3）目标：通过模拟实践，让学生深入了解劳动仲裁程序，提高法律应用能力和沟通协调能力。

训练3：就业权益保护与劳动维权知识竞赛

（1）问题：设计一套就业权益保护与劳动维权知识竞赛题，内容涵盖教材中的重要知识点，包括就业权益的概念、劳动争议的类型、违约责任与维权方式等。

（2）任务：组织一场就业权益保护与劳动维权知识竞赛，竞赛形式可以包括必答题、抢答题、分组讨论、案例分析题等。

（3）目标：通过竞赛形式，激发学生的学习兴趣，巩固所学知识，提高综合运用能力。

模块七 职场适应与职业发展

课前思考

高校毕业生从学校步入社会，需要一个适应的过程，要实现从学生角色到职业角色的转变，必须尽快适应环境，投身社会、适应社会，这是迈向成功的第一步。那么，从学生到职场人的转变中，你认为最关键的变化是什么？另外，你认为目前适应职场所面临的最大挑战是什么？

学习目标

知识目标

- 理解职场适应的核心要素。
- 明确职业素养的内涵。
- 了解不同学历层次在职场中的差异发展路径。

能力目标

- 能够识别自身与职场角色的能力差距，并制定有针对性的提升计划。
- 能够根据个人特质和行业趋势，初步规划符合自身特点的职业发展路径。

素养目标

- 树立“终身学习、持续发展”的职业理念。
- 培养主动适应变化、勇于面对挑战的抗压能力。
- 强化责任意识、诚信意识与团队协作精神，塑造积极向上的职业价值观。

知识框架

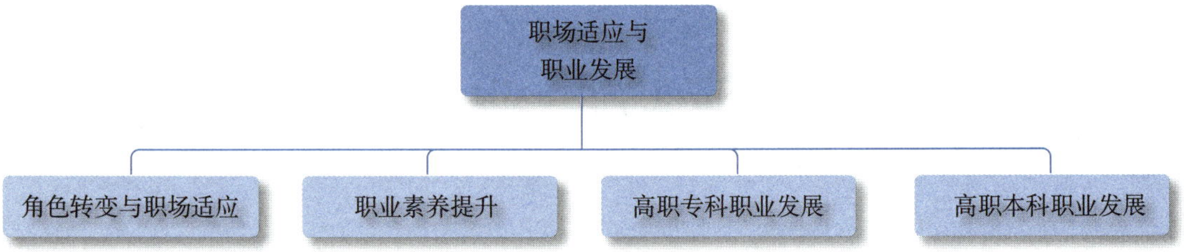

引例

从校园到职场——李同学的角色蜕变

李同学是某高职院校市场营销专业应届毕业生，怀揣着对职场的憧憬，顺利入职某电子商务企业运营助理岗位。初入职场，他就感受到了校园与职场的巨大差异。

首先是时间观念的转变。在学校，上课迟到几分钟可能只是被老师提醒；但在公司，晨会迟到会被主管当场批评，并强调“职场没有补考机会”。其次，任务执行的压力在增加。在学校时，小组作业可以分工后各自完成。但是，在进入职场后，部门策划案需要他独立负责一部分，且必须符合公司标准，反复修改让他压力倍增。另外，人与人之间的沟通方式也发生了变化。同学间可以直言不讳，但向同事请教时，他因说话过于随意被误解“缺乏职业态度”。

一次项目复盘会上，李同学因未提前检查数据导致汇报出错，经理严肃地说：“职场中，你的‘学生身份’已清零，现在是用结果说话的职业人。”这句话让他彻底醒悟。他开始主动观察同事的工作方式，学习职场沟通技巧，并利用下班时间恶补行业知识。三个月后，他不仅适应了工作节奏，还因提出创新方案获得了团队认可。

简析

李同学的经历展现了毕业生在角色转变中所面临的挑战。毕业生从学校步入社会，有一个适应过程，要实现从学生角色向职业角色的转变，必须尽快适应社会环境，投身社会、适应社会，这是迈向成功的第一步。

知识导航

单元一　角色转变与职场适应

一、大学生角色和职业角色的区别

（一）大学生角色

学生在校时期是人生中增长知识、发展智力、求学成才的关键阶段。作为高校大学生，主要任务是努力学习各种专业知识和其他方面知识，培养以专业能力为主的能力。因此，学生阶段是一个接受教育、储备知识、培养能力的重要阶段。

（二）职业角色

职业角色是指社会和职业规范对从事相应职业活动的人所形成的一种期望行为模式。职业角色的表现非常具体，但是多种多样的职业角色却有着共性：职业角色的扮演者都具有相应的职业规范；都有自己的社会职位和一定的职权；都具备一定的专业知识和业务能力；都要履行一定的义务；经济独立。

二、角色转变的内容

（一）从“被动接受”到“主动创造”

学生阶段，课程表、作业任务和考试安排构成学习生活的主要框架，大家习惯按部就班地完成既定要求。例如，学生只需按照老师布置的题目完成作业，无须过多思考作业背后的意义和目标。然而在职场中，这种被动模式难以满足岗位需求。以市场营销岗位为例，员工不能仅等待上级分配任务，而是要主动研究市场趋势，提前预判消费者需求变化，比如某快消品公司的市场专员，通过主动分析社交媒体上的热门话题，提前策划并推出契合热点的营销活动，大幅提升了产品销量，这就是主动创造价值的典型案例。

（二）从“试错容错”到“责任担当”

在校园里，试错的成本相对较低。比如期末考试没考好，可以通过补考弥补；课程作业完成得不理想，也有机会重新修改完善。但在职场中，一个小小的失误都可能引发严重后果。某建筑公司的实习生在绘制施工图纸时，因疏忽标注错一个数据，导致部分建筑材料采购错误，造成了数万元的经济损失，还延误了项目工期。这就要求职场人必须树立“结果导向”思维，对每一项交付成果都要严格把关，确保质量和准确性。

（三）从“自我中心”到“全局视角”

学生时期，个人成绩往往是关注的焦点，大家更在意自己在班级或年级中的排名。但在职场，任何工作都不是孤立存在的。在软件开发项目中，程序员不能只专注于自己负责的代码模块编写，还要考虑与前端、后端其他同事的代码如何衔接，整个软件系统如何满足用户需求和企业业务目标。只有从全局视角出发，才能保证项目顺利推进。

（四）责任范畴升级

1. 从“个人任务”到“团队协作与组织目标”

校园里，学生以独立完成作业为主。而职场中，职业人需与跨部门同事协作，甚至带领小团队，目标从“做好自己”转向“助力团队达成业绩”。

2. 从“短期目标”到“长期价值”

学生以学期为周期规划，职场需适应年度 KPI、项目周期（可能长达数月至数年），并思考如何通过持续积累提升个人职场价值（如行业经验、专业口碑）。

（五）能力要求迭代

1. 从“理论学习”到“实践落地”

校园学习以理论知识积累为主，比如学习经济学原理时，学生主要是理解各种经济模型和理论。但在职场，更需要将理论转化为实际解决方案。财务专业的毕业生，不能仅仅掌握会计准则，还要能熟练运用 Excel 进行财务数据分析、成本核算和预算编制，帮助企业进行财务管理。

2. 从“单一技能”到“复合能力”

学生阶段往往专注于专业课程学习，如计算机专业学生重点学习编程知识。但在职场中，单一技能远远不够。一名新媒体运营人员，不仅要具备文案撰写、视频剪辑等专业技能，还要有良好的沟通能力、时间管理能力、数据分析能力等。

3. 新增“职场必备技能”

商务礼仪在职场沟通中至关重要。邮件的格式、称呼、措辞都有规范要求，一封格式混乱、表述不清的邮件可能给客户或同事留下不好的印象。在问题分析方面，运用 SWOT 分析法可以帮助职场人清晰梳理项目或工作的优势、劣势、机会和威胁，比如某餐饮企业在拓展新市场时，通过 SWOT 分析，明确自身品牌优势和当地市场竞争劣势，制定出针对性的营销策略。面对工作中的突发任务和多线工作，抗压能力必不可少，如广告公司的项目负责人，在临近项目交付期时，可能同时面临客户临时提出修改需求、团队成员突发状况等问题，只有具备强大的抗压能力，才能有条不紊地推进工作。

（六）人际关系的重构

1. 从“平等同学关系”到“层级协作关系”

在学校，同学之间是平等的关系，交流互动较为随意。而在职场，存在明显的层级关系。新入职的员工需要学会向上管理，定期主动向领导汇报工作进展，遇到困难及时清晰地反馈，争取支持和指导。如果担任团队负责人，还要向下负责，帮助新员工熟悉工作流程，指导他们完成任务，促进团队整体成长。

2. 从“兴趣驱动社交”到“目标导向合作”

校园交友多基于共同的兴趣爱好，比如因为都喜欢运动、音乐而成为朋友。但在职场，人际关系的建立和维护以实现工作目标为导向。例如，企业采购人员与供应商建立良好关系，确保原材料稳定供应、价格合理，这些都是目标导向合作的体现。

（七）自我定位的重构

1. 从“被评价者”到“自我评价主导者”

学生时期，主要通过分数、老师的评价来获得认可，比如考试成绩优异会得到老师和家长的表扬。但在职场，不能一味等待他人的评价，需要主动通过工作业绩和项目成果证明自己的价值。例如，新入职的设计师，在完成一个宣传海报设计项目后，主动收集客户反馈和同事建议，分析项目中的优点和不足，不断改进自己的设计能力，逐步建立起对自己工作的客观评价体系。

2. 从“身份标签”到“职业角色”

刚毕业的大学生，往往还带着学生的身份标签，对职场的压力和挑战可能存在抵触情绪。但随着角色转变，需要建立职业身份认同。例如，从事客服工作的毕业生，要接受每天处理大量客户投诉和咨询的工作压力，将解决客户问题、提升客户满意度视为自己的职业责任，而不是抱怨工作的烦琐和辛苦。

从大学生到职业人的转变是一个复杂且充满挑战的过程，本质上是从“被保护的学习者”到“独立的价值创造者”的身份重构。这个过程并非一蹴而就，需要我们在工作中不断观察、实践和调整，逐步建立起适应职场的思维和行为模式。每一位职场人都经历过从新手到成熟的阶段，只要保持积极开放的心态，主动拥抱变化，就能顺利完成角色转变，在职场中实现个人价值与职业发展。

三、职场适应

（一）适应期的含义

适应社会是指个体在社会认知和社会生活的基础上，不断调整和改变自己的观念、态度、习惯、行为等，以适应社会的要求和变化。适应的实质，就是个体由自然人向社会人转变。毕业生对职业环境的适应，包括角色适应、生理适应、心理适应、知识技能适应和群体适应。由不适应到基本适应有个过程，心理学把这个过程叫作适应期。

（二）职场适应的含义

职场适应（Career Adaptability）是个体在职业发展过程中，面对职业环境变化、任务要求及角色转换时，通过自我调整、学习和实践，实现个人与职业环境动态平衡的能力与过程。它不仅体现个体对职业的“适应”，更强调通过主动调整实现与职业的“匹配”和“发展”。

（三）职业适应的内容

（1）心理适应：心理适应是指毕业生的大脑对职业的各种信息引起的各种心理过程，感觉、知觉、情绪、情感、意志、性格等都有一个适应过程。其中，情感上的适应更为重要。职场人士应具备面对职业压力（如业绩考核、竞争）、不确定性（如岗位调整、行业变革）时的情绪管理与心态调整能力，及时调整和矫正不良心理，以避免影响工作和个人的成才和发展。

（2）生理适应：生理适应是指毕业生对工作时间和节奏、劳动强度和紧张强度的适应，其中包括身体各感觉器官与运动器官的适应过程。不同职业的工作节奏、劳动强度和工作压力是不一样的。在从业初期，毕业生要打破原来的学习生活作息，渐渐地适应一种紧张、有序、高效的工作安排。随着时间的推移，工作的熟练程度增加，再通过科学运筹时间，注意劳逸结合等方法，生理上的“不适应”就会很快消失。

（3）社会适应：大学生进入工作岗位之后，等于加入了新的社会群体，有了新的人际关系，需要一个适应过程。

（4）能力适应：能力适应是指毕业生根据职业岗位所要求的知识和能力结构来调整改善自身现有的知识和能力结构，使其适应职业要求的过程。

知识拓展

职场适应的“三阶模型”

第一阶段：生存期（0～6个月）

职场新人面临的核心矛盾在于理想与现实的落差。在适应职场规则、工作节奏与团队协作的过程中，他们既要快速掌握基础技能以避免被淘汰，又需突破学生时代形成的被动思维定式。其成长阶段呈现出三个显著特征：在知识获取上依赖上级指令而缺乏自主性；在实践过程中享有试错空间但必须及时纠偏；在团队角色上主要承担执行类基础工作。

第二阶段：发展期（6～12 个月）

在这个阶段，职场新人在职业发展中面临的核心矛盾在于能力与期望的匹配问题，具体表现为需要通过实际行动证明自己具备独立承担岗位职责的能力，逐步成长为团队中值得信赖的成员。这一阶段要求新人主动承担小型项目或模块的主导责任，逐步实现从“会做”到“做好”的专业能力深化，并关注行业标准的提升。与此同时，跨部门协作的频率和复杂度显著增加，需要更成熟的沟通协调能力。

第三阶段：突破期（1 年以上）

在入职 1 年以上的突破期阶段，职场新人面临的主要挑战在于平衡重复性工作与创新突破之间的关系。职场新人需要从任务执行者转变为价值创造者，主动优化现有工作流程并提出创新方案，建立跨部门协作的全局视角，积极理解业务链条与公司战略，同时通过指导新人和标杆示范形成团队影响力，最终实现职位晋升或获得核心项目参与机会。

（四）职场适应的实现

大学生应从以下几个方面来积极调整心态，尽快度过毕业后的“心理断乳期”，完成职业角色的适应。

1. 充满信心，愿意改变，接受“新手期”的不完美

从学校走向社会的过程中，难免会出现一些心理上的波动。有的是因为环境陌生而感到孤独，有的是因条件艰苦而感觉失落等。这些情况都是正常的，重要的是保持心理的平衡和良好的心态，相信自己终会克服困难。

2. 主动沟通，保持开放的态度

入职初期，职场新人应主动自我介绍，并多与同事和领导沟通。同时，适当参与团队聚餐、参加非正式交流，展现出积极融入的意愿，逐步建立信任。

3. 认清自己的角色，明确具体岗位的职责与目标

大学生上岗之初，一定要充分认清自己的角色定位。与上级确认岗位的核心任务、KPI 及期望，避免因职责模糊导致工作上的失误。另外，需要记录下日常工作流程，减少因流程不熟而造成的效率低下。

4. 培养抗压与应变能力

社会的情况要比学校复杂许多。刚走上工作岗位的毕业生可能会遇到诸多问题和挑战，例如突发任务或高强度工作。在这种情况下，需要保持冷静，认真分析问题，并将任务目标拆解，得出每一步的关键点是什么，从而避免因焦虑导致效率下降。与此同时，学会通过运动、冥想等方式缓解压力，保持工作与生活的平衡。

5. 要保持持续学习的态度

大学生在学校学习期间获得了比较扎实的基础知识和专业知识，但是社会角色的适应过程是一个自我不断学习、不断完善的循序渐进的过程。初到工作岗位，自身的知识储备不一定能够应对具体的工作，知识结构也不一定合理。因此，大学生要根据职业的特点、性质、工作程序和相互关系，不断学习新知识，增强自身的知识和能力，提高工作技能和业务水平。研究数据显示，在校期间所掌握的知识，30%左右是在工作中能用得上的，70%左右属于备用的知识。尤其是当今时代，知识更新日进千里，大学毕业生必须不断更新知识，开阔视野，拓宽知识面，才能适应新的形势。

生涯故事

张明的角色转变之路

张明是某校市场营销专业的应届毕业生，凭借优异的成绩和丰富的实习经历，顺利进入一家知名快消企业担任市场专员。入职前，他信心满满，认为自己早已在实习中熟悉了职场节奏，但真正踏入工作岗位后，他才发现校园与职场的差异远超预期。

刚入职场之初，张明习惯以学生思维处理问题。在第一次团队会议上，主管让大家为一款新产品提出推广方案。张明急于表现，未经充分调研就提出了一套理想化的创意。他这一举动却被主管指出“缺乏市场数据和成本考量”。他因此而感到挫败，意识到职场更注重结果和责任，而非单纯的“灵光一现”。此外，他还发现同事间的协作方式与之前的校园小组作业截然不同：职场需要主动沟通、明确分工，而非等待他人安排。

从校园到职场的蜕变

为了适应变化，张明开始调整心态。他主动观察资深同事的工作方式，学习如何高效沟通和分解任务。每天下班前，他主动梳理工作重点，确保提交的方案兼具创意和可行性。当遇到困难时，他不再硬扛，而是及时向主管请教。三个月后，他主导的一次区域推广活动因安排细致、执行顺畅获得了团队认可。回顾这段经历，张明感慨：“职场人不仅要完成任务，更要学会对结果负责。放下‘学生心态’，才是成长的第一步。”

简析

大学生角色与职业角色的区别，本质是“准备期”与“实战期”的差异。前者是“被保护的知识温室”，后者是“市场化的能力角斗场”。理解这种区别并不是为了制造焦虑，而是帮助青年群体建立清晰的转变路径——从“储备知识”到“运用知识”，从“适应规则”到“创造价值”，最终完成从“社会学习者”到“社会建设者”的身份升级。正如管理学家彼得·德鲁克所言：“教育的目的，是让学生学会应对未知的未来”，而职业角色，正是这场“未来应对”的首次实战演练。

技能训练

假设你是某活动策划公司的员工。公司客户要求将原定于1个月后举办的发布会提前至1周内完成。请撰写1 000字应对计划，计划中需要运用时间管理四象限法对任务进行排序，同时提出缓解压力的具体方法，以及关键节点的风险预判与预案。

单元二　职业素养提升

一、职业素养的定义

职业素养是指从业者在职业活动中所表现出的综合品质和能力。它不仅包括完成岗位工作所需的专业知识与技能，更涵盖职业伦理、行为规范、责任意识、协作能力、抗压能力等软性要素，是“专业能力”与“职业品格”的有机统一。

从本质上看，职业素养是“职业人”区别于“自然人”的核心标识，它体现了个体对职业规则的认知与遵循，对职业目标的追求与担当，以及在复杂职场环境中解决问题、创造价值的综合能力。良好的职业素养既是个人在职场中获得认可、实现晋升的核心资本，也是企业衡量人才价值、构建组织竞争力的重要标准。

二、职业素养的内涵

职业素养是一个多维度的概念，主要包括以下两个核心层面。

（一）专业能力（硬素质）

1. 知识储备：构建职业能力的理论基石

知识储备不仅是对行业基础理论的掌握，更强调知识体系的系统性、前沿性与跨学科性。从业人员需要精通本领域基础理论知识，拥有专业化的知识框架。比如，会计人员需掌握会计准则、税法体系；工程师需扎实掌握力学原理、材料科学等相关专业原理。在此基础上，需实时追踪技术变革与行业趋势，确保知识体系与行业需求同步迭代，例如互联网从业者需关注AI算法、大数据应用；金融从业者需研究监管政策、数字货币发展。另外，职场人需要融合跨学科知识。现代职场中，单一领域知识难以应对复杂问题，需具备关联领域知识，形成“T型知识结构”。比如，产品经理需兼具技术逻辑、用户心理学、商业分析能力；市场营销人员需理解数据分析、法律合规等。

2. 技能水平：具备完成工作任务所需的实操能力

技能是知识转化为价值的“转换器”，涵盖通用技能与专业技能。作为底层支撑的通用技能涵盖了逻辑思维、沟通表达、文档撰写、时间管理等职场基础能力。例如，通过 PPT 清晰呈现方案，通过 Excel 进行数据整理分析。对于专业技能，则需要精准匹配，即岗位特需的专项能力，例如程序员的代码编写与调试能力、设计师的软件操作与创意实现能力、销售人员的客户谈判与需求挖掘能力。

3. 持续学习：适应行业变化，主动更新知识与技能

在技术迭代加速的背景下，持续学习成为专业能力的“保鲜剂”。因此，要具备主动学习意识。这不仅仅需要职场人摆脱被动依赖培训的心态，还需要通过行业报告、专业书籍、在线课程等渠道自主获取新知识。与此同时，掌握高效学习技巧，如目标拆解法、案例分析法、实践复盘法等，在项目中积累经验，通过“错题本”总结工作失误规律。

专业能力作为职业素养的“硬支撑”，本质上是“知识厚度×技能精度×学习速度”的乘积。只有三者协同发展，才能让从业者在面对职场挑战时具备“底数清、出手快、应变强”的核心优势，为职业发展筑牢根基。

（二）职业素养软素质

1. 职业道德与价值观

职业道德就是同人们的职业活动紧密联系的符合职业特点的道德准则、道德情操和道德品质的综合。它既是对人们在职业活动中行为的要求，又是职业对社会所负的道德责任与义务。

职业道德作为一种社会意识，是社会的、阶级的道德在职业生活中的具体体现，反映着行为的道德调节的特殊方向，又带有具体职业或行业活动的特点，是一般道德原则和道德规范的重要补充。社会生活整体的有序运行要求不同的产业、行业和职业有效合作，社会分工的日趋深入和复杂要求更高水平的协调，这就使得职业道德成为必要的道德。职业道德是与人们的职业角色和职业行为相联系的一种社会化的角色道德。职业道德协调着社会生活中人与人的关系，维持良好的社会风气。

加强职业道德建设是社会主义物质文明和精神文明建设的重要内容，是提高整体素质，建设有理想、有道德、有文化、有纪律职工队伍的内在要求，是纠正社会不正之风的重要措施之一。社会主义道德标准是人们职业行为优劣的具体标准，也是社会主义道德在职业生活中反映。它是正确处理国家、集体、个人关系的最根本的准则，也是衡量个人职业行为和职业品质的基本准则，是社会主义社会的客观要求，是社会主义职业活动获得成功的保证。

2. 社会主义职业道德的基本规范

（1）爱岗敬业。雷锋日记里记录了这样一段话：“如果你是一滴水，你是否滋润了一寸土地；如果你是一缕阳光，你是否照亮了一分黑暗；如果你是一颗螺丝钉，你是否永远坚守你的岗位。”它告诉我们，无论在什么岗位上都要发挥最大的潜能、做出最大的贡献。

要做到爱岗敬业，必须做到乐业、勤业与精业。

乐业，即发自内心地热爱自己所从事的职业和岗位，把干好工作当作最快乐的事。乐业能让人进入一种忘我的境界，与自己所从事的工作融为一体，情感、智慧、才华喷涌而出。

勤业，即忠于职守、认真负责、刻苦勤奋、不懈努力。从业人员要始终保持一种张弛有度的工作状态，保持一种昂扬向上的精神，做到“三勤”：腿勤、手勤、脑勤。

精业，就是要求从业人员对本职工作业务熟练、精益求精，使自己的技能不断提高，并且在工作中有所发明、有所创造。要做到精业，必须好学上进，不断追求高质量，不断开拓创新。

乐业、勤业与精业，三者相辅相成。乐业是前提，勤业是保证，都是一种优秀的工作态度；精业是爱岗敬业的条件，是一种执着的追求。

（2）诚实守信。诚实守信是为人处世的基本准则，是中华民族的传统美德之一，是从业人员对社会、对人民所承担的义务和职责，是人们在职业活动中人与人之间的关系的道德准则。诚实就是表里如一、说老实话、办老实事、做老实人。守信就是信守诺言、讲信誉、重信用、忠实履行自己承担的义务。诚实守信是各行各业的行为标准，也是做人做事的基本准则，是社会主义最基本的道德规范之一。按照诚实守信的要求，我们需要做到诚信无欺、讲究质量、信守合同。

（3）办事公道。公道就是公平、正义，就是“给人以应得”，或恰当地对待人和事。办事公道是对每个从业人员的基本要求，是为人民服务必不可少的条件，是提高服务质量的最起码的要求。

办事公道有助于社会文明的提高。在职业生活中公事公办，不刮“人情风”，社会风气就会良好，工作、学习和生活环境就会和谐。

（4）服务群众。服务群众就是全心全意为人民服务，一切以人民的利益为出发点和归宿。它是社会全体从业者通过互相服务促进社会发展、实现共同幸福的直接体现。服务群众是一种现实的生活方式，也是职业道德要求的一个基本内容。

（5）奉献社会。奉献社会就是积极自觉地为社会贡献。这是社会主义职业道德的本质特征。奉献社会自始至终体现在爱岗敬业、诚实守信、办事公道和服务群众的各种要求之中。奉献社会并不意味着不要个人的正当利益、不要个人的幸福；恰恰相反，一个自觉奉献社会的人才能真正找到个人幸福的支撑点。奉献和个人利益是辩证统一的。我们每个从业者都要做到只要在位一日，就在现职岗位上兢兢业业地做好本职工作。

3. 人际与情感能力

人际与情感能力（Emotional Quotient，EQ）是职业素养中隐性能力的核心构成，指个体识别、管理自身情绪并理解他人情感需求的能力。在高度协作的现代职场中，EQ决定了个体能否高效链接资源、构建信任关系并推动目标达成，其重要性甚至超越专业技能。

（1）沟通能力：沟通能力的核心要素就是要积极倾听和清晰表达。在工作中，尤其在跨部门协作中，高效沟通能减少50%以上的流程内耗。

（2）团队协作：团队协作的要求是在群体目标下，主动配合他人、共享资源并为团队成功负责。其关键表现在于角色认知、换位思考和主动补位。在工作中，我们需要明确自身在团队中的定位，理解不同岗位的利益诉求。当团队出现缺口，主动承担额外任务或推动解决方案，而非等待上级指派。斯坦福研究中心发现，团队成员的协作满意度每提高10%，项目成功率提升15%，而低协作团队的内耗成本可达项目预算的30%。

（3）同理心：设身处地理解他人感受、需求与立场的能力，是建立信任、化解冲突的核心要素。我们在职场中，要理性分析对方的处境，感受对方的情绪，给予共情回应，并基于共情采取对他人有益的行动。

（4）情绪管理：情绪管理指的是觉察、接纳自身情绪并将其引导至积极行动的能力，避免被愤怒、焦虑等负面情绪左右决策。面对突发危机时，首先要平复情绪，然后进行理性分析。被同事误解或攻击时，克制“反击冲动”，选择“事实陈述+需求表达”的方式进行处理。

如果说职业道德是职场的“方向盘”，决定方向的正确性，那么人际与情感能力就是“发动机”，决定行驶的动力与持续性。在AI替代率飙升的时代，重复性技能终将被技术取代，但“理解人、连接人、影响人”的软素质永远是人类独一无二的竞争力。

无论是初入职场的新人，还是身居高位的管理者，唯有将EQ修炼融入日常，在沟通中多一分倾听，在协作中多一份担当，在冲突中多一份包容，才能真正突破“能力瓶颈”。

技能训练

选择一个与自己专业相关的目标职业，例如数据分析师、教师等，撰写800字专业能力提升计划。其中需要描述该职业、岗位所需的核心知识体系有哪些，并且分析当前能力与岗位需求之间的差距。

单元三 高职专科职业发展

一、高职专科教育发展的定位与特点

高职专科，即高等职业专科教育，是高等教育体系的重要组成部分。它是以培养适应生产、建设、管理、服务第一线需要的，德、智、体、美、劳等方面全面发展的高等技术应用型专门人才为目标的教育类型。

高职专科教育注重培养学生的实践能力和职业技能，强调理论与实践相结合，通过工学结合、校企合作等人才培养模式，让学生在掌握必要的基础理论和专业知识的基础上，具备较强的实际操作能力和解决实际问题的能力，毕业后能够直接进入相关行业和岗位就业，在经济社会发展中发挥重要的作用。

1991 年，国务院颁布的《关于大力发展职业技术教育的决定》，推动了高职教育发展。1996 年，《中华人民共和国职业教育法》的颁布确立了高等职业教育的法律地位。1999 年高校扩招促使高职教育规模迅速扩大，此后国务院及教育部通过开展评估工作、启动示范性及骨干院校建设项目、发展创新发展计划、深化产教融合等举措持续推进改革，2019 年起，“双高计划”及相关意见的出台推动高职专科教育迈向提质培优的高质量发展新阶段。

（一）独特定位

高职专科教育聚焦产业需求与岗位实操，形成“产教融合、工学结合”的鲜明特色。与普通本科教育重理论研究不同，高职专科教育以职业岗位能力为核心设计课程体系，强调“做中学、学中做”。例如，在汽车检测与维修专业中，课程设置包含新能源汽车故障诊断、发动机拆装实训等大量实践模块，占总学分的 50%以上；建筑工程技术专业通过 BIM 建模实训、建筑施工仿真模拟等项目，让学生在校期间即掌握行业前沿技术工具，实现“毕业即上岗”的无缝衔接。这种定位使得高职专科教育成为连接教育链与产业链的关键桥梁，为社会输送直接服务于一线的应用型人才。

（二）特点

1. 技能实用性强，契合产业升级需求

高职院校通过校企合作制定人才培养方案，围绕企业实际需求开发课程。例如，深圳职业技术学院与华为合作开设了“ICT 技术”专业，课程内容涵盖 5G 网络搭建、

云计算运维等企业核心技术，毕业生直接进入华为及其生态企业就业。同时，为了快速适应行业技术迭代，高职专科教育推出新技术应用教学，例如工业机器人操作、人工智能数据处理等。

2. 职业发展通道多元，上升空间广阔

高职专科毕业生的职业发展呈现多元化发展路径：在纵向晋升方面，高职专业毕业生可从初级技术岗位逐步成长为高级技师、技术总监，实现薪资显著提升。在横向拓展方面，能凭借实践基础向关联领域转型，实现职业赛道的多元化。另外，在学历与技能提升层面，国家“职教高考”“专升本扩招”等政策提供学历晋升通道，“1＋X”证书制度助力学生获取高含金量证书，提升职场竞争力。

高职专科教育的独特定位与优势使其成为推动产业升级、促进就业创业的重要力量，为毕业生提供广阔的职业发展空间与实现人生价值的多元化路径。

二、高职专科生的职业发展路径规划

（一）短期目标：夯实职业基础

1. 技能深化

在踏入职场的初期，高职专科毕业生需要着重提升自身专业技能。具体来说，可通过考取具有高含金量的职业资格证书来实现这一目标。此外，积极参加各类技能竞赛也是提升技能的有效途径，比如全国职业院校技能大赛这样的高水平赛事，不仅能让学生在与同行的切磋中发现自身不足，还能促使他们不断深化专业核心技能，拓宽技术视野，为未来的职业发展打下坚实基础。

2. 岗位适应

成功入职心仪企业后，毕业生面临的首要任务是迅速适应新的工作环境。这不仅包括主动学习企业文化，深入理解企业的价值观、发展目标和经营理念，还需熟悉工作流程和规范。在此过程中，要尽快完成从学生到职场人的角色转变，摒弃学生时代的一些习惯和思维方式，以更加成熟、专业的态度投入工作。通过积极与同事交流合作，虚心请教经验，努力提升工作效率和质量，争取在1～2年内脱颖而出，成长为岗位骨干，为企业创造更多价值。

（二）中期目标：实现职业进阶

1. 技术专精

随着工作经验的不断积累，高职专科毕业生应在自己的专业领域内深耕细作，朝着技术专家的方向发展。以数控专业为例，专业学生可专注于数控编程领域，通过不断学习和实践，掌握先进的编程技术和工艺，成为数控编程高级技师，为企业解决复杂的技术难题。又如在智能楼宇领域，努力提升自己在系统集成、设备管理等方面的能力，成长为智能楼宇系统工程师，为智能化建筑的建设和运维贡献专业智慧。

2. 管理转型

当积累了 3～5 年的丰富工作经验之后，毕业生可以考虑向基层管理岗位过渡。这一转变不仅要求具备扎实的专业技术基础，还需要提升团队协作与管理能力。在担任生产主管或项目组长等职务时，要学会合理分配工作任务，协调团队成员之间的关系，激发团队的工作积极性和创造力。同时，要不断学习管理知识和技巧，提高决策能力和问题解决能力，带领团队高效完成各项工作任务，实现个人职业发展的进阶。

（三）长期目标：拓展职业边界

1. 学历提升

在当今竞争激烈的职场环境中，学历仍然是衡量个人能力和竞争力的重要指标之一。为了突破学历瓶颈，增强职业竞争力，高职专科毕业生可通过专升本考试进入本科院校继续深造，系统学习专业知识，提升理论水平。有条件的还可以选择职业本科教育或在职研究生学习，进一步拓宽知识面，提升综合素质。通过学历的提升，不仅能获得更多的职业发展机会，还能在行业内获得更高的认可度和地位。

2. 跨领域发展

随着科技的飞速发展和行业的不断变革，高职专科毕业生应密切关注行业趋势，结合个人兴趣和职业发展需求，适时向关联领域拓展。例如，在制造业领域，随着智能制造技术的兴起，传统机械制造专业的毕业生可以学习相关的自动化控制、人工智能等知识，顺利转向智能制造领域，开拓新的职业发展空间。再如，在设计领域，随着虚拟现实（VR）技术的广泛应用，平面设计专业的毕业生可以学习 VR 内容开发的相关技能，实现从平面设计到 VR 内容开发的跨领域转型，为自己的职业发展注入新的活力。

三、高职专科职业发展的关键策略

（一）持续学习，拥抱技术变革

在当今科技飞速发展的时代，随着技术迭代周期的不断缩短，建立终身学习意识对于高职专科毕业生的职业发展至关重要。以制造业为例，工业机器人的广泛应用改变了传统生产模式，具备机器人编程与调试技能的人才成为企业争抢的对象。在互联网领域，大数据分析工具的更新迭代，要求从业者能够熟练运用最新的数据处理与分析软件。

高职专科毕业生要主动追踪行业新技术发展，通过多种途径及时掌握前沿动态。一方面，可以订阅行业核心期刊、报纸，关注权威行业公众号，定期获取专业资讯；另一方面，积极参加行业技术研讨会、讲座，与同行交流，了解最新技术趋势和应用案例。同时，在线学习资源是很好的自我提升渠道。中国大学 MOOC 平台上有许多优质专业课程，像智能制造领域的工业机器人操作、编程，人工智能方向的机器学习基础、数据分析等课程，都能帮助学生系统学习理论知识。而腾讯课堂则更注重实践技能，开设了短视频拍摄剪辑、电商店铺运营等实操性强的课程，适合想要快速掌握实用技能的同学。

进入职场后，企业内训也是提升技能的重要机会。不少企业会定期组织员工培训，内容涵盖新技术应用、工艺流程优化等。通过参与这些培训，既能学习到企业所需的专业技能，也能更好地适应岗位要求。在技术快速更新的当下，只有保持持续学习的习惯，不断充实和更新知识，才能在职场中站稳脚跟，不被行业发展所淘汰。

（二）构建职业人脉网络

对于高职专科毕业生来说，积累职业人脉至关重要。这些人脉不仅能分享行业动态，还可能带来难得的工作机会与合作资源。想要拓展人脉，可以多参加行业展会、技术论坛这类活动。

行业展会现场汇聚了大量优质资源，在这里不仅能看到行业前沿产品，还能直接与各大企业的技术骨干面对面交流，从他们口中了解行业最新动向。而技术论坛往往云集了众多专家学者，参与其中既能探讨行业发展的热点难点问题，还能在思想碰撞中加深对专业的理解，提升自己的认知水平。主动在这些场合与人交流，结交同行、前辈，慢慢就能搭建起属于自己的职业人脉圈。

（三）提升软实力

在职场打拼，光有专业技术还不够，沟通、解决问题、团队协作这些“软实力”同样重要。和同事对接工作、向领导汇报成果时，会沟通的人能把事情说清楚，减少扯皮内耗；遇到突发状况，懂得分析问题、快速找到解决办法，才能扛住压力；现在很多工作都需要跨部门配合，团队协作能力强的人，更擅长整合资源、发挥每个人的长处。

高职专科毕业生想提升这些能力，有不少实用办法。比如多争取参与跨部门项目，在磨合中学会换位思考，掌握沟通技巧；可以报名演讲课程，或者加入学校辩论队、演讲社团，多上台锻炼胆量；平时主动揽下一些有难度的任务，别怕犯错，在解决问题的过程中积累实战经验。这些软实力的提升，会成为职业发展的助推器，让自己在职场中更有竞争力。

（四）善用政策与平台资源

国家和地方政府出台了一系列支持职业发展的政策，搭建了众多就业服务平台，高职专科毕业生应充分关注并利用这些资源。各地的人才引进政策为技能人才提供了诸多优惠，如技能落户政策，使符合条件的毕业生能够在心仪的城市落户，解决了生活和工作的后顾之忧；住房补贴政策则减轻了毕业生的经济压力，帮助他们更好地融入城市生活。此外，职业培训补贴政策鼓励毕业生参加各类职业技能培训，提升自身技能水平，政府会对符合条件的培训给予一定的补贴。

在就业服务平台方面，“国家 24365 大学生就业服务平台”整合了丰富的岗位信息，涵盖了不同行业、不同地区的就业机会，毕业生可以根据自己的专业和职业规划进行精准搜索。该平台还提供职业指导服务，包括简历制作、面试技巧培训等内容，帮助毕业生提升求职竞争力。同时，各地政府也搭建了本地的就业服务平台，提供更具针对性的就业信息和服务。通过善用这些政策与平台资源，能够有效助力高职专科毕业生的职业发展，拓宽就业渠道，实现高质量就业。

生涯故事

某高职院校数控技术专业毕业生小李，在校期间便展现出对专业技术的浓厚兴趣与天赋。他不仅系统掌握了数控编程、机床操作等核心课程知识，还积极参与校内实训基地的实操项目，凭借出色的动手能力与学习热情，多次在校级技能竞赛中获奖。

毕业后，小李顺利进入一家大型机械制造企业。入职初期，他主动向经验丰富的老师傅请教，快速熟悉企业的生产流程与技术标准。为进一步提升专业技能，他利用业余时间备考高级数控车工证书。在备考过程中，他白天在车间积累实操经验，晚上通过线上课程学习理论知识，最终以优异成绩考取证书，成为企业内为数不多的高级数控车工。

凭借扎实的专业技能，小李获得参与企业技术改造项目的机会。在项目中，他负责数控设备的优化调试工作，通过不断摸索与实践，成功提高了设备的加工精度与生产效率，为企业节省了大量成本。他的出色表现得到了领导与同事的一致认可，短短 3 年时间，便从普通技术工人晋升为车间技术主管，负责团队管理与技术指导工作。

然而，小李并未满足于现状。他深知在技术创新不断加速的背景下，学历与理论知识的提升对职业发展的重要性。于是，他毅然决定报考专升本，在工作之余刻苦学习，成功被某高校机械设计制造及其自动化专业录取。通过系统的本科学习，他不仅深化了对机械原理、自动化控制等理论知识的理解，还接触到了行业前沿的技术与理念。

毕业后，小李凭借自身过硬的技术能力与本科学历，成功进入企业研发部门，负责新产品的工艺设计工作。在新的岗位上，他将丰富的实操经验与理论知识相结合，主导设计了多项新产品的加工工艺，为企业的产品创新与技术升级做出了重要贡献。

简析

小李的职业发展历程充分证明，技术专精与学历提升相结合，是高职专科生突破职业天花板的有效路径。通过持续提升专业技能，在实践中积累经验，能够快速获得职业晋升机会；而适时进行学历深造，则为职业发展提供更广阔的空间与更多的可能性，帮助高职专科生在职场中实现更高层次的发展。

技能训练

选择所在地区或者目标就业城市，调研相关职业的发展政策，例如人才补贴、培训补贴、落户政策等，设计一份如何利用这些政策资源促进自身职业发展的实施方案。

单元四　高职本科职业发展

2014年，国务院印发《关于加快发展现代职业教育的决定》，明确提出要“引导一批普通本科高等学校向应用技术类型高等学校转型，重点举办本科职业教育”。同年，教育部等六部门发布《现代职业教育体系建设规划（2014—2020年）》，进一步对发展本科层次职业教育作出具体部署。此后，我国开始逐步推进高职本科教育的试点工作，一些地方开始设立高职本科专业或院校，标志着高职本科教育正式拉开帷幕。

一、高职本科教育发展的定位、特点及发展机遇

（一）高职本科教育的定位

高职本科教育是现代职业教育体系的核心支柱与创新高地，是国家深化产教融合、推动职业教育高质量发展的重要战略部署。它打破了传统教育体系中普通本科重理论和职业教育重实践的二元分割模式，以产教协同育人理念为核心，构建“理论知识—技术应用—创新实践”三位一体的培养体系，旨在培养既具备扎实专业理论功底，又掌握前沿技术应用能力的“高层次技术技能人才”，为产业转型升级和区域经济发展提供有力的人力资源支撑，填补我国职业教育人才培养的“中间地带”，助力我国从制造大国向制造强国迈进。

（二）高职本科教育发展的特点

1. 理论与实践深度融合的复合型特质

相较于传统专科教育，高职本科课程体系呈现出显著的进阶性与复合型特征。在课程架构上，除完整覆盖专业基础理论课程群与核心技术课程模块外，还特别增设工程实践创新、技术研发应用等高阶课程，构建起从基础认知到综合实践的阶梯式培养路径。在教学实施过程中，通过校企共建产业学院、现代学徒制培养、双师型教师团队授课等创新模式，实现教学内容与生产实际的无缝对接，确保学生毕业即能满足技术研发、工艺优化、项目管理等岗位需求。

这种教育模式的实施，有效填补了我国职业教育人才培养的“中间地带”，既为专

科学生提供了学历提升与技能进阶的通道，也为企业输送了兼具理论素养与实践能力的复合型技术人才，对推动我国从制造大国向制造强国迈进具有重要战略意义。

2. 精准对接产业需求

高职本科教育的专业建设始终以服务国家战略与区域经济发展为导向，构建起动态调整、快速响应的专业设置机制。在国家大力发展战略性新兴产业的背景下，院校紧密跟踪产业技术变革趋势，依托产业调研与行业需求分析，及时优化专业布局。以新能源汽车产业为例，为契合“双碳”目标下的产业升级需求，除开设动力电池研发与管理、智能网联汽车技术等前沿专业外，还围绕氢燃料电池技术、新能源汽车电控系统开发等细分领域设置课程群，培养掌握新能源汽车全产业链技术的专业人才。在数字经济领域，针对人工智能、大数据、云计算等新兴业态，布局大数据技术与应用、人工智能工程技术、工业互联网应用等专业，通过产教深度融合的培养模式，使学生系统掌握数据建模、算法开发、智能系统部署等核心技能。

课程体系建设层面，高职本科教育建立了“产业需求—课程内容—教学实施”的联动机制。院校与行业龙头企业共建课程标准，将企业生产工艺、技术规范、质量控制体系等融入课程内容，使教学内容始终与产业前沿技术保持同步。这种培养模式不仅显著缩短了学生从校园到职场的适应周期，更能精准匹配企业对高素质技术技能人才的需求，有效缓解了产业升级过程中存在的人才结构性矛盾，为区域经济高质量发展注入持续动力。

（三）高职本科教育的发展机遇

1. 国家政策体系的强力支撑

国家持续深化职业教育改革，出台一系列政策为高职本科发展保驾护航。“职教高考”制度打破学历晋升壁垒，畅通了中职—高职专科—高职本科—专业硕士的升学通道；“双高计划”重点建设高水平职业院校和专业群，提升高职本科教育质量；各地政府推出的技能人才落户、住房补贴、科研项目扶持等政策，为高职本科毕业生提供了良好的发展环境和资源保障，增强了职业吸引力。

2. 产业升级催生的庞大人才需求

随着我国产业向高端化、智能化、绿色化转型，新兴产业和传统产业升级改造对高学历技术技能人才需求激增。在高端制造业，工业互联网、智能制造等领域亟须能够操作先进设备、解决复杂技术问题的复合型人才；在现代服务业，数字创意、智慧医疗等行业需要既懂技术又具备创新能力的应用型人才。高职本科毕业生凭借其“高理论水平+强实践能力”的特质，成为填补产业人才缺口的重要力量，就业市场前景广阔。

高职本科教育发展凭借理论实践融合的复合型特质、精准对接产业的定向优势与多元延展的职业路径，在国家政策支撑、产业升级需求及社会观念转变带来的机遇下，展现出广阔前景与强大生命力。

二、高职本科与高职专科在学生能力培养上的差异解析

高职本科教育与高职专科教育在人才培养目标层面上具有显著差异性特征。因此，明确二者的区别，对于两种教育模式下的学生来说在职业规划上具有实践指导意义。

（一）理论知识

高职本科要求学生具有宽厚的基础理论知识，构建较为系统、完整的知识体系，为解决复杂问题提供理论支撑。高职专科生以掌握本专业基本知识和主要技术技能为主，理论知识以“必需、够用”为度，更侧重实用性和针对性。

（二）实践技能

高职本科实践教学占总课时比例通常不低于50%。注重培养学生在复杂场景下综合多种技能解决问题的能力，以及技术研发、创新和对新技术的应用能力。高职专科教育强调对专业技能的熟练掌握，通过大量实践操作、实习实训，让学生快速掌握岗位实用技能，毕业后能迅速适应企业一线岗位工作。

（三）职业能力

高职本科注重培养学生具备适应复合岗位、复杂工作的能力，包括项目管理、团队协作、沟通交流等职业素养。其面向的岗位更侧重实际生产、设备操作等岗位中的中高端领域，需具备不同工作场景的权变能力。高职专科主要培养学生在生产、服务、管理等一线岗位从事具体操作和服务工作的能力。面向的岗位较为明确和单一，工作任务确定性强，更注重培养学生完成特定工作任务的能力。

（四）创新能力

高职本科注重学生的创新思维和创新能力的培养，鼓励学生参与技术研发、工艺改进、产品创新等活动。学生需具备一定的科研能力和对新技术的探索精神，能够在现有技术基础上进行创新和改进。对高职专科学生来说，创新能力培养相对较弱，侧重于培养学生对现有技术和工艺的熟练应用，按照既定流程和规范完成工作任务。

综上所述，清晰认识高职本科与高职专科在能力培养上的差异，对学生的职业发展规划具有重要指导意义。选择高职本科的学生，应注重夯实理论基础，积极参与创新实践项目，为进入中高端岗位、从事技术研发与管理工作做好准备；选择高职专科的学生，则需专注专业技能的精熟掌握，通过大量实操训练，提升自身在一线岗位的竞争力。无论是追求技术创新的进阶发展，还是聚焦岗位技能的专精应用，学生都能依据不同教育层次的培养重点，锚定职业方向，精准提升能力，在职业发展道路上实现个人价值与社会需求的有机统一。

三、高职本科生的职业规划

高职本科教育致力于培养具有扎实理论基础和卓越实践能力的应用型技术人才，其培养规格定位为：能够系统掌握专业技术原理，熟练应用现代技术手段，具备工艺革新、项目统筹和技术研发的复合能力。毕业生在智能制造、信息技术等前沿领域可胜任技术主管、项目负责人等管理岗位，具备解决复杂工程问题和推动技术创新的专业素养。在职业发展路径规划中，高职本科生需建立“技术筑基—能力拓展—管理提升”的三阶段成长模型，通过持续的专业深耕与跨界学习，逐步实现从专业技术人才向战略型产业工程师的转型升级。

（一）技术筑基阶段

1. 夯实理论基础

高职本科生在学校系统规划专业学习路径，采用“课程学习＋文献研读＋专题研讨”三维学习模式，认真学习专业核心课程，深入理解专业技术原理，构建系统的知识框架。

2. 强化实践技能

通过职业本科教育中的“基础实验—综合实训—工程实战”三级实践体系，积极参与校内实践熟练掌握专业工具使用，提升动手能力。

3. 能力提升

积极加入学校的创新实验室或竞赛团队，参与“挑战杯”“互联网＋”“全国职业院校技能大赛”等赛事，以及校内教师主持的科研项目，积累项目经验，培养团队协作与问题解决能力。与此同时，根据专业方向，在校期间考取相关的职业资格证书，为就业增添筹码，并通过参加企业进校园讲座、行业展会以及到企业参观实习等方式，掌握行业发展趋势、企业用人需求和岗位工作内容，明确职业发展的方向。

（二）能力拓展阶段

1. 深化专业技能

进入企业实习或工作初期，主动承担具有挑战性的任务，深入钻研核心业务流程与技术要点。例如在智能制造领域，通过参与自动化生产线调试与优化项目，掌握工业机器人编程、智能传感系统集成等前沿技术；在信息技术领域，参与复杂软件系统开发项目，熟练运用新型开发框架与工具，提升代码编写质量和系统架构设计能力。

2. 积累项目管理经验

从协助项目经理处理基础事务起步，逐步参与项目计划制定、资源协调、进度把控等工作。主动学习项目管理知识，考取 PMP（项目管理专业人士资格认证）等证书，掌握项目全生命周期管理方法，在实践中锻炼沟通协调、风险预判与应急处理能力，为独立负责项目奠定基础。

3. 推动技术创新与工艺改进

关注行业内新技术、新工艺的发展动态，结合企业实际需求，尝试将新技术应用于现有工作场景。比如在机械制造行业，探索 3D 打印技术在模具制造中的优化应用；在物流行业，研究智能仓储管理系统的升级方案，通过技术创新和工艺改进，提高生产效率和产品质量，展现自身创新价值。

4. 构建行业人脉网络

积极参加行业协会、技术论坛、学术会议等活动，与同行、专家学者进行交流互动，及时了解行业最新趋势和前沿技术，拓展职业视野。主动与上下游企业、合作伙伴建立良好关系，积累行业资源，为未来职业发展创造更多机会。

5. 提升跨界整合能力

随着产业融合趋势加剧，人们越来越注重学习与专业相关的跨领域知识。如智能制造专业的学生学习数据分析、物联网技术；信息技术专业的学生了解市场营销、企业管理知识，增强自身在复杂商业环境下的综合竞争力，为向复合型管理人才转型做准备。

（三）管理提升阶段

1. 晋升管理岗位

凭借扎实的技术功底和丰富的项目经验，逐步晋升为技术主管、部门经理等管理岗位。在新角色中，负责团队建设与管理，制定部门技术发展规划，协调跨部门资源，推动企业技术创新战略落地实施。

2. 培养战略思维

系统学习企业战略管理、市场营销、财务管理等知识，提升战略规划与决策能力。关注行业发展趋势和宏观经济形势，从企业整体利益出发，制定符合市场需求的技术发展路线，引领团队开展前瞻性技术研发和业务拓展。

3. 推动产业协同发展

以管理者身份参与行业标准制定、产业联盟合作等活动，加强与高校、科研机构的产学研合作，整合各方资源，推动产业技术升级和协同发展，提升企业在行业内的影响力和话语权，最终实现从专业技术人才向战略型产业工程师的华丽转型。

知识拓展

德国模式：以“双元制”课程为纽带发展职业本科教育

随着第三次工业革命的到来，德国社会阶层的垂直流动机会不断增多，越来越多的学生想进入高等教育，但截至 1965 年，德国每年毕业的大学生仅 5.05 万人，完全不能满足国民对高等教育的渴望，且职业教育与高等教育完全割裂导致德国劳动力市场上存在大量的高素质技能人才缺口。1974 年，巴登符腾堡州创建了斯图加特和曼海姆两所职业院校，职业教育才开始延伸至第三级领域，而德国此时的高等职业教育实质上等同于我国大专层次的教育。直到 1996 年，应用科技大学和部分综合性大学开始试验“双元制”课程，这次尝试可以说是德国职业本科教育的首次探索。2000 年，职业院校可以为毕业生颁发学士学位，进一步促进了职业本科教育的发展，但真正从体系上实现职业本科教育的标志性事件是 2009 年巴登符腾堡双元制大学的成立。

在德国高等学校中，能提供双元制课程且能颁发“学士学位”的主要有应用科技大学、双元制大学、职业学院。

从课程实施情况看，德国双元制课程主要分为三个类别：培训整合课程、实践整合课程和职业整合课程。培训整合课程是指学习课程中系统地设计职业培训，学校与企业之间存在结构与制度的联系，并将部分培训内容作为学习成就；实践整合课程是指学习期间学习与学校学习内容相关联的实践内容，且学校和企业在此环节相互合作；职业整合课程则是指学生全日制或兼职学习雇主提供的与工作相关联的学习内容，雇主随时了解学生的学习状况，并且定期与学生交换信息。例如，巴登符腾堡双元制大学实施的培训整合课程，学生三年内修满 210 个学分即可获得学士学位，其中包含 172 个基础学分和 48 个实践学分。实践整合课程又分为三个阶段，共计 1 440 个小时，通过项目制的形式在企业中实习完成。第一阶段，实习时长 600 个小时，需要在第一学年完成；第二阶段，实习时长 600 小时，需要在第二学年完成；第三阶段，实习时长 240 个小时，需要在毕业前完成，具体实习形式一般是每隔大约 3 个月进行理论和实践交替。

这样一来，双元制课程由高校和企业共同制定，课程内容紧紧围绕理论与实践，保障了教学成果转化为企业效能的质量，并且有利于学生提前适应工作领域，做好职业生涯规划。

简析

德国的双元制课程模式打破了传统教育与就业的壁垒，确保学生在校学习内容与职场需求的无缝对接，有效地提升了毕业生就业竞争力，并为学生在职业探索中明确了发展方向，为职业生涯规划提供实践依据。

技能训练

以小组为单位选取本地重点产业（如高端装备制造），通过企业访谈、政策文件研读，梳理产业升级对高职本科人才的具体需求，并完成《产业需求与高职本科岗位适配报告》。

明德强技

在职业赛道上书写青春担当

高职教育培养的是与产业需求同频共振的“技术尖兵”，而职业舞台正是彰显青年担当的“主战场”。当同学们穿上工装走进车间，或是打开电脑敲击代码时，手中的工具不仅是技能的载体，更是“制造强国”的拼图，每一次精度的提升都是对“中国质量”的承诺。

职场中的每个岗位都是社会运转的齿轮：电商运营优化的不只是销售数据，更是让乡村特产搭上网络快车，成为乡村致富的希望纽带；智能制造工程师调试的不只是设备上的精密参数，更是为“中国智造”夯实基石，突破技术壁垒。心怀“国之大者”，才能在日复一日的重复的工序中发现创新的火花，在跨部门协作中读懂协同的意义。当个人成长与国家战略同频，平凡的工位就能成为青春出彩的舞台。

愿青年人以“技能报国”为笔，在职业画卷上书写属于这代人的奋斗底色——用精益求精的匠心攻克技术难题，以勇挑重担的担当回应时代召唤，让青春在服务社会的滚烫实践中绽放光芒。

综合技能训练

根据自身学历（高职专科/本科），选择目标行业，撰写《5年职业发展路径规划书》。

参考文献

1. 杨道远，邓剑虹. 大学生职业发展与就业指导［M］. 3 版. 北京：中国人民大学出版社，2021.

2. 葛海燕. 职业发展与就业指导[M]. 2 版. 北京：清华大学出版社，2024.

3. 王瑛. 职业发展与就业指导［M］. 大连：大连理工大学出版社，2021.

4. 周红. 职业指导［M］. 北京：国防工业出版社，2021.

5. 徐交美，程爱民，王成. 大学生职业发展与就业指导新编［M］. 合肥：安徽教育出版社，2021.

6. 朱天明 . 高校大学生就业指导与职业生涯规划［J］. 当代教育学刊，2023（4）.

7. 潘莎莎，毕永福 . 大学生职业生涯规划与就业指导——“三全育人”视角下的教学改革与实践［J］. 新课程教学（电子版），2022（10）.

8. 田翔 . 高校双创背景下开展大学生职业生涯规划教育的重要性［J］. 通化师范学院学报，2022（9）.

9. 赵曼，罗明晖 . 大学全程职业规划与就业指导课程体系建设［R］. 湖北省高等学校省级教学研究项目研究报告，2020.

10. 姜兴健 . 陕西科技大学 20××届服设专业毕业生就业情况分析［J］. 出国与就业，2023（11）.

11. 王晓春 . 大学生职业发展与就业指导课程教学的技巧研究［J］. 明日，2021（6）.

12. 王召征 . 理想信念教育融入大学生职业生涯规划教育研究——评《化工类专业大学生职业发展与就业指导》［J］. 塑料工业，2023（3）.

13. 李明 . 大学生职业发展与就业指导教程［M］. 2 版. 北京：高等教育出版社，2021.

14. 张华 . 大学生职业发展与就业指导课程教学的实践与探索［J］. 中国科教创新导刊，2023（4）.

15. 李强 . 大学生职业发展与就业指导课程建设的思考与实践［J］. 教育与职业，2022（18）.

16. 张建安，冯晖，夏泓 . 大学生职业规划（微课版）［M］. 北京：中国传媒大学出版社，2022.

图书在版编目（CIP）数据

大学生职业发展与就业指导/李志刚等主编. 北京：中国人民大学出版社，2025.7. --（高等职业教育本科精品教材）. -- ISBN 978-7-300-34310-5

Ⅰ. G717.38

中国国家版本馆 CIP 数据核字第 2025CA4414 号

高等职业教育新形态教材

高等职业教育本科精品教材

大学生职业发展与就业指导

主　编　李志刚　肖兴辉　刘　洁
　　　　吕倩娜　张萌萌　刘晓煜

Daxuesheng Zhiye Fazhan yu Jiuye Zhidao

出版发行	中国人民大学出版社		
社　　址	北京中关村大街 31 号	**邮政编码**	100080
电　　话	010－62511242（总编室）		010－62511770（质管部）
	010－82501766（邮购部）		010－62514148（门市部）
	010－62511173（发行公司）		010－62515275（盗版举报）
网　　址	http://www.crup.com.cn		
经　　销	新华书店		
印　　刷	北京七色印务有限公司		
开　　本	787 mm×1092 mm　1/16	**版　　次**	2025 年 7 月第 1 版
印　　张	13.25	**印　　次**	2025 年 7 月第 1 次印刷
字　　数	275 000	**定　　价**	42.00 元